DAS BUCH DER BIERE

Das Buch der BIERE

Über 400 Biere aus der ganzen Welt:
Ale, Lager, Stout und Craft Beer

Mark Kelly & Stuart Derrick

Copyright © Parragon Books Ltd

Text: Mark Kelly
Zusätzliche Texte: Stuart Derrick
Layout: five-twentyfive.com
Projektmanagement: Tarda Davison-Aitkins
Produktion: Henry Sparrow

Alle Rechte vorbehalten. Die vollständige oder auszugsweise Speicherung, Vervielfältigung oder Übertragung dieses Werkes, ob elektronisch, mechanisch, durch Fotokopie oder Aufzeichnung, ist ohne vorherige Genehmigung des Rechteinhabers urheberrechtlich untersagt.

Copyright © für die deutsche Ausgabe
Parragon Books Ltd
Chartist House
15–17 Trim Street
Bath, BA1 1HA UK
www.parragon.com

Realisation der deutschen Ausgabe:
trans texas publishing services GmbH, Köln
Übersetzung: Franz Leipold, Violau
Lektorat: Christina Kuhn, Köln

ISBN 978-1-4723-6812-6

Printed in China

Mark Kelly begann 2012, über Bier im Nordosten Englands zu schreiben. Zurzeit lebt er in Südwest-London, wo er in der Beer Boutique arbeitet, einem Einzelhandelsgeschäft für handwerklich gebrautes Bier, das auch den Großhandel beliefert. Außerdem unterhält er einen Blog über Bier: marksoutofbeer.blogspot.co.uk

Stuart Derrick ist Journalist, Autor und Redakteur mit mehr als zwanzig Jahren Berufserfahrung. Er veröffentlicht Bücher und arbeitet für Magazine, Zeitschriften und Organisationen, die spritzige Texte benötigen. Sein Themenspektrum reicht von Reisen und Erziehung über Unternehmensfinanzierung und Marketing bis hin zu Motivationstraining und Rundfunksendungen. Seine Arbeiten sind in diversen Zeitschriften erschienen, darunter The Sunday Times, Mail on Sunday, Guardian, Campaign, Marketing und Growing Business.

EINFÜHRUNG

8 VIER GUTE ZUTATEN

10 BIER – EINE 9000 JAHRE ALTE GESCHICHTE

12 WIE WIRD BIER GEBRAUT?

14 WAS TRINKEN SIE?

16 BIER – WELTWEIT BELIEBT

DIE BIERE DER WELT

18 AMERIKA

22 USA 42 Kanada 52 Mexiko 55 Brasilien 56 Argentinien 57 Peru 58 Barbados 58 Jamaika 58 Bahamas 59 Kuba 59 Trinidad und Tobago 59 Kaimaninseln 59 Martinique

60 EUROPA

64 England 78 Schottland 82 Irland 85 Wales 88 Deutschland 110 Belgien 128 Österreich 132 Tschechien 140 Italien 146 Frankreich 150 Schweiz 153 Luxemburg 154 Niederlande 158 Spanien 161 Portugal 162 Dänemark 164 Schweden 166 Norwegen 168 Island 169 Finnland 174 Polen 176 Albanien 176 Bulgarien 177 Rumänien 177 Ungarn 178 Kroatien 178 Montenegro 179 Serbien 180 Litauen 181 Lettland 181 Estland 182 Slowakei 182 Slowenien 184 Ukraine 184 Weißrussland 185 Russland

136 ASIEN

188 Japan 192 China 194 Indien
195 Indonesien 196 Südkorea 196 Singapur
197 Sri Lanka 197 Philippinen 198 Thailand
198 Laos 199 Vietnam 199 Kambodscha

200 OZEANIEN

202 Australien 208 Neuseeland

214 AFRIKA

216 Südafrika 218 Burundi
218 Demokratische Republik Kongo
218 Mosambik 219 Uganda
219 Sambia 219 Nigeria

SPECIALS

38 DAMPF

70 DER WEG DES CRAFT-BIERES

96 DAS OKTOBERFEST

113 DIE KLÖSTER

170 DIE TOP TEN UNTER DEN BIEREN DER WELT

220 GLOSSAR UND REGISTER

VIER GUTE ZUTATEN

Bier ist ein einfaches Produkt, das hauptsächlich aus vier Zutaten besteht: Gerstenmalz, Hopfen, Wasser und Hefe. Das Zusammenspiel dieser Elemente, kombiniert mit dem Geschick und den Fähigkeiten des Brauers, bringt eine Vielzahl unterschiedlicher Geschmacksrichtungen, Aromen und Biersorten (Bierstile) hervor.

MALZ

Üblicherweise wird beim Brauen Malz aus Gerste verwendet. Bei seiner Gewinnung wird die Gerste in Wasser eingeweicht, bis sie zu keimen beginnt und ihre Stärkevorräte in Zucker umwandelt. Durch Trocknen der Getreidekörner (Darren) wird dieser Prozess gestoppt und erst beim Maischen wieder in Gang gesetzt, wobei die Stärke in Wasser und in vergärbaren Zucker zerlegt wird. Je nach Temperatur beim Abdarren entstehen verschiedene Malzsorten – zum Beispiel helles, karamellisiertes oder kristallines, dunkles und verkohltes Malz. Malz trägt mit zu Geschmack, Farbe und Mundgefühl eines Bieres bei.

Obwohl Gerste das traditionelle Getreide zum Bierbrauen darstellt, verwenden Bierbrauer auch Weizen, Hafer, Roggen und andere Sorten.

HOPFEN

Vor dem 15. Jahrhundert wurde Ale meist mit einer Mischung aus Kräutern, Gewürzen und Beeren aromatisiert, beispielsweise Gagelstrauch, Schafgarbe, Erika, Wacholder oder Kümmel. Benediktinermönche verwendeten bereits Anfang des 9. Jahrhunderts Hopfen zum Brauen. Für das Brauen werden die weiblichen Blüten des Echten Hopfens eingesetzt, von dem es weltweit mehr als 100 Sorten gibt. Der Hopfen sorgt für die typische Bitterkeit des Bieres und gleicht damit die Süße aus, die nach dem Ende des Fermentationsprozesses noch im Bier verblieben ist. Manche Hopfensorten werden hauptsächlich wegen ihres Aromas eingesetzt. Er fungiert außerdem als Konservierungsmittel: Ungehopftes Bier verdirbt sehr schnell. Verschiedene Hopfensorten können während der unterschiedlichen Stadien des Bierbrauprozesses beigefügt werden, wodurch sich Aroma, Geschmack und Charakter des Bieres beeinflussen lassen.

WASSER

Bier besteht zu über 95 Prozent aus Wasser. Die Wasserqualität einer Quelle war ein entscheidender Standortfaktor für Brauereien, denn der Geschmack eines Bieres wird stark von seinem Wasser beeinflusst. Regionen wie Burton upon Trent in Großbritannien und Pilsen in Tschechien wurden zu berühmten Brauereizentren, weil die Zusammenstellung ihres Grundwassers für besondere Biersorten geeignet war: englisches Bitter und Pilsner Lager. Heutzutage ermöglichen es chemische Analysen und Aufbereitung, für die entsprechende Wasserzusammensetzung zu sorgen, die für ein bestimmtes Bier notwendig ist. Viele bekannte Biere werden mittlerweile nicht mehr an ihrem Ursprungsort, sondern in anderen Regionen gebraut.

HEFE

Diese einzelligen Organismen sind die Katalysatoren, die den geheimnisvollen Prozess des Bierbrauens erst ermöglichen. Sie zerlegen den aus dem Malz freigesetzten Zucker im Lauf der Gärung in Alkohol und Kohlendioxid. Für den Brauprozess werden spezielle Sorten gezüchtet.

Obwohl in erster Linie Malz und Hopfen den Geschmack eines Bieres ausmachen, trägt auch der jeweilige Hefestamm seinen Teil dazu bei. Die kürzlich wieder auf den Markt gebrachten Truman's Biere in London wurden mit den Originalhefen hergestellt, die man in eingefrorenem Zustand gelagert hatte.

Bei der Ale-Produktion werden obergärige Hefen verwendet, die während des Gärvorgangs an die Bottichoberfläche steigen und bei höheren Temperaturen aktiv sind. Untergärige Hefen bleiben am Boden; sie arbeiten langsamer und bei niedrigeren Temperaturen, wobei sie den unverwechselbaren Geschmack eines Lagers hervorbringen.

Lambic-Biere aus Belgien werden mittels natürlicher Hefen in einem Prozess hergestellt, den man als „spontane Gärung" bezeichnet. Champagner-Hefen können auch zum Bierbrauen genommen werden, besonders für die Nachgärung von Bier mit hohem Stärkegehalt.

Vier gute Zutaten

BIER – EINE 9000 JAHRE ALTE GESCHICHTE

Heutzutage trinkt etwa eine Milliarde Menschen weltweit über 133 Milliarden Liter Bier im Jahr, und das hat eine sehr lange Tradition. Bierbrauen zählt nämlich zu den ältesten Handwerken der Welt.

Archäologen und Historiker fanden Hinweise, dass bereits in der Jungsteinzeit Bier gebraut und getrunken wurde. Frühe Hochkulturen in Mesopotamien hinterließen Zeugnisse vom Biergenuss, und vor ca. 5000 Jahren rühmten die alten Ägypter Bier in ihren Hieroglyphenschriften und gaben ihm solch klangvolle Namen wie „Freudenspender" und „Himmlisches Getränk".

Man vermutet, dass die ersten Biere eher zufällig entstanden sind, vielleicht indem Brot in ein Fass mit eingeweichtem Getreide fiel, das daraufhin auskeimte. Aus der Luft aufgenommene Hefen produzierten dann Alkohol. Dieses frühe Bier zeigte noch keine Ähnlichkeit mit den kristallklaren Bieren, die heutzutage gebraut werden. Es erinnerte eher an eine alkoholhaltige Suppe und konnte mit einem Alkoholgehalt von annähernd 10 % sehr stark sein. Antike Steingravierungen zeigen, wie es durch ein Rohr getrunken wurde, um Feststoffe herauszufiltern. Besonders süffig war das Gebräu bestimmt nicht.

In der Geschichte galt Bier im Vergleich zu Wasser häufig als das gesündere Getränk, da der Brauprozess ein Erhitzen des Wassers vorsah. Sogar Kinder tranken ein alkoholarmes „kleines Bier".

Im Mittelalter fand das Bierbrauen überwiegend zu Hause statt und war dementsprechend Aufgabe der Frauen (Ale-Weiber in England). Wenn das Bier fertig war, zeigten sie es dadurch an, dass sie einen Ale-Stab vor das Haus stellten. Da zu jeder Mahlzeit Bier getrunken wurde, gab es immer einen Markt vor Ort.

Auch Mönche zählten zu den wichtigen frühen Bierbrauern. Zunächst produzierten sie nur für ihre Gemeinschaft und für die Menschen, die in der Nähe ihres Klosters wohnten; mit dem verkauften Bier unterstützten sie ihren Orden. Da sie größere Mengen brauen mussten, halfen Mönche dabei, den Brauprozess effizienter zu gestalten, die Kenntnisse weiterzuentwickeln und die Qualität

des Bieres ständig zu verbessern. Heute stellen Trappistengemeinschaften in Belgien, Österreich und den Niederlanden unverwechselbare Biere wie Chimay, Orval und Westmalle her.

Anfangs würzte man das Bier mit einer Mischung aus Kräutern (Grut oder Gruit), erst im Lauf der Jahrhunderte wurde mehr und mehr Hopfen für die Bierproduktion angebaut. Eine gewisse Zeit lang existierten „gehopftes Bier" und „ungehopftes Ale" nebeneinander, aber ab dem 15. Jahrhundert setzte sich Hopfen als beliebtestes Geschmacksmittel in fast ganz Europa durch.

Im 17. und 18. Jahrhundert ermöglichte der industrielle Fortschritt, die Qualität von Bier immer weiter zu verbessern. Verkokste Kohle lieferte reine, besser kontrollierbare Malz-Darren und ein helles Malz, das für Pale Ale verwendet werden konnte. Industriell produzierte Gläser ersetzten die Trinkbecher aus Keramik. Dank dieser transparenten Behälter konnten Biertrinker die Qualität ihres Bieres erkennen, und Bierbrauer legten es nun darauf an, das Bier zu verbessern.

1840 isolierte Anton Dreher die Lagerhefen – Saccharomyces pastorianus – und braute das erste Wiener Lager. 1842 folgte Josef Groll, der das erste hellgoldene Pilsner Lager im böhmischen Pilsen braute. Es handelte sich dabei um einen Bierstil, der sich schon bald in der ganzen Welt und nicht zuletzt in den USA verbreitete.

Das gesamte 20. Jahrhundert hindurch wurde die Bierproduktion immer kommerzieller, da Verbesserungen bei Transport und Lagerung den Brauereien erlaubten, Bier weit entfernt von seinem Ursprungsort zu verkaufen. Dies führte zur Herausbildung von riesigen, weltweit operierenden Marken wie Heineken, Carlsberg und Budweiser.

In den letzten Jahren wurden diese ergänzt durch etwas, was man als die Rückkehr zu den Wurzeln bezeichnen könnte: Brauereien begannen wieder, in kleinem Maßstab zu operieren. Dies gipfelte in der Gründung von Mikrobrauereien und in der andauernden Craft-Beer-Revolution.

Es bleibt spannend, wie sich die Geschichte des Bieres auch zukünftig weiterentwickeln wird.

WIE WIRD BIER GEBRAUT?

Ob es sich um riesige, weltweit operierende Biermarken wie Carlsberg handelt oder um ein Craft Ale, das in irgendjemandes Garage kreiert worden ist – die Brauweise hat sich seit Jahrhunderten im Wesentlichen nicht verändert.

MÄLZEN

Der Brauprozess beginnt mit der Gerste, es können aber auch andere Getreidesorten wie Weizen, Roggen oder Reis verwendet werden. Die Gerste wird eingeweicht, dann lässt man sie mehrere Tage lang auskeimen, wobei die Körner gelegentlich gewendet werden.

Sobald das winzige Keimblatt ungefähr die Länge des Korns erreicht hat, wird der Prozess gestoppt, indem man die Körner erhitzt und trocknet. Bei diesem als „Darren" bezeichneten Prozess wird heiße Luft durch das Malz geblasen. Die Dauer des Mälzens und die Temperatur bestimmen, welcher Malztyp produziert wird. Helle Malzsorten für helle Biere werden kürzer gemälzt, während dunkle Malzsorten länger und bei höherer Temperatur in der Darre bleiben.

DIE MAISCHE

Als Nächstes wird das Malz aufgebrochen und grob gemahlen, indem man es durch eine Schrotmühle schickt. Dies erleichtert die Freisetzung von Zuckern. Sie werden aus der im Malz enthaltenen Stärke gewonnen, sobald man es mit heißem Wasser in Lösung bringt. Dieser Vorgang wird als „Maischen" bezeichnet und findet im sogenannten Maischbottich statt. Anschließend wird die Flüssigkeit abgelassen und wieder durch die Körner geleitet, um sicherzustellen, dass der gesamte Zucker gelöst wurde. Dies wird als Läutern und Anschwänzen bezeichnet.

KOCHEN

Die Flüssigkeit wird in den Braukessel gefüllt und gekocht. Hopfen wird zugegeben und mitgekocht, um dem Bier Bitterstoffe, Aroma und Geschmack zu verleihen. Die nun als „Würze" bezeichnete Flüssigkeit durchläuft dann einen Filterprozess, um mögliche gelöste Stoffe zu filtern. Dabei wird sie in einem Gegenstromverfahren schnell abgekühlt, indem man sie an Rohren mit kaltem

Wasser vorbeileitet. Dadurch wird die Würze auf eine Temperatur gekühlt, bei der man Hefe zugeben kann, bevor Hefepilze aus der Luft die Würze kontaminieren können. Das Bier ist somit bereit für die Fermentation und wird in einen Gärtank umgefüllt.

GÄRUNG

Der wichtigste Faktor im nächsten Brauschritt ist die Zeit. Jeder Bierstil erfordert eine spezifisch lange Gärung. Hefepilze ernähren sich von der Zuckermischung und produzieren dabei Alkohol und Kohlendioxid. Jede Brauerei hat ihren eigenen Hefestamm, der den besonderen Geschmack des Bieres kreiert.

Zwei Haupttypen von Hefe kommen beim Brauen zum Einsatz: Obergärige Hefen werden für Ale verwendet. Sie arbeiten typischerweise zwischen 15 und 22 °C, steigen im Gärbottich nach oben und schwimmen auf der Flüssigkeit. Untergärige Hefen werden für die Produktion von Lager verwendet. Sie sinken auf den Boden des Gärtanks und arbeiten bei niedrigeren Temperaturen von 4 bis 9 °C, wodurch der Fermentationsprozess länger dauert.

FILTERN UND AUFBEREITEN

Hat die Hefe im Verlauf der Gärung fast den gesamten Zucker in Alkohol umgesetzt, ist das Bier fertig für die Aufbereitung. Die meisten Biere werden für ein klares Aussehen und einen stabilen Geschmack gefiltert, Ausnahmen sind trübe Weizen- oder Craft-Biere.

Ale reift mitunter in einer zweiten Gärung im Fass oder in der Flasche nach. Dabei können eine Extraportion Hefe und Zucker oder Bierwürze den Vorgang unterstützen; natürliche Kohlensäure entsteht. Im Fass vergorene Ales werden ohne zusätzliche Kohlensäure serviert.

Für die Reifung von Lagerbieren ist die Lagerung entscheidend. Das Bier ruht bei Temperaturen nahe dem Gefrierpunkt für die Dauer von einem bis sechs Monaten. Anschließend wird das Bier gefiltert, um die kristallklare Reinheit zu erzielen, es wird in Flaschen oder Fässer abgefüllt und ist trinkfertig.

WAS TRINKEN SIE?

Die Inuit kennen über hundert Wörter für die verschiedenen Schneearten. Ebenso viele unterschiedliche Namen gibt es für das Getränk, das im Allgemeinen als Bier bezeichnet wird.

Selbst Bierexperten tun sich mitunter schwer, ein Bier einem bestimmten Stil zuzuordnen, da es keine allgemeingültige Klassifizierung gibt. Sie stimmen allerdings darin überein, dass es eine große Vielzahl an Bierstilen gibt. Hier folgen einige, denen Sie begegnen werden:

LAGER

Das mit Abstand meistgebraute Bier der Welt ist ein klares goldfarbenes Lager. Der Name bezieht sich auf die lange Reifeperiode bei niedrigen Temperaturen. Obwohl Lager manchmal als Einheitsbegriff für ziemlich homogene Produkte erscheint, gibt es doch viele Varianten, vor allem in Deutschland, wo man ein Helles, ein Dunkles oder ein starkes Bockbier genießen kann, die alle Lagerbiere sind.

PORTER

Das dunkle Bier stammt aus dem London des 18. Jahrhunderts, wo es das Lieblingsgetränk vieler Arbeiter wie etwa von Lastenträgern (daher der Name) war. Es wird aus dunklem Malz gebraut und verlor an Beliebtheit, als neue, leichtere Ales auf den Markt kamen. In den letzten Jahren feierte es ein Comeback.

STOUT

Es wurde gegen Ende des 18. Jahrhunderts von dem Dubliner Bierbrauer Arthur Guinness kreiert. Die bekannteste Version ist das Dry Stout, das einst als Stout (= stark) Porter bezeichnet wurde. Weitere Beispiele sind das stärkere Imperial Stout, Oatmeal Stout und süße „Milk Stouts" wie Mackeson.

BITTER

Das klassische britische Alltagsbier ist ein klares bernsteinfarbenes und hopfiges Bitter. Es durchläuft eine natürliche Fermentation und eine zweite Gärung im Fass. Ein durchschnittliches Bitter weist etwa 3,5 % Alkohol auf, wobei die besten Sorten bei 4 % anfangen und auch noch stärkere erhältlich sind.

MILD

Dieses leicht hopfige Ale war das Lieblingsgetränk von Handwerkern und Landarbeitern, da es relativ wenig Alkohol enthielt. Man konnte also größere Mengen davon zur Erfrischung trinken, ohne betrunken zu werden. Heutzutage ist es nur noch selten, obwohl einige Craft-Beer-Brauereien den Stil wiederentdeckt haben.

WEIZENBIER

Weizenbier schmeckt erfrischend und kann mit zusätzlichen Aromen wie Nelken, Koriander oder getrockneter Orangenschale gewürzt sein. Der in Belgien und Deutschland beliebte Bierstil war Ende des 20. Jahrhunderts fast ausgestorben, bis Marken wie Hoegaarden ein jüngeres Zielpublikum für sich entdeckten. Weizenbiere sind trotz der Bezeichnungen Witbier, Weiße oder Weißbier häufig trüb, aber es gibt auch klare und sogar dunkle Weizen.

FRUCHTBIER

Früchte werden Bier schon seit Jahrhunderten zugefügt, wodurch erfrischende Getränke entstehen. Zu den bekanntesten zählen belgische Lambic-Biere, für die Kirschen oder Johannisbeeren, selten Pfirsiche oder andere Früchte verwendet werden.

BARLEY WINE

Die Bezeichnung Barley Wine umfasst eine Gruppe besonders starker Biere und soll ihre Qualität und ihre Stärke im Vergleich zu Wein hervorheben. Im Durchschnitt liegt der Alkoholgehalt zwischen 8 und 12 %.

GOLDEN ALE

Dieser Bierstil verbindet den vollmundigen Geschmack eines Ales mit der klaren Frische eines Lagers. Es schmeckt fruchtig mit einem markanten Aroma, allerdings können manche Sorten – wie die belgischen Blondes Ales – trügerisch stark sein.

IPA (INDIA PALE ALE)

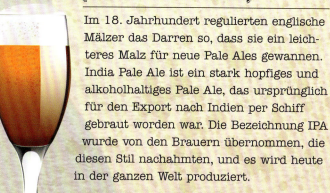

Im 18. Jahrhundert regulierten englische Mälzer das Darren so, dass sie ein leichteres Malz für neue Pale Ales gewannen. India Pale Ale ist ein stark hopfiges und alkoholhaltiges Pale Ale, das ursprünglich für den Export nach Indien per Schiff gebraut worden war. Die Bezeichnung IPA wurde von den Brauern übernommen, die diesen Stil nachahmten, und es wird heute in der ganzen Welt produziert.

BIER – WELTWEIT BELIEBT

Wo auch immer in der Welt man hinkommt, die Einheimischen haben ihr eigenes Bier. Dieses kennenzulernen und zu testen, ist eine der Freuden des Reisens. Dieses Buch möchte Ihnen dabei helfen.

Bier ist das weltweit am meisten konsumierte alkoholische Getränk. Überall auf der Welt wird man Menschen finden, die Bier brauen, verkaufen und, natürlich, auch trinken.

Frank Zappa sagte: „Du kannst kein richtiges Land sein, wenn du nicht dein eigenes Bier und deine eigene Fluglinie hast. Es hilft zwar, wenn du ein Footballteam oder Atomwaffen besitzt, aber Bier solltest du auf jeden Fall haben."

Auch wenn Frank Zappa vermutlich scherzte, können mit Ausnahme einiger weniger Länder im Nahen Osten alle Staaten ein Bier ihr Eigen nennen.

Warum ist Bier so beliebt?

Jeder Biertrinker hat seine eigene Antwort auf diese Frage, aber es lassen sich drei Hauptgründe finden:

Bier sorgt am Ende eines langen Tages für Entspannung, wenn wir mit unseren Freunden zusammenkommen.

Bier erfrischt und schmeckt gut. Gibt es an einem heißen Sommertag ein besseres Getränk als ein eiskaltes Pilsner? Und wer würde nicht an einem kalten Winterabend ein schönes Glas Stout am Kaminfeuer genießen?

Und schließlich gibt es eine riesige Auswahl an Bier. „Ich nehme ein Bier" lautet die übliche Antwort auf die Frage: „Was möchten Sie trinken?", aber für welches soll man sich entscheiden? Für ein Pils, Export, Stout, Fruchtbier, Weizen, Dampfbier, Bitter oder Bockbier?

Einer der großen Vorteile, die ein Biertrinker genießt: Es gibt immer etwas Neues zum Probieren. Wo auch immer man in der

Welt hinkommt, die Frage „Was wünschen Sie?" ist eine reizende Einladung, etwas Lokales auszuprobieren. Dieses Buch erleichtert Ihnen diese schwierige Entscheidung.

Bier erfrischt und schmeckt gut. Gibt es an einem heißen Sommertag ein besseres Getränk als ein eiskaltes Pilsner?

Es beschreibt über 400 der weltbesten Biere und möchte Sie einerseits an ehemalige Lieblingssorten erinnern und andererseits Vorschläge für neue Biere machen. Aus der Sicht eines Biertrinkers waren die letzten Jahre unglaublich spannend. Der Aufstieg der Craft-Beer-Brauereien rückte eine neue Generation erfindungsreicher Brauer in den Vordergrund, die das Beste aus traditionellem Know-how mit innovativen Aromen, Geschmacksnoten und Inhaltsstoffen verbinden.

Dieses Buch möchte Ihnen dabei helfen, Biere aus der ganzen Welt für sich zu entdecken. Es ist geografisch gegliedert, behandelt alle Kontinente sowie die wichtigsten bierproduzierenden Länder und stellt einige äußerst beliebte und unverwechselbare Biere vor. Zu jedem Bier gibt es eine Übersicht, auf was man achten sollte, sowie Tipps, wie man es am besten genießt.

Doch das ist noch nicht alles. Wir befassen uns auch mit der Geschichte des Bieres und Bierbrauens, mit der Kultur, in die Bier in verschiedenen Ländern eingebettet ist, mit Speisen, die gut zum Bier passen, sowie mit vielen weiteren faszinierenden Fakten rund ums Bier, die Sie mit Ihren Freunden beim nächsten Barbesuch teilen können. Schenken Sie sich ein Glas ein, legen Sie die Füße hoch und genießen Sie.

AMERIKA

Egal, ob Nord- oder Südamerika, die europäischen Wurzeln der amerikanischen Kultur zeigen sich auch in den Getränken, die man dort genießt.

Von Alaska im hohen Norden über Kanada und den Rest der USA bis nach Mittel- und Südamerika steht Bier hoch im Kurs. So riesig und vielfältig das Gebiet, so hoch ist auch die Bandbreite an Bieren; sie umfasst alles von hellem Ale und Lager bis hin zu Stout und Barley Wine.

Mit über 2000 Brauereien sind die USA nach China der zweitgrößte Bierproduzent der Welt. Biersorten wie Budweiser, Corrs, Schlitz, Michelob und Miller sind im ganzen Land beliebt.

Heutzutage erfährt die Braukunst in den USA eine kleine Revolution, wobei vor allem Gasthaus- und Mikrobrauereien einige der aufregendsten und innovativsten Biersorten produzieren. Gesellschaften wie Dogfish Head, Sierra Nevada, Samuel Adams sind mittlerweile in aller Munde, wenn man sich über amerikanisches Bier unterhält.

Die USA sind nach China der zweitgrößte Bierproduzent der Welt.

Bereits vor der explosionsartigen Ausbreitung der Kleinbrauereien gab es US-amerikanische Biere, die aus der Masse von durchschnittlichem Lager herausstachen.

Zu den charakteristischen Bierstilen Nordamerikas zählen Pennsylvania Porter, American IPA, American Bernstein und Dampfbier.

Namen wie August Krug, der Gründer der Schlitz Company, Eberhard Anheuser und Adolphus Busch von Anheuser-Busch sowie Frederick Pabst von der Pabst Brewing Company stehen für den Einfluss deutschen Know-hows auf das Bierbrauen in Amerika. Als Mitte des 19. Jahrhunderts untergärige Hefen ihren Weg in die USA fanden, begannen die Brauer, die Pils- und Bockbiere ihrer Heimatländer zu brauen. Amerikanische Brauer mussten ihre Rezepte häufig an die unterschiedlichen Gersten- und Hopfensorten anpassen, die ihnen zur Verfügung standen. Sie gaben daher auch Mais und Reis zu ihrer Getreidemischung hinzu – das amerikanische Lager entstand. Es fand einen wachsenden Markt in den deutschen Hochburgen von Ohio, Indiana, Illinois, Michigan, Missouri und Nebraska. Über 5,5 Millionen deutsche

Einwanderer trafen zwischen 1820 und 1910 in den USA ein.

Der deutsche Einfluss machte sich aber auch in Mittel- und Südamerika bemerkbar, wo als Bierstil kühle, erfrischende, goldfarbene Lagerbiere vorherrschen. Brauereien wie Bohemia in Brasilien, Quilmes in Argentinien und Modelo in Mexiko wurden von Einwanderern aus Deutschland und Österreich gegründet, und ihre Marken haben sich bis in die heutige Zeit erhalten. Aber auch dunkle Biere wie das brasilianische Eisenbahn Dunkel und das peruanische Cusqueña Malta zeigen, dass auch andere Stile Geschmack finden. So wurde in der Karibik schon immer Stout getrunken; in den Bars von Jamaika und Trinidad sind stärkere Biersorten wie Dragon Stout und Royal Extra Stout gängig.

Wie in den USA eröffneten auch in vielen Ländern Mittel- und Südamerikas Mikrobrauereien (Cervecerías genannt). Antares in Argentinien und DaDoBier in Brasilien sind nur zwei der vielen neuen Namen.

Wie in den USA eröffneten auch in vielen Ländern Mittel- und Südamerikas Mikrobrauereien.

Um diese neue Generation von Bierbrauern anzuspornen, wurde 2011 in Buenos Aires der erste alljährliche South Beer Cup ausgetragen. Der Wettbewerb bietet die Gelegenheit zu zeigen, was es Neues gibt bezüglich des Bierbrauens in Südamerika, man kann bewährte Vorgehensweisen austauschen und einen gemütlichen Wettstreit austragen. Für den ersten Wettbewerb waren 280 Biere in 20 Kategorien von 72 Brauereien gemeldet; sie kamen aus Argentinien, Brasilien, Chile und Uruguay. Über 40 Medaillen wurden verliehen.

Die Veranstaltung wird immer bekannter, ebenso wie das Bierbrauen in handwerklicher Tradition selbst. Dennoch reicht es nicht an die neuen Strömungen in der US-amerikanischen Brauszene heran. Deren Einfluss breitet sich sogar auf die neue Generation europäischer Brauer aus, die von der Experimentierfreude und der Dynamik der US-Amerikaner begeistert sind.

Ähnlich wie Großbritannien amerikanischen Blues und Rock 'n' Roll übernommen und verfeinert hatte, um daraus etwas Eigenes zu schaffen, machten es die amerikanischen Brauer bei der Bierproduktion.

Und es ist ein enormes, ständig wachsendes Geschäft. Jim Koch (siehe Foto), der Schöpfer von Samuel Adams, einem der US-amerikanischen Craft-Biere, wurde kürzlich in die Bloombergliste der Milliardäre aufgenommen. In weniger als 30 Jahren wuchs Sam Adams, wie es abgekürzt genannt wird, von einem kleinen Unternehmen zur größten Brauerei in US-amerikanischem Besitz.

BIER – IN DEN USA WIEDER-GEBOREN

Seit der Ankunft der ersten Auswanderer gehört Bier zur amerikanischen Geschichte. 1587 brauten Siedler in Virginia Ale aus Mais, noch eh die ersten Bierimporte eintrafen.

Bis zur Mitte des 19. Jahrhunderts ging es rasch voran, und deutsches Lager löste allmählich die englischen Biere wie Ale und Porter ab. Brauer wie Adolphus Busch bemerkten jedoch, dass den meisten Amerikanern Malzbiere zu schwer waren. Um ein leichteres Bier herzustellen, experimentierte er mit Mais und Reis, und heraus kam Budweiser. Häufig wird vermutet, dass er nur deshalb andere Inhaltsstoffe verwendete, um die Produktionskosten zu senken. Allerdings war Reis damals wesentlich teurer.

Mit dem verfeinerten Geschmack achten Biertrinker aus den USA vermehrt auf den Charakter eines Bieres. Entsprechend stellen sich die Brauer mit ihren neuen Bieren darauf ein. Eines der besten Beispiele ist amerikanisches Pale Ale, ein äußerst hopfenhaltiger Abkömmling des Indien Pale Ale (IPA). Amerikanisches Pale Ale, für das charakteristische amerikanische Hopfensorten verwendet werden, ist mittlerweile als Biersorte im engeren Sinn anerkannt und wird von England bis Brasilien kopiert.

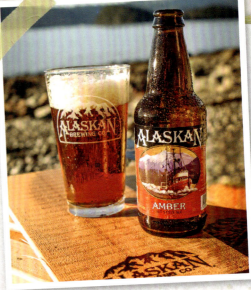

Alaskan Bernstein

Das Flaggschiff der Alaskan Brewing Company steht auf jeder Liste mit Bieren, die ein Biertrinker unbedingt probieren sollte, seit es 1988 zum besten Bier der Nation gewählt wurde. Es beruht auf einem klassischen Rezept für ein Bier, das die Goldgräber in Alaska um die Wende zum 20. Jahrhundert getrunken haben. Es entspricht einem Altbier und ist deutschen Ursprungs. Dafür werden obergärige Hefen verwendet, die langsam und bei tieferen Temperaturen gären als die meisten Ales.

Verkostungsnotizen: Kräftiges Malzaroma, voller Karamellgeschmack mit leichten Spuren von Pfirsich; passt gut zu geräuchertem Lachs.
★ **Land:** USA ★ **Gebraut von:** Alaskan Brewing Co.
★ **Stil:** Altbier ★ **Farbe:** Bernstein
★ **Alkoholgehalt:** 5,3 % ★ **Trinktemperatur:** 8–12 °C

Anchor Old Foghorn Barley Wine

Die Anchor Brewery in San Francisco wurde Ende des 19. Jahrhunderts gegründet und war bald für ihr Dampfbier berühmt. Old Foghorn ist Anchors Version des klassischen britischen Barley-Stils. Zucker aus zwei verschiedenen Malzsorten sorgt für reichlich Süße, die wieder ausgeglichen wird von dem bitteren Geschmack von Cascade-Hopfendolden, die viele amerikanische Biersorten mit ihrem typischen Zitrusaroma verfeinern.

Verkostungsnotizen: Kräftiges Karamellaroma mit einem langen, bitteren Abgang; passt gut zu Blauschimmelkäse oder geschmortem Rindereintopf.
★ **Land:** USA ★ **Gebraut von:** Anchor Brewing Co.
★ **Stil:** Barley Wine ★ **Farbe:** Gebranntes Kupfer
★ **Alkoholgehalt:** 8,8 % ★ **Trinktemperatur:** 8–13 °C

🇺🇸 Anderson Valley Boont Amber Ale

Die Geschichte der Anderson Valley Brewery ist typisch amerikanisch. Sie begann 1987 mit einem Zehn-Barrel-Sudhaus unter dem Buckhorn Saloon in Boonville, Kalifornien. Die Produktion stieg rasch an, und 2011 wurden 40 000 Barrels erreicht. Das Boont Amber Ale ist typisch für diesen Bierstil. Eine Malzmischung, die dunkleres Kristallmalz und etwas helleres aus zweizeiliger Gerste enthält, sorgt für die glänzende bernsteinartige Farbe. Gebraut aus einer Mischung aus vier Hopfensorten, ist das Bier fein ausgewogen, vielschichtig und weist einen entspannten, leicht bitteren Abgang auf.

Verkostungsnotizen: Toffee und verschiedene Karamellaromen; ein Bier, das man zu fast jedem Essen trinken kann.
* **Land:** USA * **Gebraut von:** Anderson Valley Brewing Co.
* **Stil:** Amber Ale * **Farbe:** Bernstein
* **Alkoholgehalt:** 5,8 % * **Trinktemperatur:** 8–12 °C

🇺🇸 Beer Valley Leafer Madness

Oregons Bierbrauerszene zählt mit ca. 150 Brauereien zu den produktivsten in der Welt. Ein überdurchschnittliches Bier ist das Leafer Madness der Beer Valley Brewery. Dieses Imperial Pale Ale zeichnet sich durch einen hohen Anteil an bitter schmeckendem Hopfen aus, der es unter die wenigen Biere in der Welt einreiht, die 100 IBUs (International Bittering Units) aufweisen.

Verkostungsnotizen: Zusammenziehende Bitterkeit, reich an Grapefruit- und Zitrusnoten; am besten nicht zum Essen trinken.
* **Land:** USA
* **Gebraut von:** Beer Valley Brewing Co.
* **Stil:** Imperial IPA
* **Farbe:** Trüborange
* **Alkoholgehalt:** 9 % * **Trinktemperatur:** 12–14 °C

🇺🇸 Bell's Amber Ale

Malz darren ist heikel: Schon wenige Grade Temperaturabweichung können sehr unterschiedliche Geschmacksrichtungen hervorbringen. Bell's Amber Ale wird in Michigan mit Münchner Malz gebraut – einer ausgeprägt aromatischen Malzsorte. Die höhere Darrtemperatur sorgt für einen intensiven, süßlichen Geschmack, der von fruchtigen, zitrusbetonten Hopfensorten ausgeglichen wird.

Verkostungsnotizen: : Intensiver Röstgeschmack; passt zu einer großen Bandbreite von Speisen; reines flüssiges Brot.
* **Land:** USA
* **Gebraut von:** Bell's Brewery
* **Stil:** Amber Ale
* **Farbe:** Bernstein
* **Alkoholgehalt:** 5,8 %
* **Trinktemperatur:** 8–12 °C

🇺🇸 Big Sky Brewing Moose Drool Braun Ale

Die Zutaten für dieses Bier vereinen das Beste von beiden Seiten des großen Teichs. Es enthält vier Malzsorten und vier Hopfenvarietäten – einschließlich der berühmten Sorte Kent Goldings. Moose Drool ist süffig und sehr gut ausgewogen; der niedrigere Gehalt an Alphasäuren in den britischen Hopfensorten sorgt für mehr Süße.

Verkostungsnotizen: Schokolade, leichte Orange- und Karamellnote mit einem nussigen Malzabgang. Passt gut zu herzhaften Speisen wie geräucherter Wurst.
★ **Land:** USA
★ **Gebraut von:** Big Sky Brewing Co.
★ **Stil:** Braun Ale
★ **Farbe:** Dunkelbraun
★ **Alkoholgehalt:** 5,1 %
★ **Trinktemperatur:** 10–12 °C

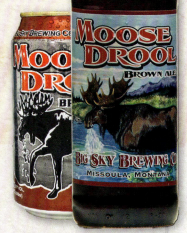

🇺🇸 Brooklyn Lager

Seit Ende der 1980er steht die Brooklyn Brewery an vorderster Front, wenn es um das Wiederaufleben der amerikanischen Kleinbrauereien geht. Dieses Lager im Wiener Stil war eine Zeit lang das einzige Craft Lager in einem Markt, der vom großen Geschäft beherrscht wurde. Die Produktion erfolgt heute weitestgehend in der Hauptniederlassung in Williamsburg. Der Brauprozess wird von Garrett Oliver beaufsichtigt – einem Fanatiker, wenn es um die Kombination von Bier und Speisen geht –, der seit 1994 Brooklyns Braumeister ist. Brooklyn Lager zählt heute zu den Bierikonen.

Verkostungsnotizen: Stark, die Malzbasis liefert einen kräftigen Hintergrund für die blumig duftenden Hopfensorten; passt zu allem, was Sie in Ihrem Kühlschrank finden.
★ **Land:** USA ★ **Gebraut von:** Brooklyn Brewery
★ **Stil:** Wiener Lager ★ **Farbe:** Dunkles Bernstein
★ **Alkoholgehalt:** 5,2 % ★ **Trinktemperatur:** 4–7 °C

🇺🇸 Budweiser

Liebevoll einfach Bud genannt, erklärt sich Budweiser zum „King of Beers", seit es in den 1950er-Jahren zu einer der weltweit meistverkauften Biermarken wurde. Das Pale Lager wird mit 30 % Reis als Ergänzung zum Gerstenmalz gebraut. Daraus resultiert ein „leichter" Geschmack, sodass es eiskalt getrunken werden sollte. Die hohen Verkaufszahlen machten Anheuser-Busch InBev zur größten Brauereigruppe der Welt, die weltweit mehr als 25 % Marktanteil hält.

Verkostungsnotizen: Leichtes Getreidearoma, kohlensäureartige Textur im Mund, mit sehr geringer Bitterkeit.
★ **Land:** USA ★ **Gebraut von:** AB InBev
★ **Stil:** Pale Lager ★ **Farbe:** Hellgelb
★ **Alkoholgehalt:** 4,8 % ★ **Trinktemperatur:** 1–2 °C

🇺🇸 Coors Light

Ende der 1970er wünschten sich viele ein kalorienarmes Bier, um den typischen „Bierbauch" zu vermeiden. Coors Light wurde gebraut und gehörte bereits 1994 zu der kleinen Zahl von Pale-Lagerbieren, die einen Anteil von 35 % am gesamten Bierverkauf in den USA ausmachten. Gebraut in Golden, Colorado, wo Adolph Coors 1873 seine Brauerei gegründet hatte, beruht sein Geschmack vor allem auf dem Wasser der Rocky Mountains. Leider wird aus Kostengründen ein Teil des Gerstenmalzes durch billigere Getreidesorten ersetzt.

Verkostungsnotizen: Leichte Maissüße und eine dünne Textur; am besten schmeckt es eiskalt serviert.
- ★ **Land:** USA ★ **Gebraut von:** Molson Coors
- ★ **Stil:** Pale Lager ★ **Farbe:** Hellgelb
- ★ **Alkoholgehalt:** 4,2 % ★ **Trinktemperatur:** 1–2 °C

🇺🇸 Dogfish Head 90 Minute Imperial IPA

Beim normalerweise einstündigen Sieden der Würze wird der Hopfen zugegeben, der für Geschmack, Bitterkeit und Konservierung verantwortlich ist. Dogfish Head produziert IPAs von 60, 90 und 120 Minuten mit unterschiedlichem Grad an Bitterkeit. Die 90-Minuten-Variante ist ein doppeltes, 9 %iges IPA mit zusätzlichem Malz, um die Bitterkeit des extrem hohen Hopfengehalts auszugleichen.

Verkostungsnotizen: Süßes Malz und kräftige Hopfensorten ergeben einen hopfenbetonten karamellartigen Geschmack mit fruchtigen Noten; passt sehr gut zu gegrilltem Schweinefleisch.
- ★ **Land:** USA
- ★ **Gebraut von:** Dogfish Head Brewery
- ★ **Stil:** Imperial IPA
- ★ **Farbe:** Golden/Orange
- ★ **Alkoholgehalt:** 9 %
- ★ **Trinktemperatur:** 8–12 °C

WUSSTEN SIE SCHON?

Präsident George Washington war ein Bierliebhaber – schließlich betrieb er auf seinem Grundstück in Mount Vernon, Virginia, sogar eine eigene Brauerei und bestand darauf, dass die Soldaten seiner Kontinentalarmee als tägliche Ration einen Liter Bier erhielten.

🇺🇸 Duck-Rabbit Baltic Porter

Bierspezialisten werden kaum seltsamere Namen (oder Logos) als diesen finden! Die Duck-Rabbit Craft Brewery in North Carolina ist auf dunkle Biere von Amber Ale bis Milk Stout spezialisiert. Duck-Rabbit's Porter und Baltic Porter sind typische Biersorten des 21. Jahrhunderts, die nur noch entfernt an das Londoner Porter aus dem 18. Jahrhundert erinnern.

Verkostungsnotizen: Erdiges, nussiges Aroma mit Rauch- und Gewürznoten; mittlerer Körper, süffig.
* **Land:** USA * **Gebraut von:** Duck-Rabbit Craft Brewery
* **Stil:** Porter * **Farbe:** Dunkelbraun
* **Alkoholgehalt:** 9% * **Trinktemperatur:** 8–13°C

🇺🇸 El Toro Negro Oatmeal Stout

Hafer hat auf Bier einen einzigartigen Effekt. Fügt man ihn zum üblichen Gerstenmalz hinzu, verleiht er Bier ein seidenweiches Mundgefühl und eine dickflüssige Textur. Wie hier in Kombination mit dunklem Schokoladenmalz, ergibt sich ein fantastisches Schoko-Milchshake-Aroma mit leichten Vanille- und Kaffeenoten im Abgang. Ein sehr angenehmer Geschmack, besonders zu Beginn der kalten Jahreszeit.

Verkostungsnotizen: Cremig, nach Schokolade, geröstetem Kaffee und einem Hauch Vanille, alles vereint in einer süßen und dezenten Komposition.
* **Land:** USA * **Gebraut von:** El Toro Brewing Co.
* **Stil:** Stout * **Farbe:** Pechschwarz
* **Alkoholgehalt:** 5,5% * **Trinktemperatur:** 10–14°C

WORLD BEER CUP

Alle zwei Jahre rückt für die amerikanischen Bierbrauer Denver, Colorado, in den Mittelpunkt, da hier der World Beer Cup stattfindet.

Dieser Wettbewerb wurde 1996 von der US-amerikanischen Association of Brewers ins Leben gerufen, die unabhängige Brauer unterstützt und fördert. Die Veranstaltung findet jedes zweite Jahr statt, sie gilt als einer der angesehensten Bierwettbewerbe auf der Welt.

2014 sind es insgesamt 94 unterschiedliche Stile, darunter solche Köstlichkeiten wie Kürbisbier, Schokoladenbier, belgisches Sour Ale und amerikanisches Stout. Die Juroren testen die Biersorten blind und bewerten sie danach, wie gut sie die Beschreibungen des jeweiligen Stils erfüllen.

Obwohl der Wettbewerb Brauern aus der ganzen Welt offensteht, wird er von amerikanischen Teilnehmern dominiert. 2012 wurden 3921 Biere von 799 Brauereien aus 54 Ländern beurteilt. US-amerikanische Brauereien gewannen 208 Auszeichnungen, es folgte Deutschland mit 23 Preisen. Kalifornien und Colorado waren mit 524 bzw. 274 Einträgen die produktivsten Staaten, wobei Kalifornien 55 und Colorado 27 Auszeichnungen erhielt.

Auch die besten Brauereien wurden gewählt. 2012 gewann die deutsche Brauerei Michael Plank in der Kategorie „Small Brewing Company", die Firestone Walker Brewing Company of Paso Robles, Kalifornien, in der Kategorie „Medium-sized Brewery", und AB InBev siegte in der Kategorie „Large Brewing Company".

🇺🇸 Firestone Walker Double Barrel Ale

Firestone Walker benutzt traditionelle Reifungsmethoden, die bis zu den ersten IPAs in Burton upon Trent in Großbritannien zurückreichen, und hat sein Flaggschiff nicht auf die modernen, stark gehopften Biere ausgerichtet, sondern auf einen im Großbritannien des späten 19. Jahrhunderts beliebten Stil. Anstatt in Stahltanks reift das Bier in Eichenfässern, die für eine leichte Rauch-, Holzkohle- und Vanillenote sorgen und ein Pale Ale nach britischem Stil hervorbringen.

Verkostungsnotizen: Geröstetes Brot, Karamell, Holz und Vanille, kombiniert mit einem Gewürzaroma im Abgang.
✶ **Land:** USA ✶ **Gebraut von:** Firestone Walker Brewing Co.
✶ **Stil:** Premium Pale Ale ✶ **Farbe:** Dunkles Bernstein
✶ **Alkoholgehalt:** 5% ✶ **Trinktemperatur:** 8–12°C

WUSSTEN SIE SCHON?

Die Pabst Brewery produzierte in den 1940er-Jahren das erste Sixpack, nachdem Untersuchungen bestätigt hatten, dass sechs Dosen Bier das ideale Gewicht ergaben, das eine durchschnittliche Hausfrau tragen konnte.

🇺🇸 Flying Dog Raging Bitch

Flying Dog zählt zu den beliebtesten Mikrobrauereien der USA. Das Etikett entstammt der unverwechselbaren Handschrift des in Großbritannien geborenen Illustrators Ralph Steadman. Das herausragende Merkmal des IPA ist die Hefe – es handelt sich um einen belgischen Stamm, genannt Diablo, der eine Kaugummi- und Bananennote beisteuert, die man häufig in deutschen Weizenbieren findet. Auf der Basis ausgeprägter Hopfennoten entsteht als verblüffendes Ergebnis ein typisch amerikanisches IPA und dennoch ein einzigartiges Bier.

Verkostungsnotizen: Banane, Kaugummi und Toffee.
✶ **Land:** USA ✶ **Gebraut von:** Flying Dog Brew Co.
✶ **Stil:** Belgisches IPA ✶ **Farbe:** Dunkles Bernstein
✶ **Alkoholgehalt:** 8,3% ✶ **Trinktemperatur:** 8–12°C

🇺🇸 Founders All Day IPA

Viele amerikanische Craft-Biere (besonders IPAs) weisen einen hohen Alkoholgehalt auf. Dieses Bier ist eine Ausnahme; es wurde konzipiert für maximalen Geschmack bei einem niedrigen Alkoholgehalt von gerade mal 4,7 %. Founders hat ein kleines Wunder geschaffen mit der Kreation dieser süffigen, genussvollen, kleinen Geschmacksbombe, die keinesfalls die große Masse der gelegentlichen Biertrinker abschreckt. Ein wahrhaft großes Bier!

Verkostungsnotizen: Reich an Pfirsich- und Grapefruit-Hopfenaromen in Nase und Gaumen, gut ausgewogen durch süße Malzsorten.
* **Land:** USA
* **Gebraut von:** Founders Brewing Co.
* **Stil:** IPA
* **Farbe:** Goldgelb
* **Alkoholgehalt:** 4,7 %
* **Trinktemperatur:** 4–7 °C

🇺🇸 Goose Island IPA

Das IPA der Goose Island Brewery aus Chicago war eines der ersten hopfigen IPAs, das eine weite Verbreitung fand. Goose Island gehört heute zu der weltweit operierenden Brauereigruppe AB InBev, doch glücklicherweise wurde das Rezept nach dem Verkauf kein bisschen verändert. Ein perfektes Gleichgewicht aus Süß, Sauer und Bitter.

Verkostungsnotizen: Salziges Popcorn, liebliche blumige Hopfentöne mit einem Hauch von Gewürzen und einem kräftigen Zitrusduft in der Nase.
* **Land:** USA
* **Gebraut von:** Goose Island Beer Co.
* **Stil:** IPA
* **Farbe:** Trübes Bernstein
* **Alkoholgehalt:** 5,9 %
* **Trinktemperatur:** 4–7 °C

🇺🇸 Grand Teton Bitch Creek ESB

Im Targhee National Forest in Idaho gibt es einen wilden Wasserlauf, der Namensgeber für eines der meistausgezeichneten Biere der USA ist. Grand Tetons Bitch Creek gewann 12 Goldmedaillen bei Wettbewerben und ist so unbändig, wild und komplex wie sein Namensgeber. Ein vollmundiges amerikanisches Braun Ale aus einer Mischung von fünf Malzsorten. Es zeichnet sich durch äußerst kräftige Verkostungsnotizen aus. Die überzeugende Basisnote aus üppigem Karamell wird durch eine würzige, an Kiefernharz erinnernde Hopfennote im Abgang abgerundet.

Verkostungsnotizen: Karamell, Nüsse, Orangen; leichte Gewürznote im Abgang; passt gut zu Grillfleisch oder altem Gouda.
* **Land:** USA * **Gebraut von:** Grand Teton Brewing
* **Stil:** Braun Ale * **Farbe:** Braun
* **Alkoholgehalt:** 6,5 % * **Trinktemperatur:** 10–12 °C

🇺🇸 Lagunitas IPA

Lagunitas IPA wurde erstmals 1995 als leichteres IPA gebraut, das man ohne Angst vor dem Hopfengehalt über Stunden genießen konnte. Es ähnelt einem malzbetonten IPA im englischen Stil. Nach dem ersten Test fand es solchen Anklang, dass sich die Brauerei entschloss, es ganzjährig zu produzieren, sodass man es heute in ganz Amerika an der Spitze jeder Craft-Beer-Liste finden kann.

Verkostungsnotizen: Üppiges Toffeearoma; süß, mit einer niemals aufdringlichen Hopfennote; passt gut zu gegrilltem Fleisch.
* **Land:** USA
* **Gebraut von:** Lagunitas Brewing Co.
* **Stil:** IPA
* **Farbe:** Bernstein
* **Alkoholgehalt:** 6,2 %
* **Trinktemperatur:** 4–7 °C

🇺🇸 Left Hand Brewing Milk Stout

Milk Stout Biere sollen bestimmte gesundheitsfördernde Eigenschaften besitzen. Leider ist das nicht ganz richtig! Sie enthalten lediglich Milchzucker (Laktose) – eine Zuckerart, die von Hefen nicht vergoren werden kann und deshalb im Bier verbleibt. Left Hand Brewing produziert eine fantastische Variante in seiner Brauerei in Colorado. Sobald Sie sie probiert haben, werden Sie so bald nicht wieder zu teilentrahmter Milch zurückkehren.

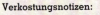

Verkostungsnotizen: Süß, cremig, mit kräftigen Schokoladen- und Kaffeenoten; erinnert an einen leckeren Schoko-Milchshake.
* **Land:** USA
* **Gebraut von:** Left Hand
* **Stil:** Milk Stout
* **Farbe:** Schwarz
* **Alkoholgehalt:** 6 %
* **Trinktemperatur:** 7–12 °C

🇺🇸 Magic Hat #9

Magic Hats berühmtes „beinahe" Pale Ale ist kaum zu beschreiben, da es bisher nichts Vergleichbares gab. Probieren Sie es! Der Grund für die Bezeichnung Nummer 9 bleibt ein Geheimnis und ist Teil vom Image der Zauberhut-Brauerei, das die Magic Hat Brewery sorgsam pflegt. Es ist eine Brauerei mit viel Charakter und einer beeindruckenden Palette an Bieren, die aber immer das gewisse Etwas haben.

Verkostungsnotizen: Angenehmer leichter Duft nach Malz und Zitrusfrüchten, kombiniert mit süßen Pfirsicharomen auf der Zunge.
* **Land:** USA
* **Gebraut von:** Magic Hat Brewing Co.
* **Stil:** Pale Ale
* **Farbe:** Mittelorange
* **Alkoholgehalt:** 5,1 %
* **Trinktemperatur:** 4–7 °C

🇺🇸 Maui CoCoNut PorTeR

Was diese willkürliche Anwendung von Versalien im Namen soll, weiß niemand. Wahrscheinlich eine Laune des Eigentümers Garrett Marrero. Seine Idee, Kokosnuss und Porter zu kombinieren, ergab beim Verkosten jedenfalls eine erstaunliche Geschmacksnote. Dank einer Mischung aus sechs verschiedenen gerösteten Malzsorten, den klassischen amerikanischen Hopfensorten Cascade und Columbus und von Hand gerösteten Kokosnüssen entstand etwas Wundervolles. Der Kokosnussgeschmack bleibt dezent im Hintergrund und macht aus diesem Porter etwas Besonderes.

Verkostungsnotizen: Leichtes Kokosnuss- und Schokoladenaroma, Kaffee und Süße am Gaumen, im Abgang noch mehr dezente Kokosnussnoten.
* **Land:** USA * **Gebraut von:** Maui Brewing Co.
* **Stil:** Porter * **Farbe:** Schwarz
* **Alkoholgehalt:** 6% * **Trinktemperatur:** 7–12°C

WUSSTEN SIE SCHON?

Erst 1978 legalisierte Präsident Jimmy Carter das Bierbrauen zu Hause. Doch bereits die ersten englischen Siedler haben schon Bier gebraut – und niemals damit aufgehört, nicht einmal während der Prohibition.

🇺🇸 Mendocino Schwarz Hawk Stout

Rein technisch gesehen, handelt es sich um ein Dry Stout im irischen Stil. Die wichtigste Zutat ist das dunkel geröstete Gerstenmalz. Es zeichnet für die mattschwarze Farbe verantwortlich, die man sonst bei einem Pint Guinness erwarten würde, dem klassischen irischen Dry Stout.

Verkostungsnotizen:
Bittere durch Trockenröstung gleicht die Süße des dunklen Gerstenmalzes aus; passt sehr gut zu einem Irish Stew.
* **Land:** USA
* **Gebraut von:** Mendocino Brewing Co.
* **Stil:** Dry Stout
* **Farbe:** Schwarz
* **Alkoholgehalt:** 5,2%
* **Trinktemperatur:** 10–14°C

TROCKENE ZAPFHÄHNE

Die USA sind der zweitgrößte Bierproduzent der Welt, was die Menge betrifft, aber für eine Zeitspanne von 13 Jahren zu Beginn des 20. Jahrhunderts war Bierverkauf illegal.

Auch in anderen Ländern war Alkohol verboten, aber die amerikanische Prohibition reichte sehr weit. Vor der Einführung des 18. Zusatzartikels zur Verfassung im Januar 1920 produzierten mehr als 1300 Brauereien in den USA etwa 60 Millionen Barrel Bier. Während sich manche zum Verkauf entschlossen, stellten andere, darunter Schlitz, Anheuser-Busch, Blatz und Pabst, ihre Produktion auf Malzbier um. Dieses „bierähnliche Getränk" hatte einen Alkoholgehalt von weniger als 0,5 %. Obwohl es nicht sehr beliebt war, hielt es doch die Braukunst am Leben.

Ein weiterer Nebenerwerb bestand in Malzsirup, der als Backmittel verkauft wurde, aber gleichzeitig ein wichtiger Inhaltsstoff für alle war, die zu Hause brauten.

Die Volstead Act erlaubte die Produktion von Bier „zu medizinischen Zwecken". Brauereien, denen eine Lizenz erteilt wurde, waren in einer günstigeren Wettbewerbssituation und konnten sofort nach Aufhebung der Prohibition im Dezember 1933 dieses Bier mit einem Alkoholgehalt von 3,2 % verkaufen.

Während der Prohibition stieg die Nachfrage nach illegal hergestellten alkoholischen Getränken. Die Amerikaner besorgten sich auf illegale Weise Alkohol, und während die Brauereien pleitegingen, verdienten Schmuggler wie Al Capone eine geschätzte Milliarde Dollar – steuerfrei.

🇺🇸 Michelob Original Lager

Erstmals 1896 gebraut vom amerikanischen Meister der Braukunst Adolphus Busch, wurde es nach einem tschechischen Brauer aus Saaz (heute Žatec) benannt, einem für seinen Hopfen berühmtes Gebiet. Michelob ist mit vielen anderen Pale-Lagerbieren auf dem amerikanischen Markt vergleichbar.

Verkostungsnotizen: Leichte Malznoten, Spuren von Mais und ein Hauch von erdigem Hopfenaroma.
- ★ **Land:** USA
- ★ **Gebraut von:** AB InBev
- ★ **Stil:** Pale Lager
- ★ **Farbe:** Hellgelb
- ★ **Alkoholgehalt:** 5 %
- ★ **Trinktemperatur:** 1–2 °C

🇺🇸 Miller Lite

Eines von vielen Bieren auf dem US-Markt, das auf einen niedrigen Kaloriengehalt abzielt. Miller Lite hat gerade mal 96 kcal pro Flasche. Ursprünglich im Jahr 1967 bezeichnet als Gablinger's Diet Beer, war dies die erste Biersorte dieser Art in den USA und wurde schnell Marktführer, bis Anheuser-Busch Anfang der 1980er Bud Light herausbrachte – und schließlich den Hauptanteil am Leichtbiermarkt eroberte.

Verkostungsnotizen: Sehr leichte Malznote und extrem süffig, erfrischend, klar, ideal bei heißem Wetter.
* **Land:** USA
* **Gebraut von:** Miller Coors
* **Stil:** Pale Lager
* **Farbe:** Hellgelb
* **Alkoholgehalt:** 4,2 %
* **Trinktemperatur:** 1–2 °C

🇺🇸 Molson Coors Blue Moon

Spricht man über Blue Moon, muss man den Mann erwähnen, der diesen Bierstil in den 1960ern wiederbelebt hat. Pierre Celis verhalf dem belgischen Städtchen Hoegaarden zu Ansehen, als er belgisches Witbier nach Originalrezept braute. Blue Moon ist ein Abkömmling, hergestellt aus Weizenmalz und etwas Hafer für eine weiche Textur und ein gutes Mundgefühl.

Verkostungsnotizen: Orangenschale, leicht seifig mit Sellerie im Abgang; passt wunderbar zu gedünsteten Muscheln und Pommes frites.
* **Land:** USA
* **Gebraut von:** Molson Coors
* **Stil:** Witbier * **Farbe:** Trübes Gelb
* **Alkoholgehalt:** 5,4 % * **Trinktemperatur:** 4–7 °C

🇺🇸 Odell Cutthroat Porter

Hoch oben in den Rocky Mountains lebt die Cutthroat-Forelle. Sie gab dem von London inspirierten Porter seinen Namen, das bei Odell in Fort Collins, Colorado, gebraut wird. Ein für seinen Stil relativ leichtes Bier, wobei sein leichter Körper über das kräftige Aroma hinwegtäuscht. Dieses Porter gewann bereits mehrere Preise auf beiden Seiten des Atlantiks.

Verkostungsnotizen: Leicht salzig, reich an Malzaroma, das sich sehr gut mit den Noten von Kaffee und Schokolade ergänzt.
* **Land:** USA * **Gebraut von:** Odell Brewing Co.
* **Stil:** Porter * **Farbe:** Helles Schwarz
* **Alkoholgehalt:** 4,8 %
* **Trinktemperatur:** 5–10 °C

WUSSTEN SIE SCHON?

Im August 1997 erzielte ein Club von Hobbybrauern aus Colorado einen neuen Höhenrekord beim Bierbrauen, als man einen Posten Barley Wine auf der Spitze des Mount Elbert in 4401 m Höhe braute.

🇺🇸 Pabst Blue Ribbon

Pabst Bier soll 1893 auf der World's Columbian Exposition in Chicago als bestes Bier Amerikas ausgezeichnet worden sein. Seit 1895 heißt es Pabst Blue Ribbon, obwohl es niemals ein blaues Band bekommen hat. Es ist auch unklar, ob es überhaupt jemals einen Preis gewonnen hat; viele der offiziellen Berichte bezeugen lediglich dritte Plätze. Dennoch hat sich Pabst Blue Ribbon als eines von Amerikas Alltagsbieren etabliert. In Bars führt es dank seines attraktiven Preises die Getränkekarte an, und der Verkauf von PBR stieg ständig an, seit es bei Jazzmusikern und anderen Künstlern beliebt wurde.

Verkostungsnotizen: Reich an toffeeartigem Malz mit einem sehr lieblichen und erfrischenden Nachgeschmack; passt sehr gut zu Livemusik.
- ✴ **Land:** USA
- ✴ **Gebraut von:** Pabst Brewing Co.
- ✴ **Stil:** Pale Lager
- ✴ **Farbe:** Hellgelb
- ✴ **Alkoholgehalt:** 5 %
- ✴ **Trinktemperatur:** 2–5 °C

🇺🇸 Pelican Imperial Pelican Ale

Verziert mit einer Zeichnung von Phil dem Pelikan (dem Brauereimaskottchen), ist Pelicans Imperial Pale Ale ein echtes IPA, das sein besonderes Zitrusaroma den nordamerikanischen Hopfensorten Cascade und Centennial und seine malzige Süße den Pale-Ale- und Karamell-Malzsorten verdankt. Pelicans Oceanfront Pub und seine Brauerei in Pacific City, Oregon, sind berühmt für das vorzügliche Restaurant von Küchenchef Ged Aydelott und das exzellente Bier von Braumeister Darron Welch.

Verkostungsnotizen: Reich an Toffee und Karamell in der Nase, dazu eine fruchtige, zitrusartige Hopfennote.
- **Land:** USA
- **Gebraut von:** Pelican Pub and Brewery
- **Stil:** Imperial IPA
- **Farbe:** Helles Bernstein
- **Alkoholgehalt:** 8 %
- **Trinktemperatur:** 4–7 °C

WUSSTEN SIE SCHON?

John Harvard (1607–1638) aus in Southwark London emigrierte nach Neuengland und hinterließ nach seinem Tod viel Geld, das für die Gründung der Harvard-Universität verwendet wurde. 1674 besaß Harvard seine eigene Brauerei und fünf Bierhallen.

🇺🇸 Rogue Dead Guy Ale

Brauer sind meist stolz auf ihre Hefen, so auch die Brauer von Rogue. Ihre Pacman-Hefe, benannt nach ihrer unersättlichen Natur – sie kann eine große Bandbreite an Zuckern über eine lange Zeit verwerten –, ist ideal für die Produktion dieses Lagers im Stil eines deutschen Maibocks. Für dessen breiten Charakter werden traditionelle europäische Hopfensorten wie Saaz und Perle zusammen mit vier Sorten Karamellmalz eingesetzt, wobei die Brauer von Rogue für einen volleren Geschmack den Hopfengehalt ein bisschen erhöht haben.

Verkostungsnotizen: Noten von Getreide, geröstetem Brot und Alkohol ergeben zusammen den übergreifenden Geschmack dieses Bieres; trocken, hopfig im Abgang.
★ **Land:** USA ★ **Gebraut von:** Rogue Ales ★ **Stil:** Maibock
★ **Farbe:** Bernstein ★ **Alkoholgehalt:** 6,5 % ★ **Trinktemperatur:** 4–7 °C

🇺🇸 Sierra Nevada Pale Ale

Mittlerweile ist das Sierra Nevada Pale Ale nicht nur in den USA, sondern weltweit beliebt. Als zeitlose Interpretation eines amerikanischen Pale Ale setzt das Bier Maßstäbe. Wie viele amerikanische Pale Ales wird auch dieses hopfengestopft, wofür nach der ersten Gärung mit bitteren Hopfensorten großzügig Cascade-Hopfensorten eingesetzt werden. Dies geschieht mit dem patentierten firmeneigenen Hopfen-Torpedo. Das Bier erhält ein kräftiges Frucht- und Zitrusaroma, ohne weitere Hopfenbitterkeit zuzufügen. Es entsteht eine Mischung aus Zitrusfrüchten und bitterem Hopfen, ergänzt durch Karamellnoten aus dem Malz.

Verkostungsnotizen: Noten von Orangenblüten in der Nase, mit einem langen bitteren Abgang; passt hervorragend zu jeder Art von Curry.
★ **Land:** USA
★ **Gebraut von:** Sierra Nevada Brewing Co.
★ **Stil:** Pale Ale
★ **Farbe:** Bernstein
★ **Alkoholgehalt:** 5,6 %
★ **Trinktemperatur:** 4–7 °C

🇺🇸 Ska Modus Hoperandi

Es gibt nichts, das sich mit einem guten Wortspiel über Bier vergleichen ließe. Modus Hoperandi der Ska Brewing wird meist in Dosen abgefüllt. Diese sorgen für eine bessere Abdichtung, wodurch das Bier einerseits frischer bleibt und andererseits schneller gekühlt werden kann. Das ist praktisch, da man dieses amerikanische IPA so kalt wie möglich trinken sollte.

Verkostungsnotizen: Kiefer, Grapefruit und Zitrone, mit einer süßen kräftigen Malznote; passt sehr gut zu Thaicurry und zu kräftig gewürztem Kebab.
★ **Land:** USA
★ **Gebraut von:** SKA Brewing
★ **Stil:** IPA
★ **Farbe:** Dunkelorange
★ **Alkoholgehalt:** 6,8 %
★ **Trinktemperatur:** 4–7 °C

🇺🇸 Samuel Adams Boston Lager

Samuel Adams Boston Lager wird nach einem alten Familienrezept gebraut, das auf die 1870er zurückgeht. Es war eines der führenden Leichtbiere während der amerikanischen Craft-Beer-Revolution in den 1980ern. Bis heute geht die Marke keine Kompromisse hinsichtlich Geschmack und Braukunst ein, um die Kosten zu senken. Sam Adams ist eine amerikanische Institution. Am besten trinkt man es, während man im Fernsehen seine Lieblingsmannschaft anfeuert.

Verkostungsnotizen: Die Süße durch geröstetes Malz, Toffee und Karamell wird mit veredelten Hopfensorten ausgeglichen.
* **Land:** USA
* **Gebraut von:** Samuel Adams Brewing
* **Stil:** Amber Lager
* **Farbe:** Bernstein
* **Alkoholgehalt:** 4,9%
* **Trinktemperatur:** 4–7 °C

SAMUEL ADAMS UND DIE WIEDERGEBURT DES AMERIKANISCHEN BRAUWESENS

Es klingt seltsam, dass die größte in amerikanischem Besitz befindliche Brauerei als Inspiration für Mikrobrauereien diente, doch die Geschichte der Samuel Adams Brauerei ist die Art von Märchen, die Bierfreaks ihren eigentlichen Job kündigen lässt. Der Gründer selbst, Jim Koch, hat 1984 genau das getan. Als Unternehmensberater mit einem Harvard-Diplom entschloss er sich, alles daranzusetzen, nach einem alten Familienrezept Bier zu brauen.

Zu dieser Zeit wurde der amerikanische Markt von Bieren aus Massenproduktion beherrscht. Koch tat sich mit einigen Harvard-Kommilitonen zusammen, braute die erste Ladung von Samuel Adams Boston Lager in seiner Küche und verkaufte sie an Bostoner Bars. In seinem ersten Jahr wurde Boston Lager zum besten Bier Amerikas gewählt. Inzwischen produziert die Gesellschaft über zwei Millionen Barrel im Jahr.

Samuel Adams bringt regelmäßig eine Palette von anspruchsvollen und interessanten Bieren heraus und bemüht sich, die Standards der amerikanischen Braukunst anzuheben.

Koch fungiert als Mentor für neue Brauer und unterstützt sie mit Rat und finanzieller Hilfe. Sein Longshot-Wettbewerb lädt Hobbybrauer ein, und die Gewinner dürfen ein Bier von Samuel Adams brauen lassen. Während des Hopfenmangels 2008 teilte die Brauerei 20 000 Pfund Hopfen mit 108 Craft-Beer-Brauereien, die anders in Konkurs gegangen wären.

DAMPF

Kalifornien wird mit einem in Amerika einzigartigen Bierstil in Verbindung gebracht – Dampfbier. Manche sehen ihn als den einzigen im Land hervorgebrachten Bierstil.

Als James Marshall 1848 bei Sutter's Mill in Kalifornien Gold fand, führte dies zu einem Ansturm von 300.000 Goldsuchern, die 1849 über den Staat hereinbrachen. Diese sogenannten „49er" Glücksritter benötigten natürlich Essen und Trinken. Bald kamen

auch die ersten Brauer in den Goldstaat. In dieser Zeit war Lagerbier auf dem Vormarsch, daher vermutet man, dass die Brauer mit untergärigen Hefen im Gepäck nach Kalifornien kamen. Allerdings standen sie damit vor einem Problem.

Lager erfordert eine Vergärungsperiode bei sehr niedrigen Temperaturen. Im heißen Klima Kaliforniens war das nicht möglich, da es keine Kühlmöglichkeit gab.

Die Brauer mussten improvisieren, daher brauten sie mit den untergärigen Hefen bei Temperaturen, die für Ale geeignet waren. Heraus kam ein Hybridbier, das sowohl Elemente von Lager als auch von Ale enthielt. Man benutzte offene Gärbottiche, um das Bier zu kühlen. Da sie häufig auf den Dächern von Gebäuden standen, stieg von dem abkühlenden Bier am Morgen eine Dampfwolke auf, woher der Name „Dampfbier" rühren könnte.

Eine andere Möglichkeit ist, dass der Name von dem traditionellen deutschen Dampfbier abgeleitet wurde. Viele amerikanische Braumeister waren deutscher Abstammung; sie wussten wahrscheinlich, dass Dampfbier ebenfalls bei hohen Temperaturen vergoren wurde, und übernahmen das Rezept. Nach der ersten Gärung wurde das Bier in kleine Fässer abgefüllt, dann wurde die sogenannte Speise zugegeben, um das Bier weiterzuvergären. Bevor es endgültig abgefüllt werden konnte, wurde das Fass entlüftet, um den Überschuss an Kohlensäure zu entfernen. Die explosionsartige Freisetzung, die dem Bremsen eines Dampfzuges gleichkam, könnte eine weitere Erklärung für den Namen liefern.

Genau wie deutsches Dampfbier wurde auch die amerikanische Variante als einfaches Getränk für Arbeiter angesehen; mitunter war es unter dem Namen „California Common" bekannt.

Viele verschiedene Brauereien produzierten Dampfbier aus den lokal verfügbaren Zutaten, um die Kosten niedrig zu halten. Meist war es ein Amberbier, häufig vergleichbar einem Münchner Bier. Eine Kombination aus Karamellmalz, geröstetem Malz und karamellisiertem Zucker sorgte für die unverwechselbare Farbe.

Die Brauer mussten improvisieren, daher brauten sie mit den untergärigen Hefen bei Temperaturen, die für Ale geeignet waren. Heraus kam ein Hybridbier, das Elemente sowohl von Lager als auch von Ale enthielt.

Mit der Entwicklung der Brautechnologie sank die Nachfrage nach diesem günstigen Bier. Nach der Prohibition war die 1896 gegründete San Francisco's Anchor Brewery eine der wenigen Brauereien, die überlebt hatten. Allerdings stand sie 1965 vor dem Aus. Um sein Lieblingsbier zu retten und das Geschäft wiederzubeleben, erwarb Fritz Maytag (ein Stanford-Absolvent und Erbe eines Waschmaschinenunternehmens) die Aktienmehrheit an der Brauerei.

Indem er das Bierrezept veränderte und den Fokus auf eine effizientere Qualitätskontrolle legte, gelang es Maytag, Anchor wieder hochzubringen. Barbesitzer hatten sich beschwert, dass das Bier so schnell verdarb, daher entwickelte er 1971 eine beliebte Flaschenvariante von Anchor Steam Beer. Als Eigentümer hielt Maytag die Brauerei immer relativ klein und sorgte so dafür, dass die Qualität des Bieres immer hoch blieb.

Zu Recht gilt er als einer der Vorreiter der amerikanischen Craft-Beer-Kultur, besonders da er auch anderen Mikrobrauereien bei der Entwicklung von Produkten half, die eine Alternative zu den Biersorten aus Massenproduktion darstellten.

Da sich Anchor die Bezeichnung „Steam Beer" 1981 markenrechtlich schützen ließ, mussten sich andere Brauereien mit dem etwas prosaischeren Namen „California Common Beer" behelfen.

Gemäß dem Beer Judge Certification Program, einer Zertifizierung für den Geschmack eines Bieres, reicht der Geschmack des „California Common Beer" per Definition an den des Anchor-Steam-Prototypen heran. Der Bierstil wird geprägt durch Northern-Brewer-Hopfen (holzige, ländliche oder minzige Aromen) in mittlerer bis hoher Stärke; das Bier wird mit untergärigen Hefen fermentiert, die besonders im unteren Temperaturbereich der normalen Ale-Gärung arbeiten. Traditionell wird das Bier in offenen Bottichen vergoren, ein Arbeitsschritt, den Anchor so beibehalten hat.

Andere Brauereien versuchten, den Stil wiederzubeleben, der nicht mehr länger als Billig-, sondern als Premiumbier galt. Beispiele dafür sind Flying Dog Old Scratch Amber Lager und Linden Street Common Lager. Letzteres wird in Oakland gebraut; es wird beschrieben als ein Tribut an die Bierstile und Braumethoden, die ihren Ursprung in diesem Gebiet hatten.

🇺🇸 Sly Fox Rt. 113

Sly Fox aus Pennsylvania füllt viele seiner Bierprodukte in Dosen ab, um sie für den weltweiten Export frisch zu halten. In der eigenen Brauereigaststätte in Phoenixville wird das Bier frisch gezapft. Der Aufstieg war rasant – die Produktion begann im Januar 2012, damit ist Sly Fox ein absoluter Newcomer in der US-Craft-Beer-Szene. Dieses Bier ist ein Ganzjahres-IPA, gebraut mit Hopfen aus dem Yakima Valley in Washington, dessen hoher Anteil an Alphasäuren für Zitronen- und Kiefernoten sowie die nötige Bitterkeit steht.

Verkostungsnotizen: Sehr bitter; jede Menge unterschiedliche fruchtige Noten.
- **Land:** USA
- **Gebraut von:** Sly Fox Brewing Co.
- **Stil:** IPA
- **Farbe:** Dunkles Bernstein
- **Alkoholgehalt:** 7 %
- **Trinktemperatur:** 4–7 °C

🇺🇸 Stone Sublimely Self-Righteous Ale

Stone Brewing aus Escondido, Kalifornien, kann mit Recht stolz auf seine Biere sein. Das Sublimely Self-Righteous Ale ist ein Black IPA, für das dunkles Schokoladenmalz, das normalerweise für Stout und Porter herangenommen wird, mit der nötigen Hopfenmenge kombiniert wird; daraus ergibt sich ein interessantes Aroma nach tropischen Früchten und eine durch Kiefernoten bestimmte Bittere. Das Bier schmeckt wunderbar zu mariniertem und gegrilltem Fleisch.

Verkostungsnotizen: Kaffee, Rosinen und lebhafte Passionsfruchtnoten; passt wunderbar zu Barbecue und mariniertem und gegrilltem Hähnchen.
- **Land:** USA
- **Gebraut von:** Stone Brewing Co.
- **Stil:** Black IPA
- **Farbe:** Mattschwarz
- **Alkoholgehalt:** 8,7 %
- **Trinktemperatur:** 7–10 °C

🇺🇸 The Bruery Mischief

Amerikanische Craft-Beer-Brauereien sind bekannt dafür, Bierstile aufzugreifen und mit ihnen zu experimentieren. The Bruery hat einem starken belgischen Blonde Ale während des Kochens der Bierwürze und erneut während des sekundären Gärprozesses (Hopfenstopfen) besonders fruchtige amerikanische Hopfensorten hinzugegeben. Dadurch erreicht der äußerst geschmacksintensive Bierstil eine neue Dimension. Probieren Sie es zu knusprig gebratener Ente.

Verkostungsnotizen: Trocken, perlend, kräftiges Aroma nach reifen Pfirsichen und Melone, mit pfeffriger Note im Hintergrund.
- **Land:** USA
- **Gebraut von:** The Bruery
- **Stil:** Belgisches Blonde Ale
- **Farbe:** Goldgelb
- **Alkoholgehalt:** 8,5 %
- **Trinktemperatur:** 4–8 °C

🇺🇸 Victory
Golden Monkey

Als sie 1973 denselben Schulweg hatten, hätten die Fünftklässler Bill Covaleski und Ron Barchet nicht geglaubt, dass sie mal zusammen eine der beliebtesten Brauereien Amerikas haben sollten. Ihr Golden Monkey beruht auf einem klassischen Rezept für belgisches Abteibier, allerdings – typisch amerikanisch – mit Extrahopfen. Würzig, prickelnd und äußerst erfrischend, hat es einen süffigen Charakter trotz des Alkoholgehalts von 9,5 %.

Verkostungsnotizen: Reife Frucht, jede Menge Kaugummi aus der Hefe, vollmundiger, prickelnder Charakter; passt sehr gut zu Weichkäse wie beispielsweise Brie.
✯ **Land:** USA
✯ **Gebraut von:** Victory Brewing Co.
✯ **Stil:** Abteibier Tripel
✯ **Farbe:** Gelborange
✯ **Alkoholgehalt:** 9,5 % ✯ **Trinktemperatur:** 4–7 °C

🇺🇸 Yards General Washington's Tavern Porter

Nachdem sie sich bis zum Schulabschluss mit Hobbybrauen beschäftigt, Erfahrung in einer Brauerei gesammelt, die Bier im englischen Stil braute, und jeden Penny für Bier ausgegeben hatten, legten Tom Kehoe und Jon Bovit ihre Ersparnisse zusammen und gründeten 1994 die Yards Brewing Company. Dieses Porter basiert auf einem Originalrezept eines der Gründerväter der USA: George Washington. Eine köstliche Lektion in amerikanischer Geschichte.

Verkostungsnotizen: Butter, Schokolade und ein leichter Hauch von Melasse; passt sehr gut zu geschmorter Rinderbrust.
✯ **Land:** USA ✯ **Gebraut von:** Yards Brewing Co.
✯ **Stil:** Porter ✯ **Farbe:** Hellbraun
✯ **Alkoholgehalt:** 7 %
✯ **Trinktemperatur:** 8–12 °C

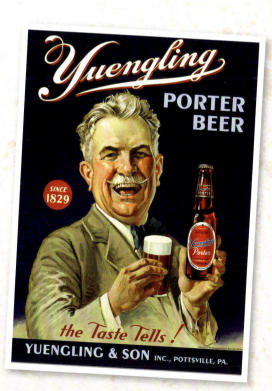

🇺🇸 Yuengling Dark Brewed Porter

Als die Brauerei 1829 in Pottsville, Pennsylvania, gegründet wurde, hieß sie Eagle Brewery. Heute gilt die daraus hervorgegangene Yuengling Brewery als älteste Brauerei der USA. Nach Bränden, Prohibitionsjahren und einer Vielzahl weiterer Probleme lieferte sie 2009 über zwei Millionen Barrel aus, wodurch sie auch eine der erfolgreichsten Brauereien der USA ist. Dieses traditionelle britische Porter gehört zu den Flaggschiffen von Yuengling & Son.

Verkostungsnotizen: Süßer Kaffee, Lakritze und eine Spur Schokolade.
✯ **Land:** USA ✯ **Gebraut von:** D.G. Yuengling & Son
✯ **Stil:** Porter ✯ **Farbe:** Braun
✯ **Alkoholgehalt:** 4,7 % ✯ **Trinktemperatur:** 8–13 °C

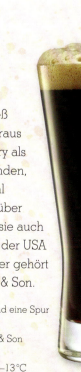

🇨🇦 Alexander Keith's India Pale Ale

Alexander Keith's IPA ist ein einzigartiges India Pale Ale. Mit einem Alkoholgehalt von 5 % ist es nicht besonders stark und weist eine sehr niedrige Hopfenbittere auf. Außerdem fehlen ihm die Fruchtigkeit und der volle Körper, die mit den IPAs im traditionellen Stil verbunden werden. Doch dieses IPA gab es schon lange vor der gegenwärtigen IPA-Renaissance. Vielleicht wurde es mit seinem eigenen Charakter zum beliebtesten Bier in Nova Scotia.

Verkostungsnotizen: Leichte Maisnoten, sehr leichte Hopfennote, weicher Abgang.
★ **Land:** Kanada
★ **Gebraut von:** Oland Brewery
★ **Stil:** IPA
★ **Farbe:** Goldgelb
★ **Alkoholgehalt:** 5 %
★ **Trinktemperatur:** 8–12 °C

🇨🇦 Alley Kat Olde Deuteronomy

Alley Kat, gegründet 1994, ist eine der ältesten Mikrobrauereien in Kanada. Die Gründer Neil und Lavonne Herbst brauen eines der aufregendsten Biere Nordamerikas. Manche sollten sofort getrunken werden, um ihren frischen Hopfencharakter zu genießen, während man andere am besten längere Zeit in dunklen Kellern lagert, damit sich die Malzaromen voll entwickeln können. Olde Deuteronomy Barley Wine gehört definitiv zur zweiten Kategorie. Am besten genießt man seine warme Würze ungefähr bei Raumtemperatur, wenn die Nächte langsam kälter werden. Ein Bier, das perfekt in die Weihnachtszeit passt.

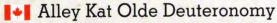
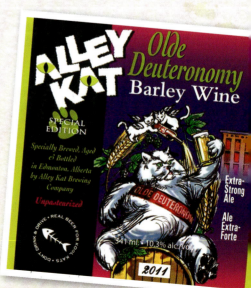

Verkostungsnotizen: Ausgeprägte Noten von Toffee, dunklen Früchten, braunem Zucker und eine vollmundige Dosis Alkohol in der Nase; ältere Versionen können holzige Noten aufweisen.
★ **Land:** Kanada ★ **Gebraut von:** Alley Kat Brewing Co.
★ **Stil:** Barley Wine ★ **Farbe:** Kupfer
★ **Alkoholgehalt:** 10,3 % ★ **Trinktemperatur:** 13–15 °C

🇨🇦 Amsterdam Boneshaker IPA

Manche Brauer versuchen, ihrem Produkt eine subtile Note zu verleihen, die nur erfahrene Biertrinker entdecken. Amsterdam Brewery achtete nicht darauf, als man dieses kontinuierlich gehopfte IPA kreierte. Da eine fast gefährlich zu nennende Menge an Amarillo-Hopfen verwendet wird, mag die Frage „Wie viel Hopfen passt in ein Bier?" zwar nicht zu 100 % gelöst sein, doch das Boneshaker IPA kommt der Antwort sehr nah. Nichts für zarte Seelen – nur für Hopfenliebhaber.

Verkostungsnotizen: Kiefernharz, kräftige Zitrusfrüchte und eine leicht pfeffrige Würze vom Hopfen.
* **Land:** Kanada * **Gebraut von:** Amsterdam Brewery
* **Stil:** IPA * **Farbe:** Trübes Bernstein * **Alkoholgehalt:** 7,1 %
* **Trinktemperatur:** 4–7 °C

WUSSTEN SIE SCHON?

Bier spielt eine bedeutende Rolle in der kanadischen Wirtschaft, denn jeder hundertste Job hängt vom Bierverkauf ab.

🇨🇦 Beau's Lug • Tread Lagered Ale

Benannt nach dem Reifenprofil eines kleinen Traktors, mit dem die Felder des östlichen Ontarios beackert werden, steht Lug•Tread Lagered Ale irgendwo zwischen einem Ale und einem Lager. In Deutschland nennt sich dieser Bierstil Kölsch. Die lange Reifeperiode bei niedrigen Temperaturen sorgt dafür, dass das Bier einen frischen, trockenen Charakter bekommt, ohne die Fruchtigkeit eines Ales zu verlieren.

Verkostungsnotizen: Weiches, teigiges Aroma von gärendem Brot und feine Röstaromen mit einer leichten Pfirsichnote vor dem frischen, bitteren Abgang.
* **Land:** Kanada
* **Gebraut von:** Beau's All Natural Brewing Co.
* **Stil:** Kölsch * **Farbe:** Goldgelb
* **Alkoholgehalt:** 5,2 % * **Trinktemperatur:** 4,5–7 °C

Kanada 43

🇨🇦 Central City Red Racer IPA

Red Racer IPA ist das Flaggschiff der Central City Brewing Co. und wird eimerweise in der kleinen Brauereigaststätte in Vancouver ausgeschenkt. Die Brauerei ist nach einer fiktiven Stadt aus den DC-Comic-Heften benannt, in der der berühmte Held The Flash (Roter Blitz) agiert.

Verkostungsnotizen: Blumige, leicht parfümierte Hopfennote mit einer Mischung aus Blüten und tropischen Früchten, dazu reichlich Noten von Keks und Karamellmalz.
- ★ **Land:** Kanada ★ **Gebraut von:** Central City Brewing Co.
- ★ **Stil:** IPA ★ **Farbe:** Dunkles Bernstein
- ★ **Alkoholgehalt:** 6,5 % ★ **Trinktemperatur:** 4–7 °C

🇨🇦 Dieu du Ciel Péché Mortel

Péché Mortel ist französisch und heißt Todsünde – was durchaus angemessen ist: ein enorm dickflüssiger schwarzer Körper und der Kaloriengehalt, den man von einem Imperial Stout mit 9,5 % Alkohol erwarten darf. Diese geschmacksintensiven, wärmenden, starken Stout-Biere wurden von englischen Brauereien für den Export an den russischen Zarenhof produziert. Bei Dieu du Ciels Variante wird Kaffee in den Brauprozess eingebracht. Für den beabsichtigten sündhaften Effekt genieße man dieses Bier zu einem üppigen Schokodessert.

Verkostungsnotizen: Gerösteter Kaffee, süße Schokolade mit einem Hauch Vanillecreme und würzigen Früchten; schmeckt mit Vanilleeis auf dem Schaum.
- ★ **Land:** Kanada
- ★ **Gebraut von:** Dieu du Ciel
- ★ **Stil:** Imperial Stout ★ **Farbe:** Schwarz
- ★ **Alkoholgehalt:** 9,5 % ★ **Trinktemperatur:** 8–13 °C

🇨🇦 Driftwood Fat Tug IPA

Der Bierstil Indian Pale Ale zählt in Nordamerika zu den beliebtesten. Das Driftwood Fat Tug IPA ist dafür ein typisches Beispiel: Es ist intensiv hopfig, mit lebhaften Fruchtnoten und einer würzigen Bittere im Abgang. Es passt sehr gut zu mexikanischen und anderen pikanten Gerichten.

Verkostungsnotizen: Aroma nach Grapefruit und Melone, dazu eine ordentliche Dosis von Gewürzen auf einer Basisnote aus Karamellmalz.
- ★ **Land:** Kanada ★ **Gebraut von:** Driftwood Brewing Co.
- ★ **Stil:** IPA ★ **Farbe:** Dunkles Bernstein
- ★ **Alkoholgehalt:** 7 % ★ **Trinktemperatur:** 4–7 °C

WUSSTEN SIE SCHON?

Bier ist das beliebteste alkoholhaltige Getränk in Kanada; es nimmt etwa 8 % der Haushaltsausgaben für Essen und Trinken ein. Den Rekord hält das Yukon Territorium mit durchschnittlich 385 Flaschen im Jahr pro Person.

🇨🇦 Flying Monkeys
Hoptical Illusion Almost Pale Ale

Das Bier ist nach seinem kräftigen Hopfenaroma benannt, wobei sich Grapefruit- und andere Zitrusnoten stark durchsetzen. Dennoch weist es nur 32 IBUs auf. Um die Bitterkeit in Relation zu setzen: Pale Ales im englischen Stil starten gewöhnlich mit 25 IBUs, während moderne amerikanische Pale Ales oft über 80 IBUs erreichen. Bei so viel Aroma und ohne die Bitterkeit, die einem den Mund zusammenzieht, ist der Name Hoptical Illusion äußerst passend.

Verkostungsnotizen: Grapefruit, Orangenschale und leichtes Toffeearoma mit einer süßen Zitrusnote; erfrischend, trockener, kurzer Abgang.
★ **Land:** Kanada ★ **Gebraut von:** Flying Monkeys Craft Brewery ★ **Stil:** Pale Ale
★ **Farbe:** Orange-Bernstein ★ **Alkoholgehalt:** 5% ★ **Trinktemperatur:** 4–7°C

🇨🇦 Granville Island Kitsilano Maple Cream Ale

Granville Island Brewing gehört als älteste Mikrobrauerei seit 1984 zu den wichtigsten Stützen der kanadischen Brauwirtschaft. Ihr Maple Cream Ale hat nicht nur einen hübschen Namen, ihm wird tatsächlich während des Brauprozesses eine Spur Ahornsirup zugegeben. Dahinter steckt die Idee, die natürlichen Karamell- und Toffeearomen zu verstärken, die aus dem Karamellmalz extrahiert werden, um dem Bier eine besondere Geschmacksdimension zu verleihen.

Verkostungsnotizen: Wirbelndes Karamell, klebriges Toffee und ein Hauch von Ahorn, fein ausgewogen mit einem leicht hopfigen Abgang.
★ **Land:** Kanada ★ **Gebraut von:** Granville Island Brewing ★ **Stil:** Amber Ale
★ **Farbe:** Bronze ★ **Alkoholgehalt:** 5% ★ **Trinktemperatur:** 4–7°C

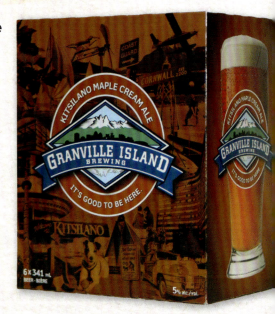

🇨🇦 Great Lakes Crazy Canuck Pale Ale

Wird ein Bier als Pale Ale im amerikanischen oder Westküstenstil beschrieben, steht bei ihm der Hopfen und nicht das Malz (wie bei einem Pale Ale im englischen oder Ostküstenstil) im Mittelpunkt. Crazy Canuck ist Great Lakes' Westküsten-Pale-Ale mit einem lebhaften Hopfencharakter und einem leichten Malzgehalt. Gegründet 1987, ist die Brauerei die älteste Craft-Beer-Brauerei Torontos mit vielen regelmäßig gebrauten und einigen saisonalen Bieren.

Verkostungsnotizen: Blumiges, zitrusartiges Hopfenaroma und eine leichte Malznote in einem wunderbar ausgewogenen Verhältnis; passt sehr gut zu Fischcurry.
★ **Land:** Kanada ★ **Gebraut von:** Great Lakes Brewery ★ **Stil:** Pale Ale
★ **Farbe:** Trübes Bernstein ★ **Alkoholgehalt:** 5,2% ★ **Trinktemperatur:** 4–7°C

🍁 Labatt Blue

Die Labatt Brewing Company ist das Schwergewicht unter den kanadischen Brauereien, was sie hauptsächlich ihrem Flaggschiff Labatt Blue verdankt. Als es 1951 auf den Markt kam, hieß es Pilsener Lager, bekam aber rasch den Spitznamen „Blue" aufgrund seines Etiketts und der Unterstützung der Brauerei für die Blue Bombers, ein kanadisches Football-Team. Labatt Blue wurde 1979 Kanadas meistverkauftes Bier. Obwohl Budweiser zu Hause mittlerweile höhere Verkaufszahlen erzielt, ist dieses klassische Pale Lager immer noch das beliebteste und bestverkaufte kanadische Bier in der Welt.

Verkostungsnotizen: Leichte Malz- und Zitrusaromen mit dem erfrischenden, klaren Geschmack eines Pale Lager. Eiskalt servieren mit Erdnüssen und Ihrem Lieblingsteam.
* **Land:** Kanada * **Gebraut von:** Labatt Brewing Company * **Stil:** Pale Lager * **Farbe:** Hellgelb
* **Alkoholgehalt:** 5% * **Trinktemperatur:** 1–2°C

WUSSTEN SIE SCHON?

Kanadas älteste Brauerei ist Molson's in Montreal; sie wurde 1786 an einem strategisch günstigen Ort gegründet, um aus der Vorliebe der schottischen und englischen Pelzhändler für die Ales und Porters ihrer Heimat Vorteil zu ziehen.

🍁 McAuslan St-Ambroise Oatmeal Stout

Die McAuslan Brewery von 1989 etablierte sich mit ihrem St-Ambroise Pale Ale schnell als Macher unter den Mikrobrauereien. Bald erweiterte Peter McAuslan seine Palette um dieses nahezu perfekte Stout auf Haferbasis. Ein gewisser Prozentsatz an Hafer im Sud ist für den weichen Körper verantwortlich, während das dunkel geröstete Malz für das Espresso-aroma sorgt, zusammen mit einem Hauch von Schokolade und Lakritz.

Verkostungsnotizen: Kaffee- und Schokonoten, die zusammen gleichzeitig bitter und süß sind und von einem weichen, üppigen, schwarzen Körper getragen werden.
* **Land:** Kanada * **Gebraut von:** McAuslan Brewing
* **Stil:** Stout * **Farbe:** Schwarz
* **Alkoholgehalt:** 5% * **Trinktemperatur:** 8–13°C

🍁 Mill Street Tankhouse Ale

Steve Abrams, Jeff Cooper und Michael Diggan benannten ihre 2002 gegründete Mill Street Brewery nach der Adresse Mill Street 55 in Torontos historischem Brennereibezirk. Das Tankhouse Ale wird nach einem Rezept für ein hopfiges, gut ausgewogenes, modernes amerikanisches Pale Ale produziert, das der Braumeister vor etwa 20 Jahren entwickelt hatte.

Verkostungsnotizen: Reich an würzigen Hopfenaromen aus den amerikanischen Cascade-Sorten.
* **Land:** Kanada
* **Gebraut von:** Mill Street Brewery
* **Stil:** Pale Ale * **Farbe:** Kupferrot
* **Alkoholgehalt:** 5,2%
* **Trinktemperatur:** 4–7°C

WUSSTEN SIE SCHON?

Um den Nationalstolz zu stärken, hat die kanadische Brauerei Molson europaweit Kühlschränke mit kostenlosem kanadischem Bier verteilt. Der Trick an der Sache? Nur Kanadier können sie durch Scannen ihres Reisepasses öffnen.

🇨🇦 Molson Canadian Lager

Das drittbestverkaufte Pale Lager in Kanada hat schon viele Auszeichnungen gewonnen, darunter Goldmedaillen in der Kategorie North American Lager bei den Canadian Brewing Awards in den Jahren 1989, 1990, 1991, 1997, 2001 und 2002, außerdem eine Goldauszeichnung bei der Monde Selection – eine Art Michelin-Stern. Nicht schlecht für ein einfaches, reines, süffiges Lager!

Verkostungsnotizen: Leichte, süffige Mischung aus purem Malz, einem Hauch Lemon und einer köstlichen Süße, die einen weitertrinken lässt.
- **Land:** Kanada
- **Gebraut von:** Molson Coors
- **Stil:** Pale Lager
- **Farbe:** Hellgelb
- **Alkoholgehalt:** 5%
- **Trinktemperatur:** 1–2 °C

🇨🇦 Powell Street Old Jalopy Pale Ale

2012 eröffnete das Ehepaar David Bowkett und Nicole Stefanopoulos in Vancouver seine Mikrobrauerei – technisch eher eine Nanobrauerei angesichts der kleinen Produktlinie. Als Huldigung an die Bierstile von Burton upon Trent ist dieses wundervoll gebraute englische Pale Ale so raffiniert und ausgewogen, wie man es sich erhofft, mit entsprechend abgestimmten Mengen an amerikanischem Hopfen und geröstetem Karamellmalz, die Bittere und Süße perfekt ausgleichen.

Verkostungsnotizen: Jede Menge süße Malz- und spritzige Zitrusnoten in Geruch und Geschmack; passt ausgezeichnet zu gegrilltem Steak.
- **Land:** Kanada
- **Gebraut von:** Powell Street Craft Brewery
- **Stil:** Pale Ale
- **Farbe:** Orange
- **Alkoholgehalt:** 5,5%
- **Trinktemperatur:** 4–7 °C

Kanada

🇨🇦 Propeller London Style Porter

Ein weiterer Tribut an die Brauer der Britischen Inseln ist dieses traditionelle Londoner Porter, das dem Getränk huldigt, das die Londoner Taxifahrer und Träger gewöhnlich nach ihren Spätschichten tranken. Das Rezept der Propeller Brewery entspricht ziemlich genau dem Original: Helle, geröstete und Schokoladenmalzsorten werden ausgeglichen durch eine genau abgestimmte Menge Hopfen von beiden Seiten des Atlantiks. Viel weicher und süffiger, als Sie erwarten würden.

Verkostungsnotizen: Bittere Schokolade, leichte Toffee- und Lakritznoten, mit einem süßen Malzgeschmack im Mund; passt zu gegrilltem Fleisch und Blauschimmelkäse.
★ **Land:** Kanada ★ **Gebraut von:** Propeller Brewery ★ **Stil:** Porter
★ **Farbe:** Hellbraun ★ **Alkoholgehalt:** 5% ★ **Trinktemperatur:** 8–13°C

🇨🇦 Sleeman Honey Brown Lager

Eines Tages bekamen John Sleeman und seine englische Frau in ihrem Pub Besuch von Johns Tante Florian. Sie umklammerte eine Flasche des historischen Sleeman Bieres, erzählte John von seinem Erbe als Brauersprössling, und das Schicksal nahm seinen Lauf: Die historische Sleeman Brewery wurde 1988 neu eröffnet. Ihr Honey Brown Lager wird im Stil der alten Cottage-Brauereien produziert, wobei am Ende des Brauprozesses etwas natürlicher Honig zugegeben wird.

Verkostungsnotizen: Aroma nach Karamell, süßem Honig und geröstetem Malz mit einem milden, honigbitteren Geschmack.
★ **Land:** Kanada ★ **Gebraut von:** Sleeman Breweries. ★ **Stil:** Amber Lager
★ **Farbe:** Helles Bernstein ★ **Alkoholgehalt:** 5,2% ★ **Trinktemperatur:** 4–7°C

WUSSTEN SIE SCHON?

Der französische Kräuterkundler Louis Hébert und seine Frau waren die ersten Brauer Kanadas – sie wanderten 1617 nach Quebec aus und bekamen Farmland zugewiesen für den Gersten- und Weizenanbau. Daraus brauten sie Bier für sich und ihre Nachbarn.

🇨🇦 Unibroue La Fin du Monde

„La Fin du Monde" bezieht sich auf die unerschrockenen europäischen Pioniere, die glaubten, Kanada sei das „Ende der Welt". Sie brachten einen speziellen Hefestamm mit, der schon seit Jahrhunderten verwendet wurde. La Fin du Monde wurde erstmals 1994 gebraut; Unibroue hat damit eines jener frühen Biere wiederbelebt, das als Erstes in diesem Stil in Amerika versucht worden war.

Verkostungsnotizen: Hopfen mit blumigen Noten und einem Aroma aus Honig, Gewürzen, Koriander und etwas Orangenschale, dazu ein erfrischender, trockener Hefeabgang.
- ★ **Land:** Kanada ★ **Gebraut von:** Unibroue
- ★ **Stil:** Abteibier Tripel ★ **Farbe:** Goldgelb
- ★ **Alkoholgehalt:** 9 %
- ★ **Trinktemperatur:** 12–14 °C

🇨🇦 Wild Rose Cherry Porter

Fügt man ganze Kirschen zu den Aromen von Zartbitterschokolade eines Porters im Londoner Stil hinzu, kann nur Gutes herauskommen, wie etwa Wild Roses Cherry Porter, ein ausgezeichnetes Bier für einen gemütlichen Winterabend. Aufgrund seines leicht rauchigen Charakters, der von Frucht-, Sahne- und jeder Menge Kirscharomen durchsetzt ist, sollten Sie dieses preisgekrönte Bier zu Schwarzwälder Kirschtorte probieren.

Verkostungsnotizen: Kräftiges Aroma nach Schokolade, Espresso und ein lang anhaltender Eindruck von schwarzen Kirschen.
- ★ **Land:** Kanada
- ★ **Gebraut von:** Wild Rose
- ★ **Stil:** Cherry Porter
- ★ **Farbe:** Dunkles Burgunderrot
- ★ **Alkoholgehalt:** 6,6 %
- ★ **Trinktemperatur:** 12–14 °C

DER KANADISCHE EIS-BIERKRIEG

Labatt und Molson beherrschen den kanadischen Biermarkt und erzielen zusammen fast 80 Prozent des Verkaufs. Schon länger lieferten sie sich Wettkämpfe, um ihre Marktanteile zu halten bzw. zu vergrößern. In den 1990ern sahen sich die Brauereien mit sinkenden Umsatzzahlen konfrontiert und hielten daher nach neuen Produkten und Marken Ausschau.

Labatt und Molson setzten auf alkoholarmes, trockenes Zitrusbier und Schankbier in Flaschen, um die wankelmütigen Biertrinker anzulocken. Anfang der 1990er gipfelte das Ganze in der Idee eines Eisbiers.

Eisbier wurde zuerst 1993 von Labatt auf Basis eines deutschen Eisbocks entwickelt. Der bei niedrigen Temperaturen ablaufende Brauprozess sorgte dafür, dass unerwünschte Proteine und Tannine fast völlig ausgefällt wurden: Labatt Ice entstand, ein mild schmeckendes Bier mit einem Alkoholgehalt von 5,6 %.

Molson zog mit Canadian Ice und Dry Ice rasch nach, jeweils mit 5,7 % Alkoholgehalt. Noch im gleichen Jahr setzte Labatt eins drauf mit seinem Maximum Ice, einem Eisbier mit 7,1 % Alkoholgehalt.

Zwei Monate später brachte Molson sein eigenes Starkbier, Molson XXX, heraus. Der hohe Alkoholgehalt von 7,3 % geriet heftig in die Kritik, und Eisbier kam ebenso schnell wieder aus der Mode, wie es aufgetaucht war.

🇲🇽 Baja Oatmeal Stout

Die Baja Brewing Company wurde 2007 von amerikanischstämmigen Bierfans gegründet, die ihre Liebe zu Mexiko entdeckt hatten. Mittlerweile ist sie erfolgreich in der Bierwelt verankert. Sie unterhält drei Strandrestaurants im Bundesstaat Baja California Sur, in denen das Baja Oatmeal Stout serviert wird.

Verkostungsnotizen: Aroma nach Lakritz, Teer und Toffee mit fruchtigen, würzigen und Bananennoten am Gaumen.
- ★ **Land:** Mexiko
- ★ **Gebraut von:** Baja Brewing Co.
- ★ **Stil:** Stout ★ **Farbe:** Dunkelrot
- ★ **Alkoholgehalt:** 7%
- ★ **Trinktemperatur:** 10–13 °C

🇲🇽 Cave Creek Chili Beer

Der feurig-scharfe Geschmack von Chilis findet sich fast in jedem zentralamerikanischen Gericht, ein Chilibier darf da nicht fehlen. Man muss die scharfe Würze mögen, denn das Aroma wird völlig von den Chilis dominiert. Daher lässt sich dieses großartige Bier wunderbar für einen Schabernack einsetzen. Der Bierexperte, der glaubt, er kenne schon alles, sollte es unbedingt probieren.

Verkostungsnotizen: Chiliaromen, Chili am Gaumen, Chili überall.
- ★ **Land:** Mexiko
- ★ **Gebraut von:** Cervecería Mexicana
- ★ **Stil:** Chili Lager
- ★ **Farbe:** Goldorange
- ★ **Alkoholgehalt:** 4,7%
- ★ **Trinktemperatur:** 1–2 °C

MEXIKANISCHES BIER: WARUM LIMETTEN?

Die mexikanische Biermarke Corona wurde 1925 ins Leben gerufen, wurde jedoch erst in den 1980ern in den USA und Europa beliebt. Mehr als der Geschmack dieses leichten Lagers interessierte die stilisierte Flasche, deren Spitze der obligatorische Limettenschnitz zierte.

Die durchsichtige Glasflasche mit direkt aufgedrucktem Etikett hob Corona von den dunklen, undurchsichtigen Glasflaschen ab und ermutigte die Leute, ihr Bier direkt aus der Flasche zu trinken.

Doch warum wird Corona mit Limette serviert?

Eine Theorie besagt, dass Bier in einer durchsichtigen Flasche schneller verdirbt und schal schmeckt. Die Limette soll dies überdecken. Eine andere Theorie lautet, dass Limetten dazu verwendet wurden, den Flaschenhals zu desinfizieren, Fliegen abzuhalten oder den Rost der Flaschendeckel zu entfernen.

Mexikaner trinken ihr Bier nur selten mit Limettenschnitz, weshalb er auch einfach nur ein geschickter Marketinggag sein könnte, um einer neuen Biermarke in einem überfüllten Markt genügend Aufmerksamkeit zukommen zu lassen.

Für Corona hat sich das ausgezahlt, denn es ist mittlerweile die viertgrößte Biermarke der Welt. Die Grupo Modelo, die das Bier braut, verkaufte 2012 einen 50-prozentigen Anteil an die Brauereigesellschaft AB InBev für 20 Milliarden US-Dollar.

🇲🇽 Corona Extra

Das meistverkaufte Bier Mexikos, das auch weltweit beliebter wird, ist in Bars rund um den Globus sofort an dem Limettenschnitz im Hals der geöffneten Flasche zu erkennen. Angeblich, um im heißen Klima die Fliegen vom Bier fernzuhalten – ganz zu schweigen von dem Zitrusgeschmack, den das Bier durch die Limette bekommt. Heutzutage (und vor allem in kühleren Klimazonen) ist dieser Limettenschnitz nicht nötig, aber er bleibt ein beliebter Eyecatcher.

Verkostungsnotizen: Sehr leicht und erfrischend mit leichten Spuren von Zitrus und heuartigem Getreide; gelegentlich ein Hauch Limette.
* **Land:** Mexiko
* **Gebraut von:** Grupo Modelo
* **Stil:** Pale Lager
* **Farbe:** Gelb
* **Alkoholgehalt:** 4,6 %
* **Trinktemperatur:** 1–2 °C

🇲🇽 Dos Equis XX Lager Especial

Diese 1897 von dem deutschstämmigen mexikanischen Brauer Wilhelm Hasse gebraute Marke wurde mit römischen Zahlen bezeichnet, um die Wende zum 20. Jahrhundert zu feiern. Zur Erläuterung dient „Dos Equis", was buchstäblich übersetzt „zwei X" bedeutet. Die Marke wurde 1973 erstmals in die USA exportiert.

Verkostungsnotizen: Aroma nach hellem Malz, Gebäck und gerösteten Zerealien; ein leicht trockener Abgang, der nicht lange währt.
* **Land:** Mexiko
* **Gebraut von:** FEMSA
* **Stil:** Pale Lager
* **Farbe:** Gelb
* **Alkoholgehalt:** 4,45 %
* **Trinktemperatur:** 3–5 °C

🇲🇽 Minerva Imperial Tequila Ale

Weltweit reift Bier im Eichenfass, doch nur wenige Sorten lagern in ehemaligen Tequilafässern. Das Minerva Imperial Tequila Ale vermittelt ein einzigartiges Geschmackserlebnis. Spuren von Eiche und Vanille ergänzen einander, zusammen mit einem vollen, runden Tequilaabgang. Eines der erstaunlichsten Biere, das Sie je trinken werden.

Verkostungsnotizen: Aroma nach Eiche und Vanille, dazu Noten von Karamell, frischem Tabak und Wasserkastanien; Tequila im Abgang.
* **Land:** Mexiko
* **Gebraut von:** Cervecería Minerva
* **Stil:** Imperial Tequila Ale
* **Farbe:** Dunkles Bernstein
* **Alkoholgehalt:** 7 % * **Trinktemperatur:** 4–7 °C

WUSSTEN SIE SCHON?

Alkoholarmes Bier wird in Mexiko oft als Cocktail namens Michelada (mein Bier, eiskalt) serviert – Bier mit Salz, Limettensaft und auch Chilipulver, Worcester- oder Sojasauce oder Tomatensaft.

🇲🇽 Modelo Especial

Gemäß ihrer Firmenphilosophie, ein „Modell-Bier" zu kreieren, starteten die Brauer von Modelo 1925 mit diesem pilsartigen Pale Lager. Um die Wende zum neuen Jahrtausend hielt Modelo unter den Bierimporten der USA den dritten Platz hinter Corona und Heineken. Sein Aroma entspricht dem eines klassischen deutschen Pils. Trocken im Abgang mit leichten Brot- und geringer Hopfennote.

Verkostungsnotizen: Sehr leicht und erfrischend, leicht säuerlich; säuerliche Zitronentortennote im Abgang.

★ **Land:** Mexiko ★ **Gebraut von:** Grupo Modelo ★ **Stil:** Pale Lager
★ **Farbe:** Goldgelb ★ **Alkoholgehalt:** 4,4 % ★ **Trinktemperatur:** 3–5 °C

🇲🇽 Red Pig Mexican Ale

Das in Tecate gebraute Amber Ale weist einen überraschenden Kick auf. Aufgrund seiner tiefbernsteinroten Farbe und seiner malzigen Süße denkt man, das Red Pig Mexican Ale sei ein typisches Amber Ale. Erst im Abgang merkt man die angenehm rauchige Note – ein überraschender Geschmack von Mexiko.

Verkostungsnotizen: Rauchiges Torfaroma, Noten von geröstetem Mais und anderem Getreide sowie eine leichte Hefenote; passt zu herzhaften Tacos.

★ **Land:** Mexiko ★ **Gebraut von:** Cervecería Mexicana ★ **Stil:** Amber Ale
★ **Farbe:** Helles Bernstein ★ **Alkoholgehalt:** 5,4 % ★ **Trinktemperatur:** 3–5 °C

🇧🇷 Bohemia Weiss

Ein Bier, inspiriert von den Braumeistern der Alten Welt. Für Bohemia Weiss wird eine Kombination aus Weizenmalz und Hopfen mit dem Hefestamm benutzt, der für deutsche Weizenbiere berühmt ist. Das Ergebnis ist eine brillant erfrischende Ausgewogenheit von Bananen, Nelken und Gewürzen.

Verkostungsnotizen: Ein sehr prickelndes und erfrischendes Bier, das hervorragend zu würzigen Dim-Sum-Gerichten passt.
- ★ **Land:** Brasilien
- ★ **Gebraut von:** AB InBev
- ★ **Stil:** Hefeweizen
- ★ **Farbe:** Trübes Gelb
- ★ **Alkoholgehalt:** 5,6 %
- ★ **Trinktemperatur:** 3–5 °C

🇧🇷 DaDo Bier Original

Nur wenige Brauereien außerhalb Deutschlands bekennen sich zum Reinheitsgebot – eine Vorschrift, welche die Inhaltsstoffe auf Malz, Hopfen, Wasser beschränkt. Die Brauer bei DaDo Bier – das Unternehmen wurde 1995 gegründet – folgen diesem Gebot und haben danach ihr Flaggschiffbier kreiert. Dieses süffige Pilsner ist eine Hommage an deutsche Lagerbiere.

Verkostungsnotizen: Grasartige Hopfensorten, die nicht erdrücken, leichte Noten von geröstetem Getreide und eine cremeweiße, perlende Schaumkrone.
- ★ **Land:** Brasilien
- ★ **Gebraut von:** DaDo Bier
- ★ **Stil:** Pilsener
- ★ **Farbe:** Hellgelb
- ★ **Alkoholgehalt:** 4,5 %
- ★ **Trinktemperatur:** 3–5 °C

🇧🇷 Wäls Petroleum

Keine Benzinbilligmarke, sondern ein Imperial Stout im russischen Stil mit heftiger Wirkung. Benannt wurde es nach seiner dicken, fast klebrigen Textur und seiner samtartigen Weichheit, die es durch Zugabe von Kakao und geröstetem belgischem Malz erreicht. Wegen des Alkoholgehalts von 12 % sollte man es in Maßen genießen.

Verkostungsnotizen: Anhaltendes weiches Toffeearoma, dazu Karamell und Schokolade; passt sehr gut zu Schokodessert.
- ★ **Land:** Brasilien ★ **Gebraut von:** Cervejaria Wäls ★ **Stil:** Imperial Stout
- ★ **Farbe:** Trübes Braun ★ **Alkoholgehalt:** 12 % ★ **Trinktemperatur:** 10–14 °C

Brasilien

🇦🇷 Antares Imperial Stout

Die Antares-Brauerei ist nach dem hellsten Stern im Sternbild des Skorpions benannt, der traditionell von Seeleuten als Orientierungspunkt herangezogen wurde, um den Weg nach Hause oder ihre Bestimmung zu finden. Mit 8,5 % Alkoholgehalt ist es etwas schwächer als viele russische Imperial Stouts, zeigt aber trotz des fruchtigen Geschmacks eine entsprechende Wirkung.

Verkostungsnotizen: Aroma nach rumgetränkten Rosinen mit einem Hauch von verkohltem Toast und rauchigem Lagerfeuer.
★ **Land:** Argentinien ★ **Gebraut von:** Antares ★ **Stil:** Imperial Stout
★ **Farbe:** Dunkelbraun ★ **Alkoholgehalt:** 8,5 % ★ **Trinktemperatur:** 10–14°C

🇦🇷 Otro Mundo Strong Red Ale

Die 2004 gegründete, heute sehr erfolgreiche Otro Mundo Brewing Company begann ihre Produktion in einer abbruchreifen alten Brauerei in der argentinischen Kleinstadt San Carlos. Dieses Red Ale erhält seine Bernsteinfarbe und seine Karamellnoten von der speziellen Malzmischung, die mit einer obergärigen Hefe fermentiert wird; dadurch entsteht ein vollmundiges, fruchtiges Aroma.

Verkostungsnotizen: Aroma nach hefeartigem Toffee; mit Karamell im Abgang.
★ **Land:** Argentinien ★ **Gebraut von:** Otro Mundo Brewery Co.
★ **Stil:** Starkes Amber Ale ★ **Farbe:** Helles Bernstein
★ **Alkoholgehalt:** 7,5 % ★ **Trinktemperatur:** 8–10°C

🇦🇷 Quilmes

Häufig auch als Quilmes Cristal geführt, ist dies das berühmteste argentinische Bier. Mit 75 % hält es den größten Marktanteil, schreibt aber auch sehr gute Exportzahlen. Die Farben seines Etiketts entsprechen denen der Flagge Argentiniens. Es wird von einer Brauerei hergestellt, die 1888 von einem deutschen Einwanderer gegründet worden war.

Verkostungsnotizen: Aroma nach gemalztem und geröstetem Getreide und süßem Karamell; passt zu Grillfleisch.
★ **Land:** Argentinien
★ **Gebraut von:** Cervecería y Maltería Quilmes
★ **Stil:** Pale Lager
★ **Farbe:** Gelb
★ **Alkoholgehalt:** 4,9 %
★ **Trinktemperatur:** 2–5°C

■■ Cusqueña

Die Flasche des Pale Lagers, das erstmals 1888 gebraut wurde, ziert ein interessantes Design. Es wurde in das Glas geprägt und zeigt den berühmten zwölfeckigen Stein in der Straße Hatunrumiyoc in Cusco – dem ehemaligen Inkazentrum in Südperu. Der Stein ist ein berühmtes Beispiel für die alte Inkaarchitektur und spiegelt den Stolz der Peruaner auf ihre Inkawurzeln. Cusqueña ist das berühmteste Bier im Land; sein Wasser stammt aus einer Quelle in über 5400 Meter Höhe in den peruanischen Anden.

Verkostungsnotizen: Aroma nach Mais, gemalztem Getreide und anderen Zerealien; sehr erfrischend.
★ **Land:** Peru
★ **Gebraut von:** Cervecería del sur del Peru
★ **Stil:** Pale Lager ★ **Farbe:** Gelb
★ **Alkoholgehalt:** 4,9 % ★ **Trinktemperatur:** 2–5 °C

WUSSTEN SIE SCHON?

Ausgrabungen in einer peruanischen Brauerei aus der Vorinkazeit zeigten, dass jede Woche Hunderte von Gallonen Bier gebraut wurden, und zwar von Frauen aus der Oberschicht, die Mais und Beeren des peruanischen Pfefferbaums verwendeten.

■■ Cusqueña Malta

Dieselbe Flasche, in der das normale Cusqueña abgefüllt wird, nimmt man auch für dieses Schwarzbier aus Saaz-Hopfen – einer Sorte, die man bevorzugt für böhmische Pilsner-Biere nimmt. Dazu kommen vier dunkle Malzsorten für die unverwechselbare dunkle Farbe. Ein Aroma von gebranntem Karamell und ein trockener, hopfiger Abgang.

Verkostungsnotizen: Das dunkle Lager sollte zu gegrilltem Fleisch oder gewürzten Meeresfrüchten getrunken werden.
★ **Land:** Peru
★ **Gebraut von:** Cervecería del sur del Peru
★ **Stil:** Schwarzbier
★ **Farbe:** Schwarz
★ **Alkoholgehalt:** 5,6 %
★ **Trinktemperatur:** 4–7 °C

■■ Pilsen Polar

Der Eisbär auf dem Etikett täuscht. An diesem Schwarzbier, das in Perus Hauptstadt Lima gebraut wird, ist nichts Eisiges. Das Bier, dessen ausgeprägte Geschmacksnoten aus dem gerösteten Malz stammen, hat einen wärmenden Charakter und passt perfekt zum peruanischen Sonnenuntergang.

Verkostungsnotizen: Gegrillte Schweinekoteletts, Steaks und rauchige Grillsaucen passen wunderbar zu diesem Bier.
★ **Land:** Peru
★ **Gebraut von:** Backus y Johnston
★ **Stil:** Schwarzbier
★ **Farbe:** Schwarz
★ **Alkoholgehalt:** 5,5 %
★ **Trinktemperatur:** 4–7 °C

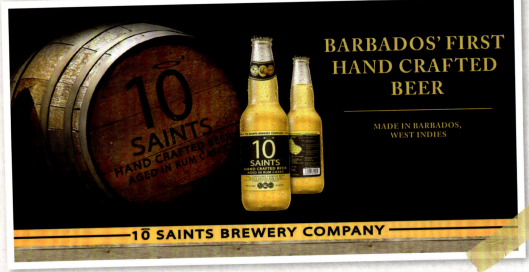

🔱 10 Saints

Dieses Lager ist kein typisches: Viele dunklere und stärkere Biersorten reifen im Fass heran, aber es gibt nur wenige im Fass gelagerte Sorten mit einem geringeren Alkoholgehalt. 10 Saints Lager füllt diese Lücke. Es reift 90 Tage in Mount-Gay-Special-Reserve-Rumfässern, bis es einen angenehmen Alkoholgehalt von 4,8 % erreicht hat.

Verkostungsnotizen: Das reine Aroma eines Pale Lagers wird von süßer Vanille, leichten Gewürznoten und einem Hauch von Rum überlagert.

★ **Land:** Barbados ★ **Gebraut von:** 10 Saints Brewery Co. ★ **Stil:** Premium Lager
★ **Farbe:** Goldgelb ★ **Alkoholgehalt:** 4,8 % ★ **Trinktemperatur:** 2–5 °C

🇯🇲 Red Stripe

Red Stripe zählt zu den Exportschlagern der Karibik. Sein bis heute andauernder Erfolgskurs begann in den Reggae-Tanzhallen der 1990er-Jahre. Erstmals 1938 gebraut, gelangte es im Sog der Erfolgsgeschichten von Budweiser, Heineken und anderer Pale-Lagerbiere in die USA und nach Europa. Schön süffig – der Geschmack von Jamaika.

Verkostungsnotizen: Leichte Noten von Schwarzbrot und Getreide mit einem sehr leichten Hopfenabgang.

★ **Land:** Jamaika
★ **Gebraut von:** Desnoes & Geddes
★ **Stil:** Pale Lager
★ **Farbe:** Helles Goldgelb
★ **Alkoholgehalt:** 4,7 %
★ **Trinktemperatur:** 1–2 °C

🇧🇸 Bahamian Strong Back Stout

„Trinken Sie jeden Tag ein Strong Back, denn es beugt einem Herzinfarkt vor", war das Motto eines glücklichen Werftarbeiters auf den Bahamas. Das mag vielleicht nicht stimmen, aber Strong Back ist ein exportstarkes Stout der Bahamas, das für Männer und Frauen kreiert worden ist – trotz des machomäßigen Etiketts mit dem Widder.

Verkostungsnotizen: Rosinen, Karamell und Kakao mit einem Hauch von Schokolade und Gewürzen am Gaumen.

★ **Land:** Bahamas
★ **Gebraut von:** Bahamian Brewery & Beverage Co.
★ **Stil:** Export Stout
★ **Farbe:** Dunkelbraun
★ **Alkoholgehalt:** 7,6 %
★ **Trinktemperatur:** 8–13 °C

🇨🇺 Cristal

Der Geschmack eines eiskalten Lagers wird in heißen Ländern besonders geschätzt. Cristal Lager wurde zum beliebtesten Bier in Kuba. Frisch und klar am Gaumen, steht es für Erfrischung und weniger für überwältigenden Geschmack. Das Bier passt hervorragend zu gut gewürzten Grillgerichten, um feurige Chilis hinunterzuspülen.

Verkostungsnotizen: Sehr leichtes Aroma nach frischem Malz und bitterem Hopfen; dünne Textur.
- **Land:** Kuba
- **Gebraut von:** Cervecería Bucanero
- **Stil:** Pale Lager
- **Farbe:** Hellgolden
- **Alkoholgehalt:** 4,9 %
- **Trinktemperatur:** 1–2 °C

🇹🇹 Carib Lager

Wenn Sie auf Trinidad und Tobago ein Lager bestellen, dann bekommen Sie sicherlich ein Carib Lager. Es wurde erstmals 1950 gebraut und ist seit Jahrzehnten das Flaggschiff der Carib Brewery. Klar und erfrischend mit dem süffigen Geschmack eines Bieres von einer tropischen Insel.

Verkostungsnotizen: Leichtes Malzaroma, milde Kohlensäure; dünne Textur.
- **Land:** Trinidad und Tobago
- **Gebraut von:** Carib Brewery
- **Stil:** Pale Lager
- **Farbe:** Hellgelb
- **Alkoholgehalt:** 5,2 %
- **Trinktemperatur:** 1–2 °C

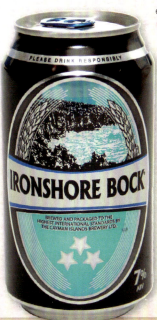

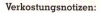 Ironshore Bock

Eines der offiziellen Biere, die beim berühmten Caybrew Cardboard Bootrennen auf den Kaimaninseln ausgeschenkt werden. Dieser Dunkle Bock im deutschen Stil aus amerikanischen Cascade-Hopfensorten und Münchner Malz ist ein Amber Lager mit kräftigem, süßlichem Geschmack. Das malzige Lager harmoniert gut mit Pikantem, nussigem Cheddar, aber auch mit Bratwurst und Sauerkraut.

Verkostungsnotizen: Leichte Toffee-, Karamell und Melassenoten.
- **Land:** Kaimaninseln
- **Gebraut von:** The Cayman Islands Brewery
- **Stil:** Dunkler Bock
- **Farbe:** Dunkles Bernstein
- **Alkoholgehalt:** 7 %
- **Trinktemperatur:** 4–7 °C

Bière Lorraine

Auch als Lorraine Blonde bekannt, ist dieses Bier nach Lothringen im Nordosten Frankreichs benannt, das für seine Biere berühmt ist. Hier erlernte der Schöpfer dieses Bieres sein Handwerk Anfang des 20. Jahrhunderts. Die Insel Martinique liegt Tausende Kilometer von ihrem Mutterland entfernt, doch ein kleines Stück französischer Brautradition ist hier mit dem Bière Lorraine lebendig.

Verkostungsnotizen: Süßes Malzaroma mit Noten von Zuckermais und grasigen Hopfensorten.
- **Land:** Martinique
- **Gebraut von:** Brasserie Lorraine
- **Stil:** Pale Lager
- **Farbe:** Mittelgelb
- **Alkoholgehalt:** 5 %
- **Trinktemperatur:** 1–2 °C

Karibik

EUROPA

Europa ist die Heimat der meisten Bierstile, die heute weltweit genossen werden: vom erfrischenden Pale Lager bis zum wärmenden starken Ale.

In Bezug auf Braukultur, Verschiedenartigkeit der Biere und dem Einfluss seiner Brautradition auf den Rest der Welt ist Europa die wichtigste Bierbrauregion.

Europäer lieben Bier: 15 der 20 Länder mit dem weltweit höchsten Bierkonsum pro Kopf liegen in Europa. An der Spitze steht Tschechien mit einem durchschnittlichen Bierkonsum von 132 Litern pro Person und Jahr.

Kulturell gesehen ist Bier ein wichtiger Bestandteil des gesellschaftlichen Lebens in Europa. Es wird als Begleiter getrunken zum Essen, zur Entspannung und in Gesellschaft, während man Sport- oder anderen Veranstaltungen zusieht und natürlich bei allen möglichen Festen und Feiern. Obwohl der Konsum in den letzten Jahren rückläufig ist, fallen auf den Kontinent immer noch 25 Prozent der Weltproduktion.

Die Bierstile schottischer und irischer Bierbrauer spiegeln ihre eigenen Brautraditionen wider, beispielsweise Heather Ale und Stouts.

Die Menge ist jedoch nicht alles, und Europa kann mit Recht behaupten, mehr Biersorten aufzuweisen als der Rest der

Welt. Es ist die Heimat einiger der größten Biermarken der Welt, darunter Heineken, Guinness und Kronenbourg, aber es beherbergt auch jede Menge lokale Biere, die nicht viel weiter ausgeliefert werden, als der Schatten ihrer Brauerei reicht.

England ist die Heimat des Ale – ein Bier, das im Fass oder in der Flasche vergoren wird. Dieser Bierstil spielt für die britische Pub-Kultur eine zentrale Rolle: Die meisten Bars haben wenigstens ein Ale, oft sogar mehrere, im Angebot. Obwohl es in den 1970er-Jahren einen Tiefpunkt erreicht hatte, als Keg Bitter und Lager aufkamen, erfreut sich Ale wieder wachsender Beliebtheit. Brauereien wie Adnams, Fuller's, Greene King und Timothy Taylor werden weiterhin typische Biere im britischen Stil brauen.

Die Bierstile schottischer und irischer Bierbrauer spiegeln ihre eigenen Brautraditionen wider, beispielsweise Heather Ale und Stouts. Schottland beheimatet auch die Brauerei mit dem wahrscheinlich stärksten Bier. Die Craft-Brauerei BrewDog setzte mit ihrem

Europa

Bier End of History mit einem Alkoholgehalt von 55 % eine Rekordmarke. Dennoch wurde diese von einem Bier namens Snake Venom von der nahen Brewmeister Brewery mit 67,5 % übertroffen.

Jenseits des Ärmelkanals führte die lange Bierbrautradition in Belgien zu unverwechselbaren und unterschiedlichen Resultaten. Von Trappisten- und Klosterbier bis hin zu Starkbier und Lambic, das durch Spontangärung mit wilden Hefen entsteht, besitzt Belgien eine Vielzahl an Bierstilen. Die Belgier widerstanden auch dem anscheinend unaufhaltsamen Siegeszug des Pilsner Lager – obwohl Stella Artois, das bekannteste belgische Bier, auch dazugehört – und bewahrte sich seine reiche Brautradition.

Die spanische Hitze machte Bier zu einem der beliebtesten Getränke, und das Land rangiert unter den Top Ten der internationalen Bierproduzenten.

Manchmal wird Deutschland für die Heimat des Lagers gehalten, und das Bild von Krügen mit Schaumkronen auf goldfarbenem Bier ist Kult. Obwohl es so auf dem größten Bierfest der Welt, dem Münchner Oktoberfest, serviert wird, hat deutsches Bier noch viel mehr zu bieten. Eine Besonderheit sind helle oder dunkle Weizenbiere. Andere lokale Bierspezialitäten sind Kölsch aus Köln, Altbier vom Niederrhein und regionale Varianten wie Gose, das um Leipzig getrunken wird.

Selbst traditionell weintrinkende Nationen öffnen sich für Bier. Die spanische Hitze machte Bier zu einem der beliebtesten Getränke, und das Land rangiert unter den Top Ten der internationalen Bierproduzenten. In Italien ist in den letzten 20 Jahren eine neue Generation von Mikrobrauereien aufgekommen. Während große Unternehmen wie Peroni und Moretti den Massenmarkt beliefern, kreieren Italiens Kleinbrauereien Biere für den Genuss.

Hier folgt eine kleine Auswahl der vielen Biere. In Europa kann man an jeder Ecke ein neues Bier und etwas für jeden Geschmack entdecken.

EUROPÄISCHE BIERFAKTEN

* Europa hat eine über 5000 Jahre alte Brautradition.
* Es gibt über 4000 Brauereien in Europa.
* Es gibt schätzungsweise 40 000 Biermarken in der EU.
* Die Zahl der verschiedenen Bierstile beläuft sich auf etwa 100.
* Die Bierindustrie beschäftigt in der EU über zwei Millionen Menschen.
* Europas Brauereien erwirtschaften 106 Milliarden Euro oder 0,42 % vom Bruttoinlandsprodukt der EU.
* Die Biersteuern belaufen sich pro Jahr auf über 50 Milliarden Euro.
* 50 % des angebauten Hopfens wachsen in Europa.
* 20 % der europäischen Gerste werden für die Bierherstellung verwendet.
* Bier wird in allen 28 Mitgliedstaaten der EU gebraut.

Quelle: European Parliament Beer Club

🏴󠁧󠁢󠁥󠁮󠁧󠁿 Adnams Broadside

Adnams Brewery in Southwold, Suffolk, wurde 1872 gegründet, und man versteht dort sein Handwerk. Broadside ist ein mehrfach ausgezeichnetes englisches Strong Ale, das durch seinen fruchtigen Geschmack, sein Aroma nach Weihnachtsstollen und seine Süße besticht, die von den hellen Malzsorten und dem First Gold Hopfen herrührt.

Verkostungsnotizen: Aroma nach mit Alkohol getränktem Obstkuchen und eine ordentliche Portion blumiger Hopfen als Ausgleich.
* **Land:** England
* **Gebraut von:** Adnams
* **Stil:** Strong Bitter
* **Farbe:** Dunkles Rubinrot
* **Alkoholgehalt:** 6,3 %
* **Trinktemperatur:** 8–12 °C

🏴󠁧󠁢󠁥󠁮󠁧󠁿 Beavertown Smog Rocket

Die Beavertown Brewery wurde vom Sohn des Led-Zeppelin-Frontmanns Robert Plant und einem Feinschmeckerfreund aus seiner Zeit in den USA gegründet. Schnell wurde sie nicht nur für ihre Bierkreationen bekannt – dieses aromareiche, leicht rauchige Porter ist ein gutes Beispiel –, sondern auch für die innovativen Gerichte, die in dem eigenen Grillrestaurant serviert werden, dem Duke's Brew & Que in Hackney, London.

Verkostungsnotizen: Aroma nach Lagerfeuerrauch, dazu ein Hauch Kaffee und ein leichter Körper; am besten kellerkalt oder etwas wärmer servieren.
* **Land:** England
* **Gebraut von:** Beavertown Brewery
* **Stil:** Smoked Porter
* **Farbe:** Dunkelbraun
* **Alkoholgehalt:** 5,4 %
* **Trinktemperatur:** 4–12 °C

🏴󠁧󠁢󠁥󠁮󠁧󠁿 Courage Best

Courage Best ist das Flaggschiff einer vormals großen Brauerei, die jetzt zum britischen Brauereiunternehmen Wells and Young's gehört, ein einfaches englisches Bitter mit 3,8 % Alkoholgehalt. Es gibt kaum ein typischeres britisches Bier. Trotz eines heftigen Umsatzrückgangs zählt Courage Best immer noch zu den zehn meistverkauften Bieren in England.

Verkostungsnotizen: Leichte Noten von Heu, geröstetem Brot und Karamell in der Nase mit einem weichen und süßen Abgang.
* **Land:** England
* **Gebraut von:** Wells and Young's
* **Stil:** Bitter
* **Farbe:** Bernstein
* **Alkoholgehalt:** 3,8 %
* **Trinktemperatur:** 8–13 °C

🏴󠁧󠁢󠁥󠁮󠁧󠁿 Dark Star Revelation

Viele Kollegen sehen in Rob Jones von Dark Star's einen der besten Braumeister. Er benannte seine erste Kreation für Dark Star Brewery (später in Skinners umbenannt) nach einem Song von Grateful Dead. Der Name wurde kurze Zeit später auch der Name der Brauerei. Revelation ist ein amerikanisches Pale Ale aus vier nordamerikanischen Hopfensorten; sie sorgen für das typische frische Zitrusaroma.

Verkostungsnotizen: Auf eine Basis von Käsekuchen folgen Noten von Zitrusfrüchten, Kiefer und Karamell.
* **Land:** England
* **Gebraut von:** Dark Star Brewing
* **Stil:** American Pale Ale
* **Farbe:** Dunkles Bernstein
* **Alkoholgehalt:** 5,7 %
* **Trinktemperatur:** 6–10 °C

🏴󠁧󠁢󠁥󠁮󠁧󠁿 Fuller's London Pride

Ein Bier, das zum Synonym für die Stadt geworden ist, in der es gebraut wird. Fuller's London Pride ist eines der beliebtesten Real Ales in Großbritannien und hat jede Menge Preise von Bierliebhabern und der CAMRA (Campaign for Real Ale) gewonnen, seit es in den 1950er-Jahren zum ersten Mal gebraut wurde.

Verkostungsnotizen: Gewürz-, Nuss- und Teenoten aus dunklem Malz, dazu holziges Hopfenaroma und Pfirsich.

✱ **Land:** England ✱ **Gebraut von:** Fuller's ✱ **Stil:** Premium Bitter
✱ **Farbe:** Goldgelb ✱ **Alkoholgehalt:** 4,7 % ✱ **Trinktemperatur:** 8–12 °C

🏴󠁧󠁢󠁥󠁮󠁧󠁿 Greene King Abbot Ale

Auf den Ruinen eines alten Klosters gebraut, ist Greene King Abbot Ale ein Tribut an das Brauerbe der Benediktinerabtei von Bury St Edmunds. Die Cerevisiarii oder Ale-Brauer brauten im Auftrag des Klosterabts. Für ihr Bier verwendeten sie nur einheimische Zutaten, darunter die berühmten Hopfensorten Fuggles, Goldings und Challenger. Bis heute nehmen die Brauer von Greene King das Wasser aus den klösterlichen Kalkzisternen.

Verkostungsnotizen: Noten von Holunder und dunklen Beeren, die sich unaufdringlich mit dem Hintergrund aus zuckerhaltigem dunklem Malz vermischen.

✱ **Land:** England
✱ **Gebraut von:** Greene King
✱ **Stil:** Amber Ale
✱ **Farbe:** Bernstein
✱ **Alkoholgehalt:** 5 %
✱ **Trinktemperatur:** 8–12 °C

WUSSTEN SIE SCHON?

Vor der Erfindung des Thermometers benutzten die Brauer ihren Daumen, um die richtige Temperatur abzuschätzen, bei der man die Hefe zur Mischung geben musste. Daraus entstand der Begriff der Daumen- oder Faustregel.

🏴󠁧󠁢󠁥󠁮󠁧󠁿 Greene King Old Speckled Hen

Der Name dieses beliebten englischen Premium Bitters hat nichts mit Hühnern zu tun. Es wurde erstmals 1979 gebraut, aus Anlass des 50. Geburtstags der MG Automobilfabriken in Abingdon, und der Name rührt von einem bunt gesprenkelten Auto her, das von den Fabrikarbeitern benutzt wurde – und das sie liebevoll „Ol' Speckl'd 'Un" nannten.

Verkostungsnotizen: Leichte süße Karamellnoten, Aroma nach frisch duftendem Obstgarten, leicht bitterer Abgang.
* **Land:** England
* **Gebraut von:** Greene King
* **Stil:** Bitter
* **Farbe:** Hellbraun
* **Alkoholgehalt:** 5,2 %
* **Trinktemperatur:** 7–12 °C

🏴󠁧󠁢󠁥󠁮󠁧󠁿 Ilkley Mary Jane IPA

„Schmeckt wie Glück" ist der Slogan dieses transatlantischen IPA aus Ilkley in Yorkshire. Als Basis benutzt die Brauerei ihr helles Ale Mary Jane; traditionelle englische Hopfensorten sorgen für die Bitterkeit. Mary Jane IPA beinhaltet zudem blumige amerikanische Hopfensorten, die ihm ein modernes Aroma verleihen und die scharfe Bitterkeit abmildern.

Verkostungsnotizen: Spuren von Orangenblüten und Kiefernharz, dazu Holunderblüten und mit Honig angereichertes Malz.
* **Land:** England
* **Gebraut von:** Ilkley Brewery
* **Stil:** IPA
* **Farbe:** Trübgolden
* **Alkoholgehalt:** 6 %
* **Trinktemperatur:** 4–7 °C

🏴󠁧󠁢󠁥󠁮󠁧󠁿 Magic Rock Cannonball

Magic Rock ist eine Mikrobrauerei in Yorkshire, die 2010 von zwei Brüdern und dem Braumeister Stuart Ross gegründet wurde. Cannonball ist eines von Magic Rocks eher zurückhaltenden IPAs mit einem Alkoholgehalt von 7,4 %. Das Double IPA Human Cannonball hat dagegen 9,2 %, und das 2013 auf den Markt gebrachte Triple IPA Un-Human Cannonball satte 11 % Alkoholgehalt.

Verkostungsnotizen: Tropische Aromen nach Passionsfrucht und eher kiefernartige Noten harmonieren hervorragend mit dem süßen malzigen Rückgrat.
* **Land:** England
* **Gebraut von:** Magic Rock Brewing
* **Stil:** IPA
* **Farbe:** Trübes Bernstein
* **Alkoholgehalt:** 7,4 % * **Trinktemperatur:** 4–7 °C

WUSSTEN SIE SCHON?

Im Oktober 1814 kam es zur berühmten Londoner Bierflut, als ein Tank mit über 600 000 Litern Bier zerbrach. Die Flüssigkeit erzeugte eine Bierwelle, die mehrere Häuser beschädigte und neun Menschen das Leben kostete. Einer davon starb an Alkoholvergiftung.

🏴󠁧󠁢󠁥󠁮󠁧󠁿 Marble Dobber

Die meistverkaufte Biersorte der Marble Brewery ist das Marble Dobber – ein IPA mit 5,9 % Alkoholgehalt. Es wird mit Hopfen aus Neuseeland gebraut, was ihm seinen exotischen Geschmack verleiht. Die in Manchester ansässige Brauerei unterhält drei Bierkneipen in der Innenstadt – The Beerhouse, 57 Thomas Street und Marble Arch. Letztere war der Anlass, überhaupt eine Brauerei zu eröffnen, um einen beliebten lokalen Anziehungspunkt vor dem Untergang zu retten – die Alternative wäre eine Karaokebar gewesen.

Verkostungsnotizen: Aroma nach reifen tropischen Früchten und Butterkaramell mit einem trockenen, hopfigen, bitteren Abgang.
- **Land:** England • **Gebraut von:** Marble • **Stil:** IPA
- **Farbe:** Trüborange • **Alkoholgehalt:** 5,9% • **Trinktemperatur:** 4–7 °C

SPORT UND SPIEL IM PUB

Seit es Pubs gibt, sind ihre Wirte darauf aus, Trinken und Spielen zu verbinden. Demzufolge besitzt Großbritannien eine reiche und mannigfaltige Geschichte an Pub-Spielen.

Unter den traditionellen Spielen sind Karten, Darts, Kegeln und Domino immer noch beliebt; man spielt sie auf viele verschiedene Arten und nach Regeln, die sich von Region zu Region und teilweise von Pub zu Pub unterscheiden.

Viele „britische" Kneipenspiele stammen eigentlich aus dem Ausland. Das Damespiel brachten die Römer mit, Domino kommt ursprünglich aus China und gelangte über Italien auf die Insel, und Billard wurde wahrscheinlich in Frankreich erfunden.

Spiele sorgen nicht nur für die Unterhaltung der Pub-Besucher, sondern veranlassen sie, im Pub zu verweilen und Geld auszugeben. Im Laufe der Zeit führte dies zu Zusammenstößen mit der Obrigkeit. Sowohl Heinrich VII. als auch Cromwell erließen Gesetze und verboten das Spielen.

Dennoch entstanden immer neue Spiele, darunter so seltsame wie Dwyle Flunking (eine Art Lappentanz), Gnurdling (ein Stockspiel), Bumble Puppy (Karten- oder Ballspiel) und Wellie Wanging (Gummistiefelweitwurf). Manche Spiele starben wieder aus. Die Einführung von TV-Sportübertragungen in Pubs hat das sportliche Interesse eher auf die Mattscheibe als auf das Cribbage-Brett gelenkt – aber ein kühles Bier darf nicht fehlen!

🏴󠁧󠁢󠁥󠁮󠁧󠁿 Marston's Pedigree

Pedigree ist das Flaggschiff einer großen Brauerei, die im Jahr 2010 fast 150 000 Hektoliter verkaufte. Das traditionelle Aroma englischer Hopfensorten wird mit Marston's Hefe vermischt und in einer einzigartigen Anlage aus Eichenfässern aus dem 19. Jahrhundert fermentiert, die als Burton Union System bezeichnet wird.

Verkostungsnotizen: Aroma nach Karamellmalz und grasigen Hopfensorten; weiche Textur, süffig im Abgang.
* **Land:** England
* **Gebraut von:** Marston's
* **Stil:** Bitter
* **Farbe:** Bernstein
* **Alkoholgehalt:** 4,5 %
* **Trinktemperatur:** 8–13 °C

🏴󠁧󠁢󠁥󠁮󠁧󠁿 Meantime Yakima Red

Am Scheitelpunkt des Greenwich-Meridians gelegen, entwickelte sich die Meantime Brewery von einer Mikrobrauerei zu einer der maßgeblichen modernen englischen Brauereien. Dieses hopfige Red Ale erhält seine Farbe aus einer Kombination von deutschen und englischen Malzsorten, abgestimmt mit fünf fruchtigen Hopfensorten aus dem Yakima Valley.

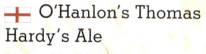

Verkostungsnotizen: Kräftig geröstetes Malz und eine Fülle von hopfigen, fruchtigen Noten machen dieses Bier zum idealen Begleiter für knusprig gebratenen Schweinebauch.
* **Land:** England
* **Gebraut von:** Meantime Brewing Co.
* **Stil:** Amber Ale
* **Farbe:** Dunkles Bernstein
* **Alkoholgehalt:** 4,1 % * **Trinktemperatur:** 4–7 °C

🏴󠁧󠁢󠁥󠁮󠁧󠁿 O'Hanlon's Thomas Hardy's Ale

Thomas Hardy's Ale hat kurz nach dem Brauen einen scharfen, alkohollastigen Geschmack, der mit der Zeit weicher wird und sich entwickelt, solange man das Bier mindestens zehn Jahre im Keller ruhen lässt. Wenn Sie sich so lange in Geduld üben, werden Sie dafür mit einem unglaublich komplexen und vollmundigen Bier belohnt.

Verkostungsnotizen: Noten von Brandy und Sherry mit jeder Menge erdiger Frucht und Karamell; passt sehr gut zu Blauschimmelkäse.
* **Land:** England
* **Gebraut von:** O'Hanlon's
* **Stil:** Barley Wine
* **Farbe:** Mahagonirot
* **Alkoholgehalt:** 11,7 %
* **Trinktemperatur:** 10–14 °C

DER WEG DES CRAFT-BIERES

Großbritannien weist eine jahrhundertealte Brautradition auf. In den letzten Jahrzehnten wurde diese neu belebt durch das wachsende Interesse einer neuen Gruppe von Brauern. Ein erster Schritt in Richtung Craft-Brauerei.

Craft Brewery und Craft Beer lassen sich nur schwer genau definieren oder übersetzen. Für manche Leute hängt es von der Größe einer Brauerei ab, wobei „craft" gleichzusetzen ist mit „klein" und einem ambitionierten Team, das geringe Mengen eines qualitativ hochwertigen Bieres produziert, wofür sie nur allerbeste Zutaten einsetzen. Für andere ist die Unabhängigkeit von großen Brauereigesellschaften eines der Hauptkriterien. Manchmal hängt es auch von den Biersorten ab, die gebraut werden, wobei typischerweise bestehende Bierstile herangezogen und mit einem Schuss Experimentierfreude leicht verändert werden.

Wahrscheinlich ist Craft Beer eine Mischung aus all diesen Dingen und eventuell noch einigen mehr. Die Wurzeln dieser Bewegung liegen in den USA, wo in den 1970ern und 1980ern die ersten Brauereien mit der Produktion von Biersorten anfingen, die den Bierliebhabern eine Alternative zu den marktbeherrschenden amerikanischen Lagerbieren bot.

Zu den legendären Namen zählen Fritz Maytag, der Retter der Anchor Brewing Company, Jack McAuliffe, der mit New Albion die erste amerikanische Mikrobrauerei eröffnete, Jim Koch, der Schöpfer von Samuel Adams, und Ken Grossman, der die Sierra Nevada Brewing Company ins Leben rief. Sie halfen, die Rahmenbedingungen für eine neue Industrie in den USA zu etablieren, die schließlich zu einem explosionsartigen Schub von Mikrobrauereien und Brauereigaststätten führte. Ihrem Beispiel folgten Brauereien wie Dogfish Head, Stone Brewing, New Belgium Brewing und Rogue Ales.

Obwohl Europa eine vielfältigere Biertradition aufweist, von der sich viele US-amerikanische Craft-Beer-Brauereien inspirieren ließen, waren die europäischen Brauereien nicht gegen den Charme der amerikanischen immun. In der Tat wurde die amerikanische Craft-Beer-Bewegung zum Modell einer Generation von Bierbrauern.

Sie halfen, die Rahmenbedingungen für eine neue Industrie in den USA zu etablieren, die schließlich zu einem explosionsartigen Schub von Mikrobrauereien und Brauereigaststätten führte.

Craft-Beer-Besessene in den USA wurden zu Experten im Ausprobieren von abseitigen Biertypen, wie beispielsweise Fruchtbier, Barley Wine und Imperial Stouts. Ungewöhnliche Rezepte, saisonale Spezialitäten und neue

hopfigere Varianten von beliebten Biersorten wie Pale Ale sind alles Kennzeichen der Craft-Beer-Szene. Britische Brauereien wie Dark Star, Meantime, Marble und BrewDog huldigten dieser Vorgehensweise.

Daneben ist auch ein gutes Marketing für den Erfolg verantwortlich, denn Craft Beer verströmt ein cooles und mitunter sogar sexy Image. Es wird von einer Gruppe junger, hipper Männer für gut betuchte Kunden gebraut, die sich selbst eher als Bierkenner denn als Biertrinker sehen. Die Markenentwicklung bei Bier durch Unternehmen wie Thornbridge, St Peter's und die Camden Town Brewery ist modern und faszinierend.

Ein weiterer Grund, warum Kleinbrauereien in Großbritannien immer beliebter werden, liegt darin, dass die Staffelung der Abgaben sie wirtschaftlich rentabler für Produzenten machen, die eher mit kleineren Volumen beginnen.

Was auch immer die Gründe sein mögen, Craft Beer ist im Aufwind. Etablierte Brauereien wie Fuller's und Adnams haben sich bereits mit Repräsentanten von Craft Beer zusammengeschlossen. Andere wie Ringwood haben ihr Label geändert, um zu betonen, dass sie ebenfalls Craft Beer brauen.

Die Zukunft wird zeigen, ob die Bezeichnung „Craft Beer" ihre Bedeutung behält oder ob dieser Bereich Teil eines größeren und mannigfaltigeren Biermarktes wird.

INTERESSANTE CRAFT-BEER-BRAUEREIEN IN GROSSBRITANNIEN

BrewDog
Ansässig in – Aberdeenshire
Probieren Sie – Punk IPA, Dogma Scotch Ale

Thornbridge
Ansässig in – Derbyshire
Probieren Sie – Jaipur IPA, Kill Your Darlings

Marble
Ansässig in – Manchester
Probieren Sie – Manchester Bitter, Ginger 6

Meantime
Ansässig in – Greenwich, London
Probieren Sie – London Lager, Chocolate Porter

Dark Star
Ansässig in – West Sussex
Probieren Sie – American Pale Ale, Dark Star

Bristol Beer Factory
Ansässig in – Bristol
Probieren Sie – Milk Stout, Seven

Wild Beer Company
Ansässig in – Somerset
Probieren Sie – Madness IPA, Fresh

Camden Town Brewery
Ansässig in – Camden, London
Probieren Sie – Camden Hells Lager, Camden Pale Ale

Williams Brothers
Ansässig in – Alloa, Schottland
Probieren Sie – Fraoch Heather Ale, Williams 80 Shillings

St Peter's Brewery
Ansässig in – Suffolk
Probieren Sie – Golden Ale, Cream Stout

🏴󠁧󠁢󠁥󠁮󠁧󠁿 Oakham JHB

Benannt nach dem Hofnarren Jeffrey Hudson, ist Oakham JHB ein preisgekröntes Bitter, das 2001 zum Supreme Champion Beer von Großbritannien gewählt wurde. Es ist ein traditionelles Bitter mit modernem Dreh: Hopfenlastiger als die Bitter im traditionellen Stil, hat es eine vertraute buttrige und biskuit-süße Malzbasis.

Verkostungsnotizen: Kernige Hopfensorten mit Zitrusnoten an der Spitze, sowohl im Aroma wie im Geschmack, mit einem Nachklang aus geröstetem Malz.
* **Land:** England * **Gebraut von:** Oakham Ales
* **Stil:** Golden Ale * **Farbe:** Hellgelb
* **Alkoholgehalt:** 3,8 % * **Trinktemperatur:** 6–10 °C

🏴󠁧󠁢󠁥󠁮󠁧󠁿 Redemption Trinity

Die Fähigkeit eines Brauers zeigt sich darin, wie viel Geschmack er in ein Bier mit geringem Alkoholgehalt legen kann. Wenn das auch für Trinity zutrifft, dann ist Andy Moffat, der Braumeister der Redemption Brewery, als Genie zu bezeichnen.

Verkostungsnotizen: Aroma nach teigigem Weißbrot und Crackern, mit einer Zitrusnote von Pomeranze und Limettenschale.
* **Land:** England
* **Gebraut von:** Redemption Brewing Co.
* **Stil:** Golden Ale
* **Farbe:** Orange
* **Alkoholgehalt:** 3%
* **Trinktemperatur:** 8–13 °C

WUSSTEN SIE SCHON?

In der guten alten Zeit bereitete die Braut für ihre Hochzeitsgäste Ale zu, als Dankeschön für eine Gabe oder ein Geldgeschenk. Dieses Bier ist als „Bride Ale" bekannt geworden (das englische Wort „bridal" rührt daher).

🏴󠁧󠁢󠁥󠁮󠁧󠁿 Samuel Smith's Oatmeal Stout

Die Samuel Smith Brewery ist in dem kleinen Brauereidorf Tadcaster in Yorkshire beheimatet und hält alte Traditionen hoch. Dies beinhaltet die Auslieferung zu Veranstaltungen mit Pferdewagen, wobei das Bier möglichst direkt vom Fass ausgeschenkt wird. Außerdem benutzt man zum Gären der Biersorten viereckige Behälter aus Yorkshire-Schiefer.

Verkostungsnotizen: Aroma nach weicher Milchschokolade und gerösteten Mandeln, getragen von einer zähflüssigen Textur im Mund.
* **Land:** England
* **Gebraut von:** Samuel Smith Old Brewery * **Stil:** Oatmeal Stout
* **Farbe:** Dunkelbraun
* **Alkoholgehalt:** 5%
* **Trinktemperatur:** 8–13 °C

🏴󠁧󠁢󠁥󠁮󠁧󠁿 Sambrook's Wandle

Hinter vielen Brauereien steht ein Gründer, der einen langweiligen Job in der Großstadt aufgegeben und einen Karriereknick in Kauf genommen hat. Wie Duncan Sambrook, als er 2010 die Sambrook's Brewery gründete. Wandle, sein leichtes und extrem süffiges Bitter, heißt nach einem Fluss, der durch Südwest-London fließt und in die Themse mündet. Alle Biere von Sambrook's sind nach geografischen Orten benannt.

Verkostungsnotizen: Süffige pfirsichartige Hopfennoten mit einem Hauch Vanille aus dem hellen englischen Malz; passt sehr gut zu Fish & Chips.
✴ **Land:** England ✴ **Gebraut von:** Sambrook's Brewery ✴ **Stil:** Bitter
✴ **Farbe:** Orange ✴ **Alkoholgehalt:** 3,8 % ✴ **Trinktemperatur:** 8–13 °C

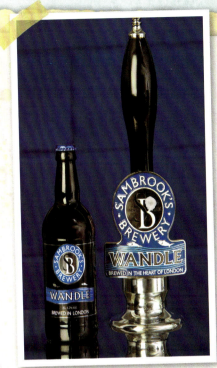

🏴󠁧󠁢󠁥󠁮󠁧󠁿 Sharp's Doom Bar

Doom Bar ist mit rund 90 % des Bierumsatzes der Bestseller von Sharp. Benannt wurde das Bier nach einer gefährlichen Sandbank im nördlichen Cornwall, die berüchtigt dafür ist, Seeleute in schwierige Situationen zu bringen. Im Gegensatz dazu wird es in klaren Flaschen angeboten, die nur wenig Schutz gegen die schädlichen UV-Strahlen des Sonnenlichts bieten, aber dafür das Bernsteingelb des Bieres betonen.

Verkostungsnotizen: Geröstetes Karamell und Honig mit einem Hauch Orangenblüten; passt zu Brathähnchen.
✴ **Land:** England ✴ **Gebraut von:** Sharp's Brewery ✴ **Stil:** Bitter
✴ **Farbe:** Bernstein ✴ **Alkoholgehalt:** 4,3 % ✴ **Trinktemperatur:** 8–13 °C

🏴󠁧󠁢󠁥󠁮󠁧󠁿 St Austell Korev

Ein gutes Lager sollte mindestens einen bis fünf Monate lang gelagert werden, damit die untergärigen Hefen optimal arbeiten können. Korev ist eine äußerst gelungene Version der St Austell Brewery in Cornwall. Es wird zu 100 % aus einheimischer Gerste hergestellt und bei niedrigen Temperaturen für einen längeren Reifungsprozess eingelagert. Dank seiner frischen Weißbrotnoten und dem wundervoll kernigen, bitteren Abgang passt es hervorragend zu einer großen Auswahl verschiedener Gerichte von Fleisch und Wurst bis hin zu Sushi.

Verkostungsnotizen: Teigiges Weißbrot, sahnige Marshmallows und eine leichte Zitrusnote. Rein, klar und unkompliziert.
✴ **Land:** England ✴ **Gebraut von:** St Austell Brewery ✴ **Stil:** Lager
✴ **Farbe:** Orange ✴ **Alkoholgehalt:** 4,8 % ✴ **Trinktemperatur:** 4–6 °C

🏴󠁧󠁢󠁥󠁮󠁧󠁿 The Kernel Table Beer

Tafelbier hat einen niedrigen Alkoholgehalt (traditionell nur 1–2 %) und wird in großer Menge am Esstisch serviert. Die von Kernel gebraute Version ist etwas stärker – normalerweise 2,7 % – und beinhaltet jede Menge amerikanischer Hopfensorten, die für ein frisches Aroma und einen bitteren Abgang sorgen. Kernel gilt als eine der besten Brauereien der Britischen Inseln, die sich mit künstlerischer Ambition und Leidenschaft dem Brauen von Craft Beer widmet.

Verkostungsnotizen: Ausgeprägte Noten von Passionsfrucht zusammen mit Mandarine und Pfirsich, abgerundet durch einen kurzen, scharfen, bitteren Abgang.
- **Land:** England **Gebraut von:** The Kernel Brewery
- **Stil:** Tafelbier **Farbe:** Trübgolden
- **Alkoholgehalt:** 2,7–3 % **Trinktemperatur:** 4–7 °C

🏴󠁧󠁢󠁥󠁮󠁧󠁿 Theakston Old Peculier

Old Peculier stammt von den starken dunklen Lagerbieren ab, die vor rund 200 Jahren im Winter gebraut wurden. Diese Lagerbiere dienten als Basis für die folgenden Sommerbiere, um diesen bei den höheren Temperaturen genügend Haltbarkeit zu verleihen. In der Masham Brewery in North Yorkshire, in einem Gebiet, das als Paradise Fields bekannt ist, wird Bier immer noch nach der traditionellen Methode gebraut.

Verkostungsnotizen: Süßer Brotpudding, überlagert von ausgeprägten Fruchtnoten aus Kirsche und Feige; passt hervorragend zu einem Stew mit dunklem Fleisch.
- **Land:** England
- **Gebraut von:** T. & R. Theakston
- **Stil:** Old Ale
- **Farbe:** Tiefes Rubinrot
- **Alkoholgehalt:** 5,6 %
- **Trinktemperatur:** 7–12 °C

🏴󠁧󠁢󠁥󠁮󠁧󠁿 Thornbridge Jaipur

Thornbridge Brewery ist eine der angesehensten Brauereien in Großbritannien und eine der ersten, die moderne, hopfenreiche Biere aus den USA mit englischem Feingefühl verändert haben. Die ursprüngliche Brauerei wurde 2005 auf dem Gelände der Thornbridge Hall eröffnet und mit einer nach dem letzten Stand der Technik arbeitenden Brauerei zusammengelegt.

Verkostungsnotizen: Grapefruit und Holunderblüten, ausgeglichen durch Weißbrot- und Honignoten; passt zu einem scharf gewürzten indischen Curry.
- **Land:** England
- **Gebraut von:** Thornbridge Brewery
- **Stil:** IPA
- **Farbe:** Hellgolden
- **Alkoholgehalt:** 5,9 %
- **Trinktemperatur:** 4–7 °C

🏴󠁧󠁢󠁥󠁮󠁧󠁿 Timothy Taylor's Landlord

Timothy Taylor's Landlord, der viermalige Sieger in der Kategorie Beer of Britain beim Great British Beer Festival, ist auch dafür bekannt, das Lieblingsgetränk von Popdiva Madonna zu sein. In den 1950ern als Bier für die Minengesellschaften West Yorkshires konzipiert, setzte es sich gegenüber der Konkurrenz durch und ist auch heute noch beliebt.

Verkostungsnotizen: Aroma aus getoastetem Weißbrot und Zerealien, dazu blumige Hopfennoten; passt gut zu Würstchen mit Kartoffelsalat.

* **Land:** England
* **Gebraut von:** Timothy Taylor
* **Stil:** Pale Ale
* **Farbe:** Goldorange
* **Alkoholgehalt:** 4,3 %
* **Trinktemperatur:** 4–7 °C

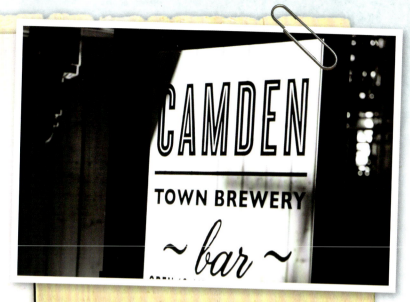

BRAUEN ZU HAUSE

Früher wurde der Großteil des Bieres dort getrunken, wo es auch gebraut wurde, und zwar meist im Haus der Schankwirtin.

Im Lauf der Zeit wurde das Bierbrauen professioneller und kommerzieller, und die Distanz zwischen der Brauerei und den Schankwirtschaften nahm zu. In den 1970ern gab es in Großbritannien lediglich eine Handvoll Pubs, die noch ihr eigenes Bier brauten. Als das älteste gilt das Blue Anchor in Cornwall, in dem man seit 1400 Bier braut.

In letzter Zeit hat sich das geändert. Brauzubehör auch für Kleinbrauereien, eine gestaffelte Abgabenliste für Produzenten, die im kleinen Maßstab brauen, und der Wunsch von Bierenthusiasten, ihr eigenes Bier zu produzieren, führte zu einer Umkehrung der Geschichte.

Pubs mit eigener Brauerei schossen in ganz Großbritannien aus dem Boden, und ihre Zahl nimmt jede Woche zu. Die Bandbreite reicht von hippen Pubs in den Großstädten wie Marble Arch in Manchester und Camden Town Brewery in London bis hin zu Kneipen auf dem Land wie The Flowerpots in Hampshire und The Swan on the Green in Kent.

Ironischerweise geht der aktuell größte Einfluss auf die britischen Pub-Brauereien von der US-amerikanischen Szene aus, in der Pub-Brauereien seit den letzten 20 Jahren ihre Versionen von Biersorten im klassischen britischen Stil produzieren.

England

🏴󠁧󠁢󠁥󠁮󠁧󠁿 Windsor & Eton Knight of the Garter

Das Bier wurde zur Feier der alljährlichen „Ceremony of the Garter" in der königlichen Residenz Schloss Windsor in Berkshire gebraut. Gestiftet vom englischen König, hat der Hosenbandorden nur 24 Mitglieder; er ist der höchste Orden des britischen Königreichs und einer der angesehensten in ganz Europa.

Verkostungsnotizen: Leicht hopfig mit Noten von süßem Brot; passt ausgezeichnet zu Brathähnchen.
* **Land:** England
* **Gebraut von:** Windsor & Eton
* **Stil:** Golden Ale
* **Farbe:** Goldgelb
* **Alkoholgehalt:** 3,8 %
* **Trinktemperatur:** 7–10 °C

🏴󠁧󠁢󠁥󠁮󠁧󠁿 Worthington's White Shield

Das einzige Pale Ale, das noch aus der goldenen Zeit der Braukunst im 19. Jahrhundert stammt. William Worthington's White Shield wurde für den Export nach Indien gebraut und musste für den langen Weg entsprechend viel Hopfen enthalten. Daher reift dieses Pale Ale sehr gut in der Flasche nach.

Verkostungsnotizen: Erdiges Hopfenaroma, Bittere und Noten von Toffee, Honig und Weißbrot durch das Malz.
* **Land:** England
* **Gebraut von:** Coors UK
* **Stil:** IPA
* **Farbe:** Goldgelb
* **Alkoholgehalt:** 5,6 %
* **Trinktemperatur:** 8–13 °C

WUSSTEN SIE SCHON?

Porter und Stout hatten ursprünglich eine trübe, dunkelbraune Farbe, bis 1817 Daniel Wheeler den Trommelröster erfand. Das schwarze Röstmalz veränderte Farbe und Geschmack von Porter für immer.

🏴󠁧󠁢󠁥󠁮󠁧󠁿 Wychwood Hobgoblin

Bekannt für ihr fantastisches Kunsthandwerk aus Hexen, Waldnymphen und listigen Kobolden, konnte die Wychwood Brewery seit ihrer Gründung 1983 viele Erfolge feiern. Ihr Flaggschiff Hobgoblin wird im Wychwood Forest in Oxfordshire gebraut und ist ein dunkles rubinrotes Ale mit vollmundigem Geschmack, das ebenso viel Unsinn im Sinn hat wie der verschlagen grinsende Kobold auf dem Etikett.

Verkostungsnotizen: Karamellpudding mit einem Hauch scharfer Zitrone und bitterer Schokolade; leichter Tabaknachgeschmack.
* **Land:** England
* **Gebraut von:** Wychwood Brewery
* **Stil:** Ruby Ale
* **Farbe:** Rubinrot
* **Alkoholgehalt:** 5,2 %
* **Trinktemperatur:** 8–12 °C

🏴󠁧󠁢󠁳󠁣󠁴󠁿 Arran Blonde

Auf einer der vielen schottischen Inseln gibt es eine Brauerei im Zentrum der örtlichen Gemeinschaft. Arran Blonde wird bei den Highland Games, in kleinen Dorfkneipen und entlang der Wanderwege auf Arran getrunken. Glücklicherweise behält die Insel nicht die gesamte Auslieferung dieses wundervollen Golden Ale für sich.

Verkostungsnotizen: Schwarzbrot mit Honignoten, pfeffrige Bitterkeit und krautige, grasige Hopfennoten im Abgang.
* **Land:** Schottland
* **Gebraut von:** Isle of Arran Brewery
* **Stil:** Golden Ale
* **Farbe:** Goldgelb
* **Alkoholgehalt:** 5 %
* **Trinktemperatur:** 4–7 °C

🏴󠁧󠁢󠁳󠁣󠁴󠁿 Belhaven Best

John Johnstone gründete Belhaven 1719, und die traditionell geführte Brauerei war bis zum Verkauf an Greene King 2005 im Familienbesitz. Belhaven Best mag sich über die Jahre verändert haben, aber es gilt als eines der besten Bitterbiere in Schottland. Dank seiner angenehmen Brotnoten passt es zu jeder Gelegenheit.

Verkostungsnotizen: Cracker, geröstetes Getreide und ein Hauch von gekochtem Gemüse.
* **Land:** Schottland * **Gebraut von:** Belhaven * **Stil:** Bitter
* **Farbe:** Bernstein * **Alkoholgehalt:** 3,5 % * **Trinktemperatur:** 7–12 °C

SCHOTTLANDS SHILLING-SYSTEM

Schottland übernahm zwar 1971 das Dezimalsystem, doch was Bier angeht, wird der aus dem Geldsystem entlehnte Begriff Shilling teils noch immer verwendet.

Das Shilling-System geht auf die Mitte des 19. Jahrhunderts zurück, als die Steuern auf Malz und Zucker im Vereinigten Königreich durch eine Biersteuer abgelöst wurden. Die Shilling-Namen bezogen sich auf den Preis für ein Fass (ungefähr 50 Gallonen oder 228 Liter) Ale.

Die Brauereien produzierten eine Vielzahl von Bierstilen mit unterschiedlichem Alkoholgehalt. 40/- Ale war ein ziemlich leichtes Bier fürs Gesinde. Die 50/- und 60/- Biere enthielten ebenfalls kaum Alkohol, während die 70/-, 80/- und 90/- Biere, bekannt als Starkbier und Export, zunehmend stärker wurden. Die stärksten schottischen Ales, die als Wee Heavy bezeichnet werden, können bis zu 160/- und einen Alkoholgehalt von 9–10 % aufweisen.

Das Shilling-System wurde weiterhin verwendet, um die Qualität eines Bieres anzuzeigen, und 1914 gesetzlich anerkannt. Nach dem Zweiten Weltkrieg wurden die Begriffe „Light", „Heavy" und „Export" zur Kennzeichnung von Biersorten und Alkoholgehalt gängiger.

Schottische Brauereien griffen in den 1970ern wieder auf das Shilling-System zurück, als Fass-Ale wiederbelebt wurde. Heute kann man die Bezeichnungen an Bieren wie Belhaven 80/-, Caledonian 80/- und bei nordamerikanischen Bieren nach Art des schottischen Ales finden.

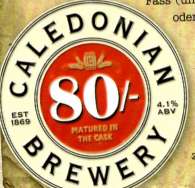

🏴󠁧󠁢󠁳󠁣󠁴󠁿 BrewDog Punk IPA

Die schottische „Punkbrauerei" BrewDog ist bekannt für ihr freches Marketing. Sie verursachte große Aufregung, als sie in den frühen 2000ern wild und ungestüm die britische Brauereiszene erstürmte. Das BrewDog Punk IPA wird als eines der besten IPAs angesehen, das die neue Welle in Großbritannien hervorgebracht hat. Sein aufregendes Aroma aus Grapefruit und tropischen Früchten, das man eher von einem amerikanischen IPA erwarten würde, wird begleitet von einem trockenen, den Mund zusammenziehenden, bitteren Abgang. Nicht nur für Punks geeignet.

Verkostungsnotizen: Aroma nach tropischen Früchten, das von der Mischung aus amerikanischen Hopfensorten mit solchen der südlichen Erdhalbkugel stammt.
* **Land:** Schottland * **Gebraut von:** BrewDog * **Stil:** IPA * **Farbe:** Helles Goldgelb
* **Alkoholgehalt:** 5,6 % * **Trinktemperatur:** 4–8 °C

🏴󠁧󠁢󠁳󠁣󠁴󠁿 Fyne Ales Jarl

Eines der ersten britischen Biere mit dem kräftigen Citra-Hopfen, ist das Jarl, ein leichtes, süffiges Session Beer. Der Name bezieht sich auf die norwegischen Fürsten (Jarl = Earl), die im 12. Jahrhundert einen Großteil des Landes in Besitz hatten, das heute die Fyne Ales Brewery in Argyll umgibt.

Verkostungsnotizen: Zitrusartige und grasige Hopfenaromen in der Spitze, mit einem leichten und schnell nachlassenden Abgang.
* **Land:** Schottland * **Gebraut von:** Fyne Ales
* **Stil:** Blonde Ale * **Farbe:** Goldgelb
* **Alkoholgehalt:** 3,8 % * **Trinktemperatur:** 4–7 °C

🏴󠁧󠁢󠁳󠁣󠁴󠁿 Harviestoun Schiehallion

Nicht jedes Lager begeistert, aber wenn es so hervorragend wie Harviestoun's Schiehallion gemacht ist, schon. Erstmals 1994 gebraut, konnte niemand den enormen Erfolg dieses schottischen Lieblingsbieres erahnen – das es mittlerweile in der ganzen Welt gibt –, besonders angesichts des schwierig auszusprechenden Namens (sprich: Schi-häli-on), der einen lokalen Berg bezeichnet.

Verkostungsnotizen: Aroma aus grasigen und karamellisierten Äpfeln mit einem Hauch von Mango; sehr frisch im Abgang.
* **Land:** Schottland * **Gebraut von:** Harviestoun Brewery * **Stil:** Lager
* **Farbe:** Gelb * **Alkoholgehalt:** 4,8 % * **Trinktemperatur:** 4–7 °C

🏴󠁧󠁢󠁳󠁣󠁴󠁿 Orkney Dark Island Reserve

Durch dreimonatiges Lagern des preisgekrönten Dark Island Ales bei niedrigen Temperaturen in alten Orkney Whiskyfässern brachte die Orkney Brewery etwas Magie in dieses vielfach ausgezeichnete Bier. Es wird in limitierten Mengen produziert und reift auch zu Hause noch weiter.

Verkostungsnotizen: Weiche torfige Noten mit einem Hauch Eiche, dazu jede Menge Bitterschokolade und Kaffee.
★ **Land:** Schottland ★ **Gebraut von:** The Orkney Brewery ★ **Stil:** Barley Wine ★ **Farbe:** Dunkelbraun
★ **Alkoholgehalt:** 10% ★ **Trinktemperatur:** 8–15°C

🏴󠁧󠁢󠁳󠁣󠁴󠁿 Orkney Raven Ale

Die Orkney Brewery wurde 1988 von Roger White in einer alten Schule gegründet. Raven Ale ist ihr klassisches Bitter, eingehüllt in intensive Getreidearomen – das Ergebnis des qualitativ hochwertigen Pale-Ale-Malzes, das beim Brauprozess verwendet wird. Ein äußerst erfrischendes, leichtes Getränk.

Verkostungsnotizen: Süßes Biskuit und leichte kieferartige Hopfennoten in der Nase, das Gleiche stärker am Gaumen.
★ **Land:** Schottland
★ **Gebraut von:** The Orkney Brewery
★ **Stil:** Blonde Ale
★ **Farbe:** Goldgelb
★ **Alkoholgehalt:** 3,8%
★ **Trinktemperatur:** 4–7°C

🏴󠁧󠁢󠁳󠁣󠁴󠁿 West St Mungo Lager

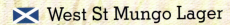

Die West Brewery der aus Deutschland stammenden Petra Wetzel im Zentrum von Glasgow hat sich auf Lager und Weizenbier spezialisiert. St Mungo Lager ist nach dem deutschen Reinheitsgebot gebraut: Nur Gerste, Hopfen und Hefe werden verwendet, um den authentischen, von Deutschland inspirierten Geschmack und Charakter zu erzielen. Ein echt bayerischer Genuss in Schottland!

Verkostungsnotizen: Frisch und glatt, mit einer Karamellnote und gleichen Teilen von süßen Früchten, geröstetem Getreide und einem Hauch von Nuss.
★ **Land:** Schottland ★ **Gebraut von:** West ★ **Stil:** Lager
★ **Farbe:** Hellorange ★ **Alkoholgehalt:** 4,9% ★ **Trinktemperatur:** 4–7°C

🏴󠁧󠁢󠁳󠁣󠁴󠁿 Traquair House Ale

Traquair House Ale wird mit Sorgfalt und Geduld gebraut: Das Bier gärt in teils 200 Jahre alten Eichenbottichen. Zurzeit werden nur um die 600 Barrel (2700 Liter) pro Jahr gebraut, was Traquair zur Kleinbrauerei macht. Ihr House Ale ist durchaus ein seltener Genuss.

Verkostungsnotizen: Reich an geröstetem Malz, Lakritz und Karamell, mit einem weichen würzigen Abgang.
* **Land:** Schottland * **Gebraut von:** Traquair
* **Stil:** Scotch Ale * **Farbe:** Dunkelrot
* **Alkoholgehalt:** 7,2 % * **Trinktemperatur:** 8–13 °C

🏴󠁧󠁢󠁳󠁣󠁴󠁿 Williams Brothers Fraoch Heather Ale

Von der Brauerei Williams Brothers als „Original Craft Beer" bezeichnet, geht Fraoch auf ein gälisches über 4000 Jahre altes Rezept für Heather Ale zurück. Williams Brothers ist die einzige Brauerei, die diese Rarität produziert und weltweit vertreibt. Außerdem steht sie für viele weitere interessante Bierstile, darunter schottisches Pine Ale, ein Taybeerenbier und ein mit Schokolade gesüßtes Ale. Fraoch ist wahrscheinlich aufgrund seiner ausnehmend intensiven Honignoten am beliebtesten. Der wahre Geschmack der Highlands.

Verkostungsnotizen: Kräuter- und Honignoten, gemischt mit brotartigem Malzaroma; leichter Abgang aus würzigem Ingwer.
* **Land:** Schottland * **Gebraut von:** Williams Brothers * **Stil:** Heather Ale
* **Farbe:** Goldgelb * **Alkoholgehalt:** 5 % * **Trinktemperatur:** 8–13 °C

WUSSTEN SIE SCHON?

Das stärkte Bier der Welt kommt aus Schottland – Brewmeister's Snake Venom hat einen Alkoholgehalt von 67,5 %. Dies wird durch den Einsatz von rauchigem Torfmalz, Bierhefe und Champagnerhefe erreicht. Entsprechend exklusiv ist auch der Preis: ca. 50 Pfund pro Flasche.

WUSSTEN SIE SCHON?

Um ein perfektes Pint Guinness einzuschenken, sollte man ganz genau 119,5 Sekunden zwischen dem ersten Spruz und dem Nachschenken verstreichen lassen; dadurch können die Stickstoffblasen aufsteigen und eine wunderbare Schaumkrone bilden.

Beamish Stout

Das Flaggschiff der in Cork ansässigen Beamish and Crawford Brewery ist ein traditionelles irisches Stout. In ähnlicher Weise wie Irlands berühmtestes und meistverkauftes Dry Stout, das Guinness, hat Beamish Stout ein trockenes Aroma und eine große, cremige Schaumkrone, die bis zum letzten Tropfen im Glas bleibt.

Verkostungsnotizen: Leicht rauchig in der Nase, mit Noten von gebranntem Kaffee; ölige Textur; schneller, trockener Abgang.
* **Land:** Irland
* **Gebraut von:** Heineken Irland
* **Stil:** Dry Stout
* **Farbe:** Dunkelbraun
* **Alkoholgehalt:** 4,1 % * **Trinktemperatur:** 6–10 °C

Elbow Lane Angel Stout

Erst 2012 startete die Mikrobrauerei Elbow Lane mit dem ersten Bier, Angel Stout, darauf folgten Elbow Lager und Wisdom Ale. Mit dem wundervollen Angel Stout, gebraut mit dunklen, gebrannten Malzsorten und der kräftigen Hopfensorte Herkules, ist Elbow Lane der wahrhaft authentische Geschmack eines irischen Dry Stout gelungen.

Verkostungsnotizen: Reich an Bitterschokolade und Kaffee, mit einem starken, würzigen Hopfenprofil.
* **Land:** Irland * **Gebraut von:** Elbow Lane * **Stil:** Dry Stout * **Farbe:** Dunkelbraun * **Alkoholgehalt:** 5 %
* **Trinktemperatur:** 8–13 °C

Harp Lager

Mit der berühmten Brian-Boru-Harfe als Logo könnte eine Flasche Harp Lager mit Guinness verwechselt werden. Im Gegensatz dazu ist es ein Pale Lager. Da es als Standardlager in vielen irischen Pubs angeboten wird, ist sein Geschmack jedem Liebhaber irischen Lagers vertraut. Erfrischend, glatt, trocken im Abgang.

Verkostungsnotizen: Süffig, leichte Malznoten, ein Hauch von frischen Zitrusfrüchten in der Nase; sehr weich im Nachgeschmack.
* **Land:** Irland
* **Gebraut von:** Dundalk Brewery
* **Stil:** Pale Lager
* **Farbe:** Gelb * **Alkoholgehalt:** 4,3 %
* **Trinktemperatur:** 2–5 °C

🇮🇪 Galway Bay Buried at Sea

Buried at Sea der Galway Bay Brewery ist ein süßes Milk Stout mit zugesetzter Laktose (Milchzucker). Da diese während der Gärung von den Hefen nicht verarbeitet werden kann, verbleibt sie im Bier und gibt ihm einen süßlichen Geschmack. Diese Süße passt perfekt zu dem schokoladigen Aroma eines Stouts.

Verkostungsnotizen: Überraschend leicht, mit einem Hauch von Haselnuss, dunkler Schokolade und Milch; erster Anwärter für eine Kugel Vanilleeis.
★ **Land:** Irland ★ **Gebraut von:** Galway Bay Brewery
★ **Stil:** Milk Stout ★ **Farbe:** Dunkelbraun
★ **Alkoholgehalt:** 4,5 % ★ **Trinktemperatur:** 7–12 °C

🇮🇪 Guinness

Guinness wird weltweit geschätzt, ebenso wie in seiner irischen Heimat. Mit seiner unverwechselbaren hellbraunen Schaumkrone und dem mattschwarzen Körper gilt es als Mahlzeit im Glas – obwohl es kalorienärmer ist als viele Lagerbiere. Guinness ist berühmt für seinen außerordentlich cremigen Geschmack.

Verkostungsnotizen: Cremig-beigefarbene Schaumkrone mit Aromen von Kaffee, dunkler Schokolade und Zucker; die reine Wonne.
★ **Land:** Irland
★ **Gebraut von:** Guinness Brewery
★ **Stil:** Dry Stout
★ **Farbe:** Mattschwarz
★ **Alkoholgehalt:** 4,1 %
★ **Trinktemperatur:** 7–12 °C

🇮🇪 Metalman Pale Ale

Wie bei vielen Mikrobrauereien ging die Gründung von Metalman auf den Frust der Gründer über mangelnde Auswahl, Geschmack und immergleiche Biersorten zurück. Dieses amerikanische Pale Ale ist das einzige ständig produzierte Bier der Brauerei, daneben gibt es alle paar Wochen saisonale Sorten. Das Pale Ale hat einen relativ geringen Alkoholgehalt, dafür jedoch ein breites Spektrum an Zitrusfrüchten und tropischen Hopfensorten mit einem köstlichen bitteren Nachgeschmack. Das Bier passt perfekt zu Curry.

Verkostungsnotizen: Grapefruit und Dosenmandarinen vom Hopfen mit einem bitteren würzigen Abgang.
★ **Land:** Irland ★ **Gebraut von:** Metalman Brewing Co. ★ **Stil:** American Pale Ale
★ **Farbe:** Dunkles Goldgelb ★ **Alkoholgehalt:** 4,3 % ★ **Trinktemperatur:** 4–7 °C

Irland

🇮🇪 Murphy's Irish Stout

Unter irischen Biertrinkern schlicht als Murphy´s bezeichnet, gilt Murphy's Irish Stout als leichter und weniger bitter als sein berühmter Landsmann, das Guinness. Dennoch besitzt das Bier den lehrbuchreifen Abgang eines Dry Stout.

Verkostungsnotizen: Kräftige Noten von Schokolade und Kaffee erinnern an das Aroma eines Cappuccinos.
★ **Land:** Irland
★ **Gebraut von:** Heineken Irland
★ **Stil:** Dry Stout ★ **Farbe:** Schwarz
★ **Alkoholgehalt:** 4% ★ **Trinktemperatur:** 4–7°C

🇮🇪 Porterhouse Oyster Stout

Früher waren Austern billige Massenware und wurden zu Pasteten und Stews hinzugefügt, um diesen mehr Volumen zu verleihen. Austern und Stout passen großartig zusammen. Bei diesem Bier werden die Austern in den Gärtank gegeben, was dem Aroma einen pikanten Kick verleiht.

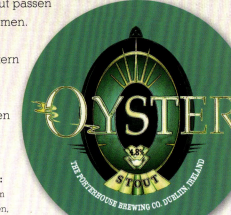

Verkostungsnotizen: Aroma von geröstetem Malz mit einem milden, salzigen, brotartigen Geschmack. Nichts für Vegetarier!
★ **Land:** Irland ★ **Gebraut von:** Porterhouse Brewing Co.
★ **Stil:** Oyster Stout ★ **Farbe:** Schwarz
★ **Alkoholgehalt:** 5,2% ★ **Trinktemperatur:** 8–13°C

🇮🇪 Trouble Brewing Dark Arts Porter

Trouble Brewing aus Kildare in der gleichnamigen Grafschaft braute seine ersten Biere 2010. Man benutzt ein auf Open-Source-Software basierendes Computersystem für die Kontrolle des Brauvorgangs und ist dadurch in der Lage, jedes Detail präzise umzusetzen. Dieses süffige Porter wird auf einen niedrigen Alkoholgehalt hin gebraut, wobei es ein intensives Aroma bewahrt und gut ausgewogen bleibt. Neben Dark Arts Porter kommen über das Jahr verteilte saisonale Besonderheiten auf den Markt. Übrigens ist dies die erste Brauerei in Irland, welche die Bezahlung in Bitcoins akzeptiert.

Verkostungsnotizen: Lang anhaltenes Aroma nach frischem Kaffee und bitterer Schokolade, ohne schwer zu sein; süffiges Porter.
★ **Land:** Irland ★ **Gebraut von:** Trouble Brewing ★ **Stil:** Porter
★ **Farbe:** Dunkelbraun ★ **Alkoholgehalt:** 4,4% ★ **Trinktemperatur:** 8–13°C

🏴󠁧󠁢󠁷󠁬󠁳󠁿 Brains Bitter

„Ein Pint Brains, bitte!" Das langjährige Flaggschiff der Brains Brewery verkauft sich mit einer Rate von zwölf Pints pro Minute. Daher verwundert es nicht, dass es das meistverkaufte Fassbier in ganz Wales ist. Es wird aus einer Mischung jener klassischen britischen Hopfensorten Goldings und Fuggles gebraut, die allerdings nicht in Kent, sondern im Landesinneren von Wales angebaut werden.

Verkostungsnotizen: Weiches fruchtiges Aroma nach Pfirsich und Apfel, kombiniert mit hellen brotartigen Malznoten.
* **Land:** Wales * **Gebraut von:** Brains
* **Stil:** Bitter * **Farbe:** Hellbraun
* **Alkoholgehalt:** 3,7 % * **Trinktemperatur:** 8–13 °C

🏴󠁧󠁢󠁷󠁬󠁳󠁿 Celt Experience Dark-Age

Früher zählte das Mild zu den beliebtesten Bierstilen in Wales, mit dem Einbruch des Kohlebergbaus änderte sich dies, weil die leichten Biere nämlich das bevorzugte Getränk der Bergleute waren. Die Wiederbelebung von Mild-Bieren durch die Craft-Beer-Bewegung hatte einen durchschlagenden Erfolg. Dieses hier hat einen leichten Körper, ist süß, bitter und wärmend.

Verkostungsnotizen: Milde Schokonote, süß, mit sehr leichtem Abgang; passt gut zu Schokodesserts.
* **Land:** Wales
* **Gebraut von:** Celt Experience
* **Stil:** Mild
* **Farbe:** Dunkelbraun
* **Alkoholgehalt:** 4 %
* **Trinktemperatur:** 8–13 °C

🏴󠁧󠁢󠁷󠁬󠁳󠁿 Celt Experience Ogham Willow Magestic IPA

Als immer mehr amerikanische IPAs gebraut wurden, gab man mehr Hopfen zu, die das Bier häufig unglaublich bitter machten. Um dem entgegenzuwirken, setzten die Brauereien mehr Malz ein, wodurch die Süße und in der Folge auch der Alkoholgehalt erhöht wurden – das Imperial oder Double IPA war geboren. Celt's Magestic IPA ist dafür ein hervorragendes Beispiel.

Verkostungsnotizen: Hohe Bittere aufgrund von Hopfensorten aus der Neuen Welt, ausgeglichen durch braunen Zucker.
* **Land:** Wales
* **Gebraut von:** Celt Experience
* **Stil:** Imperial IPA
* **Farbe:** Bernstein
* **Alkoholgehalt:** 8,8 %
* **Trinktemperatur:** 8–13 °C

WUSSTEN SIE SCHON?

Der irische Schutzheilige, St. Patrick, christianisierte Irland im 5. Jahrhundert. Dass er unter seinen Missionaren auch einen Braumeister hatte, war sehr hilfreich, denn er lockte die einheimischen Stammesfürsten mit seinem Bier.

🏴󠁧󠁢󠁷󠁬󠁳󠁿 Evan Evans CWRW

Die Familie Buckley begann 1767 mit dem Bierbrauen. Die Evan Evans Brewery in Llandeilo wird heute von Simon und James Buckley in der 7. und 8. Generation geführt, die immer noch die Fahne hochhalten für traditionelles walisisches Bier. Cwrw, das walisische Wort für Bier, ist mehrfach als Bestes Bitter ausgezeichnet worden.

Verkostungsnotizen: Malziges Rückgrat, vervollständigt durch ein sanftes, aber eindeutig erdiges Hopfenaroma.
★ **Land:** Wales ★ **Gebraut von:** Evan Evans
★ **Stil:** Bitter ★ **Farbe:** Bernstein
★ **Alkoholgehalt:** 4,2 % ★ **Trinktemperatur:** 8–13 °C

🏴󠁧󠁢󠁷󠁬󠁳󠁿 Felinfoel Double Dragon

In den 1830er-Jahren kaufte David John ein Pub in dem Dorf Felinfoel. Er braute sein eigenes Bier, wie die meisten Pubs in dieser Zeit. Der Unterschied? Sein Bier war wesentlich besser. Bald lieferte er es an alle Pubs der Umgebung und konnte sich ein eindrucksvolles Brauereigebäude am Fluss Lliedi errichten. Double Dragon wird heute noch dort gebraut.

Verkostungsnotizen: Reich an Karamell- und Malznoten im Geschmack mit einer leicht blumigen Hopfennote und einem dünnen Körper.
★ **Land:** Wales ★ **Gebraut von:** Felinfoel Brewery Co. ★ **Stil:** Bitter
★ **Farbe:** Bernstein ★ **Alkoholgehalt:** 4,2 % ★ **Trinktemperatur:** 8–13 °C

WUSSTEN SIE SCHON?

Die Felinfoel Brewery war die erste Brauerei außerhalb der USA, die 1931 Dosenbier abfüllte. Im Zweiten Weltkrieg war sie ein Hauptlieferant der Armee, da Dosen Raum und Gewicht einsparten.

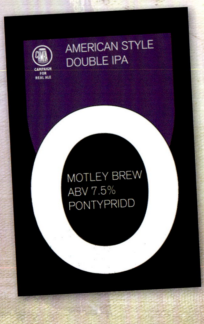

🏴󠁧󠁢󠁷󠁬󠁳󠁿 Otley Motley Brew

Die Otley Brewery hat sich die Flaschengärung zur Philosophie gemacht, und dieses Double IPA bildet keine Ausnahme. Wenn das Bier in die Flasche abgefüllt wird, lässt man die gesamte Hefe darin, sodass es in der Flasche weitergärt und -reift. Dabei wird Kohlendioxid gebildet, das für den Kohlensäuregehalt des Bieres sorgt. Es ist zu 100 % natürliche Qualität, die ein gutes Ale, ein „Real Ale", hervorbringt.

Verkostungsnotizen: Süßer Fruchtsalat, Orange, Grapefruit und ein Hauch von Kiefer.
★ **Land:** Wales ★ **Gebraut von:** Otley
★ **Stil:** Imperial IPA ★ **Farbe:** Trübes Bernstein
★ **Alkoholgehalt:** 7,5 % ★ **Trinktemperatur:** 4–7 °C

🏴󠁧󠁢󠁷󠁬󠁳󠁿 Tiny Rebel Hadouken

Tiny Rebel ist eine sehr moderne und erfolgreiche Brauerei in Wales. Hadouken wurde zusammen mit einer berühmten Craft-Beer-Bar in London gebraut und nach dem Vernichtungsschlag in einem der klassischen Arcade-Spiele aus den 1990ern benannt. Ein echtes, hopfiges amerikanisches IPA und eine von Tiny Rebels berühmtesten Kreationen.

Verkostungsnotizen: Auffälliges Aroma aus Karamell- und Biskuitmalz mit einem Gegengewicht aus kieferharzigem, öligem Hopfen.
* **Land:** Wales
* **Gebraut von:** Tiny Rebel Brewing Co.
* **Stil:** IPA * **Farbe:** Trübes Bernstein
* **Alkoholgehalt:** 7,4 %
* **Trinktemperatur:** 4–7 °C

🏴󠁧󠁢󠁷󠁬󠁳󠁿 Tomos Watkin OSB

1995 nach über einem Jahrhundert Stillstand wiederbelebt durch Simon Buckley, wurde Tomos Watkin rasch zu einer der am schnellsten wachsenden Marken in Wales. Buckley ging 2002, um Evan Evans zu eröffnen, während Tomos Watkin mittlerweile eine breite Palette an Biersorten braut, darunter auch OSB (Old Style Bitter).

Verkostungsnotizen: Leichtes Aroma aus Orange und grasigem Hopfen, das schnell einer Karamellnote weicht, mit öliger Textur.
* **Land:** Wales
* **Gebraut von:** Tomos Watkin
* **Stil:** Bitter
* **Farbe:** Helles Bernstein
* **Alkoholgehalt:** 4,5 %
* **Trinktemperatur:** 8–13 °C

🏴󠁧󠁢󠁷󠁬󠁳󠁿 Waen Blackberry Stout

Die absolute Krönung in einer spektakulären Palette von Bieren dieser jungen Mikrobrauerei, die in Llanidloes, Wales, beheimatet ist: Waen's Blackberry Stout hat bereits viele Preise gewonnen. Man erwartet von einem Bier mit so geringem Alkoholgehalt keinen überwältigenden Geschmack. Trotzdem wurde auch noch der letzte Tropfen Aroma aus den dunkel gerösteten Malzsorten und den saftigen Brombeeren herausgeholt, um den vollen Geschmack nach Kaffee und Schokolade sowie einen leichten Hauch von dunklen Beeren zu kreieren.

Verkostungsnotizen: Kaffee, Schokolade und eine beachtliche Menge an dunkler Brombeere; süffige Textur.
* **Land:** Wales
* **Gebraut von:** Waen Brewery
* **Stil:** Stout
* **Farbe:** Schwarzviolett
* **Alkoholgehalt:** 3,8 %
* **Trinktemperatur:** 8–13 °C

🇩🇪 Altenburger Schwarze

Die Altenburger Brauerei ist seit 1871 in Betrieb, und zwar an ihrem gegenwärtigen Standort in Altenburg-Kauerndorf. Altenburger Schwarze ist ein Schwarzbier mit der typisch tiefbraunen bis schwarzen Farbe, der geringen Süße und Bitterkeit sowie der leichten Fruchtigkeit. Die Aromen sind äußerst dezent, dadurch kann dieses süffige Bier in großen Mengen zu den Mahlzeiten getrunken werden. Um den vollen Geschmack zu genießen, trinkt man es am besten zu Laugenbrezen und Sauerkraut.

Verkostungsnotizen: Geschmack nach Brot, Noten von Schokolade, nussiges Aroma; weicher und leicht karamellartiger Abgang.
* **Land:** Deutschland
* **Gebraut von:** Altenburger
* **Stil:** Schwarzbier
* **Farbe:** Dunkelbraun
* **Alkoholgehalt:** 4,9 %
* **Trinktemperatur:** 8–13 °C

🇩🇪 Astra Urtyp

Ein beliebtes Bier im Hamburger Hafenviertel – Astra Urtyp ist sicherlich eines der ersten Biere, das Seeleute und Touristen genießen, wenn sie im Hamburger Hafen von Bord gehen. Es ist ein klassisches Lager im Pilsnerstil mit einem besonderen Markenzeichen: Seine Schaumkrone bleibt bis zum letzten Schluck. Ideal für den Start in den Abend.

Verkostungsnotizen: Noten von Getreidemalz, Heu und gebackenem Weißbrot; passt zu fast jeder Mahlzeit.
* **Land:** Deutschland
* **Gebraut von:** Carlsberg
* **Stil:** Pilsner
* **Farbe:** Mittelorange
* **Alkoholgehalt:** 4,9 %
* **Trinktemperatur:** 2–3 °C

WUSSTEN SIE SCHON?

Der römische Geschichtsschreiber Tacitus berichtet über die Bierabhängigkeit der frühen germanischen Stämme. Er behauptete, dass sie leichter zu besiegen seien, indem man ihnen viel zu trinken gibt, als durch Waffengewalt.

DAS DEUTSCHE REINHEITSGEBOT

„Gebraut nach dem deutschen Reinheitsgebot"

Diese Worte auf den Etiketten deutscher Biermarken gehen auf ein Reinheitsversprechen aus dem Jahr 1516 zurück; sie repräsentieren das älteste Lebensmittelgesetz, das heute noch Gültigkeit hat.

Das Reinheitsgebot wurde in Bayern eingeführt, um einen Standard für den Verkauf und die Zusammensetzung von Bier festzulegen. Die Qualitätsunterschiede waren groß, und die Brauereien nahmen zum Brauen, was sie hatten, einschließlich solch fragwürdiger Zutaten wie Bilsenkraut, Fliegenpilze, Brennnesseln und sogar Ruß.

Das bayrische Gebot legte fest, dass die einzigen Zutaten für das Brauen von Bier Wasser, Gerste und Hopfen sein durften. Anderes Bier wurde beschlagnahmt.

Als es 1871 zur Gründung des Deutschen Reiches kam, bestand Bayern darauf, dass das Reinheitsgebot auf das gesamte Reichsgebiet angewendet wird; es war eine Voraussetzung für seinen Beitritt. Die Regelung wurde auch von der ehemaligen deutschen Kolonie Südwestafrika (Namibia) und von Griechenland übernommen, dessen König Otto aus Bayern stammte.

In jüngerer Zeit wurden die Beschränkungen etwas gelockert, vor allem um ausländische Biere auf dem deutschen Markt zuzulassen. Dennoch legen die deutschen Brauereien nach wie vor großen Wert darauf, das Reinheitsgebot zu befolgen, gilt es doch als die beste Garantie für Qualität.

🇩🇪 Augustiner Helles

Augustiner-Bräu gehört zu den angesehensten Brauereien in Deutschland. Wenn man von Augustiner spricht, meint man im Allgemeinen das äußerst beliebte Helle (Pale Lager). Dieses Bier macht eine lange zweite Gärung durch, sodass sich sein erstklassiger Charakter von flüssigem Brot in seiner ganzen Fülle entwickeln kann. Ein sehr bekömmliches Helles.

Verkostungsnotizen: Reines flüssiges Brot! Backteigaroma dominiert die Nase, mit einem weichen, leicht bitteren Nachgeschmack.
* **Land:** Deutschland
* **Gebraut von:** Augustiner-Bräu München
* **Stil:** Helles * **Farbe:** Golden
* **Alkoholgehalt:** 5,2%
* **Trinktemperatur:** 4–6°C

🇩🇪 Ayinger Jahrhundert

Die Brauerei Ayinger kann auf ihren meisterhaften Brauprozess stolz sein. Im Bewusstsein, dass schon winzigste Temperaturunterschiede die Gewinnung von Zucker aus dem Malz beeinflussen können, benutzt man hier modernste Ausrüstung und Technik, um dieses ausgezeichnete Dortmunder Helle zu produzieren. Erstmals wurde es 1978 zum 100. Geburtstag der Brauerei Ayinger gebraut.

Verkostungsnotizen: Aroma von Brot, Malz und süßem Schwarzbrot, dazu Honig- und Getreidenoten
* **Land:** Deutschland
* **Gebraut von:** Ayinger
* **Stil:** Dortmund Helles
* **Farbe:** Strohgelb
* **Alkoholgehalt:** 5,2%
* **Trinktemperatur:** 4–6°C

Deutschland

🇩🇪 Beck's

Das deutsche Bier, das sich weltweit am besten verkauft, erkennt man auf den ersten Blick: Als erstes Bier wurde es in grüne Glasflaschen abgefüllt. Die Brauerei ist ein richtiges Kraftwerk: Beck's wird in ungefähr 90 Länder exportiert. Die größten Märkte sind Großbritannien und die USA. Der Schlüssel auf dem Logo ist dem Bremer Stadtwappen entlehnt.

Verkostungsnotizen: Leichte Malznote mit sehr dezentem Hopfenaroma; sehr süffig, entspanntes Geschmacksprofil.
✶ **Land:** Deutschland
✶ **Gebraut von:** Beck's
✶ **Stil:** Pale Lager
✶ **Farbe:** Golden
✶ **Alkoholgehalt:** 4,8 %
✶ **Trinktemperatur:** 1–2 °C

🇩🇪 Berliner Pilsner

Dies ist ein traditionelles deutsches Pilsner. Während tschechische Pilsner Saaz-Hopfen verwenden, um ein erdiges, krautiges Aroma zu erzielen, das stärker mit Malz ausgeglichen werden muss, zeichnen sich deutsche Pilsner durch leichtere Hopfensorten und härteres Wasser aus, woraus sich ein länger anhaltender, bitterer Abgang ergibt.

Verkostungsnotizen: Sehr erfrischend mit einem langen, bitteren Abgang; sehr leicht, viel Kohlensäure.
✶ **Land:** Deutschland
✶ **Gebraut von:** Berliner Kindl Schultheiss
✶ **Stil:** Pilsner
✶ **Farbe:** Golden
✶ **Alkoholgehalt:** 5 %
✶ **Trinktemperatur:** 3–5 °C

🇩🇪 Bitburger Premium Pils

„Abends Bit, morgens fit" war ein Slogan der Bitburger Brauerei im Rheinland (er wurde durch „Bitte ein Bit" abgelöst), der die zweifelhafte Botschaft implizierte, dass der Genuss von Bitburger nicht zu einem Kater führe. Bitburger besitzt ein leicht grasiges Hopfenaroma, eine weiche Note von geröstetem Malz und einen langen, trockenen, bitteren Abgang. Mit anderen Worten: Bitburger ist ein klassisches deutsches Pils mit 4,8 % Alkoholgehalt.

Verkostungsnotizen: Leichte Malz- und Hopfennote, leicht im Geschmack; sehr kalt servieren und vor dem Essen trinken.
✶ **Land:** Deutschland
✶ **Gebraut von:** Bitburger Braugruppe
✶ **Stil:** Pilsner
✶ **Farbe:** Hellgolden
✶ **Alkoholgehalt:** 4,8 %
✶ **Trinktemperatur:** 3–5 °C

🇩🇪 Diebels Pils

Obwohl die Diebels Brauerei 2005 über eine Million Hektoliter Bier produzierte, befindet sie sich seit 2001 auf Talfahrt – das liegt zum größten Teil an der schwindenden Nachfrage nach dem früheren Flaggschiff, dem kupferfarbenen Diebels Alt. 2005 brachte man ein Lager im Pilsnerstil auf den Markt, das sich mittlerweile zum Hauptprodukt entwickelt hat.

Verkostungsnotizen: Geröstetes Malz, Heunoten und ein leicht hopfiges Zitrusaroma, alles sehr gut ausgewogen.
* **Land:** Deutschland * **Gebraut von:** Brauerei Diebels
* **Stil:** Pilsner * **Farbe:** Klares Gelb
* **Alkoholgehalt:** 4,9 % * **Trinktemperatur:** 3–5 °C

🇩🇪 Erdinger Dunkel

Erdinger Dunkel ist ein großartiges Beispiel für ein dunkles Weizenbier aus Gersten- und dunklem Weizenmalz. Laut Reinheitsgebot von 1516 durfte nur Gerste als einziges Getreide zum Bierbrauen genommen werden – nur Weizenbier aus königlichen Brauereien bildete eine Ausnahme. Dies wurde in den 1870ern gelockert, und Brauereien wie Erdinger stellten auch Weizenbiere her.

Verkostungsnotizen: Geringe Spuren von gemalztem Weizen; kräftiges, süßes Bananenaroma.
* **Land:** Deutschland
* **Gebraut von:** Erdinger Weißbräu
* **Stil:** Dunkles Weizen
* **Farbe:** Dunkelbraun
* **Alkoholgehalt:** 5,3 %
* **Trinktemperatur:** 8–10 °C

🇩🇪 Flensburger Pilsener

Die Flensburger Brauerei ist immer noch im Besitz der beiden Familien Petersen und Dethleffsen, den Nachfahren der Gründer von 1888. Damals benötigten die Brauer große Eisblöcke, die man im Winter aus zugefrorenen Seen brach, um im Sommer die unterirdischen Lagerräume kühl zu halten. Heute wird Flensburger Pilsener bei Niedrigtemperaturen mit modernen Kühlmethoden vergoren.

Verkostungsnotizen: Ein sehr traditionelles deutsches Pils mit geringem Malz- und Hopfenprofil und einem langen, frischen Abgang.
* **Land:** Deutschland * **Gebraut von:** Flensburger Brauerei * **Stil:** Pilsner
* **Farbe:** Hellgelb * **Alkoholgehalt:** 4,8 % * **Trinktemperatur:** 3–5 °C

BIERKRÜGE

Bilder von biertrinkenden Deutschen zeigen unweigerlich einen schaumgekrönten Bierkrug. Die Trinkgefäße waren schon immer Teil der Trinkkultur des Landes und reichen zurück bis ins 14. Jahrhundert, als die Pest in Europa wütete. Damit krankheitsübertragende Flöhe keine Nahrungsmittel und Getränke infizierten, wurden in einigen deutschen Regionen Gesetze erlassen, nach denen Behältnisse für Nahrung einen Deckel haben müssen. So entstanden Zinnkrüge mit Deckeln.

Bierkrüge werden aus unterschiedlichen Materialien wie Ton, Glas, Zinn, Holz und sogar Silber hergestellt. Der klassische Bierkrug ist jedoch aus Steinzeug. Zunächst relativ einfache Humpen, wurden Bierkrüge im Lauf der Zeit immer aufwendiger verziert, wobei sie oft historische oder allegorische Szenen zeigten. Seit dem 19. Jahrhundert ist Glas das bevorzugte Material, doch auch Stein- und Tonkrüge werden nach wie vor in großen Stückzahlen hergestellt, allerdings überwiegend als Souvenirs und Sammlerstücke.

Der größte Bierkrug der Welt ist 1,2 Meter hoch und fasst 32 Liter; hergestellt wurde er von Zöller & Born und trägt die Aufschrift: „Wer diesen Humpen leeren kann, ist fürwahr ein ganzer Mann."

Obwohl der Bierkrug als typisch deutsch gilt, wurde der Weltrekord im Bierkrugtragen 2008 in Australien aufgestellt: von dem in Deutschland geborenen Reinhard Wurtz, der 20 Maßkrüge Bier 40 Meter weit trug.

🇩🇪 Franziskaner Hefe-Weissbier

Dies ist ein hervorragendes Beispiel für den leichten deutschen Weizenbierstil, der als Hefeweizen bezeichnet wird. Aus hellem Weizen- und Gerstenmalz gebraut, setzt sich das Hefearoma durch und entwickelt würzige Noten von Nelken und Früchten, vor allem Banane. Das Franziskaner Weissbier ist sowohl würzig als auch fruchtig.

Verkostungsnotizen: Banane, Nelken, leicht malzig; ein Hauch von Zitrus im Aroma.
★ **Land:** Deutschland
★ **Gebraut von:** Spaten-Franziskaner-Bräu
★ **Stil:** Hefeweizen
★ **Farbe:** Trübgelb
★ **Alkoholgehalt:** 5%
★ **Trinktemperatur:** 3–5°C

🇩🇪 Freiburger Pilsner

Freiburger Pilsner wird von der Brauerei Ganter in Freiburg hergestellt. Im Jahr 1944 wurde die Brauerei weitgehend durch Bombenangriffe zerstört. 1979 erfolgte der Wiederaufbau, und heute hat die Brauerei wieder ihre alte Stärke erreicht. Ihr Pilsner ist in deutscher Tradition von klassischer Leichtigkeit.

Verkostungsnotizen: Cracker, Honignoten und ein feines Aroma nach geröstetem Brot mit wenig Hopfenbittere.
★ **Land:** Deutschland
★ **Gebraut von:** Ganter Brauerei
★ **Stil:** Pilsner
★ **Farbe:** Gelb
★ **Alkoholgehalt:** 4,9%
★ **Trinktemperatur:** 3–5°C

🇩🇪 Früh Kölsch

Kölsch ist einer der interessanteren deutschen Bierstile. Es wird anfangs wie ein Ale vergoren, bei höheren Temperaturen zwischen 13 und 21 °C, und dann zur Kaltreifung kühl gelagert. Das Ergebnis vereint das Beste der beiden Stile Lager und Ale. Früh Kölsch hat eine hellgoldene Farbe, ein grasiges Hopfenaroma und einen leicht zitrussauren Hauch. Ein Bier von mittlerem Körper mit einem langen, bitteren Abgang, wie man ihn von einem guten Lager erwartet.

Verkostungsnotizen: Milde Malznote, grasige Hopfennoten und ein Geschmack nach süßem, brotartigem Mais; langer, bitterer Abgang.

- **Land:** Deutschland **Gebraut von:** Cölner Hofbräu
- **Stil:** Kölsch **Farbe:** Klares Gold
- **Alkoholgehalt:** 4,8 % **Trinktemperatur:** 3–5 °C

SNACKS ZUM BIER

Bier wird zwar häufig als „flüssiges Brot" bezeichnet, aber das heißt nicht, dass Biertrinker nicht noch gern etwas knabbern.

Der klassische deutsche Snack zu einem eiskalten Pils oder einem Weißbier ist die Breze, ein köstliches Laugengebäck und für sich allein bereits ein gehaltvoller Snack.

Obwohl sie inzwischen deutschlandweit und vor allem in Bayern überall erhältlich sind, vermutet man, dass die Breze erstmals im 7. Jahrhundert von italienischen Mönchen gebacken wurde, um Reste von Brotteig zu verwerten. Die Form des verdrillten Knotens soll angeblich die im Gebet überkreuzten Arme repräsentieren.

Auf dem Münchner Oktoberfest sind Brotfrauen zu sehen, die in den Bierzelten mit Körben von Tisch zu Tisch gehen und extragroße Brezen verkaufen; diese bilden eine ideale Grundlage, um das literweise konsumierte Bier aufzusaugen.

Eine weitere perfekte Ergänzung zu einem deutschen Bier bilden Wurst und Würstchen. Die Wurstvielfalt in Deutschland ist groß. An erster Stelle ist die Bockwurst zu nennen, die, wie der Name schon sagt, traditionell zu einem starken, malzigen Bockbier gegessen wird.

Weitere gern zu Bier verzehrte Wurstsorten sind Currywurst, Bratwurst und Frankfurter (Wiener). Serviert mit Kartoffel- oder Krautsalat, bilden sie die perfekte Ergänzung zum Bier.

🇩🇪 Hacker-Pschorr Hefe Weisse

Hacker-Pschorr verwendet 60 % Weizen- und 40 % Gerstenmalz für seine Maische. Nachdem der Zucker freigesetzt wurde, wird Hopfen zugegeben und das Ganze vergoren. Eine zweite Gärung erfolgt in der Flasche, die einen Bodensatz aus Hefen zur Folge hat. Deshalb sollte man das Bier vorsichtig einschenken.

Verkostungsnotizen: Milde Hefenote, Banane und ein Hauch von Zitrus und Gewürzen.
* **Land:** Deutschland
* **Gebraut von:** Hacker-Pschorr
* **Stil:** Hefeweizen
* **Farbe:** Trübes Gelb
* **Alkoholgehalt:** 5,5 %
* **Trinktemperatur:** 3–5 °C

🇩🇪 Hasseröder Premium Pils

Hasseröder steht an sechster Stelle unter den deutschen Brauereien. Dieses Bier ist ihr Flaggschiff, ein deutsches Premium Pils, das von der Brauerei als „ein Bier für Männer, ehrlich und stark" angepriesen wird. Es handelt sich um ein einfaches Lager, das man als erfrischenden Aperitif servieren sollte.

Verkostungsnotizen: Leichte Noten von Knäckebrot und Honig; prägnantes, trockenes Hopfenaroma.
* **Land:** Deutschland
* **Gebraut von:** Hasseröder Brauerei
* **Stil:** Pilsner
* **Farbe:** Hellgelb
* **Alkoholgehalt:** 4,8 %
* **Trinktemperatur:** 3–5 °C

🇩🇪 Hofbräu Münchner Weisse

Viele Jahre lang verbot das Reinheitsgebot, Weizenbier zu brauen, und die Regierung kontrollierte die Zugaben von Getreide. Allerdings durften einige Adelsfamilien diese Regeln brechen! Das Hofbräuhaus hatte etwa 200 Jahre ein Monopol auf Weizenbier in Bayern. Die hohe Qualität dieses Bieres zeugt von seiner Geschichte.

Verkostungsnotizen: Noten von Bananen, Nelken, Zitrusfrüchten und Weizenmalz, alles wunderbar ausgewogen.
* **Land:** Deutschland
* **Gebraut von:** Hofbräu München
* **Stil:** Hefeweizen
* **Farbe:** Trübes Gelb
* **Alkoholgehalt:** 5,1 %
* **Trinktemperatur:** 4–7 °C

WUSSTEN SIE SCHON?

Die Veltins-Arena des FC Schalke 04 besitzt eine Bierpipeline, welche die vielen Ausschankstellen verbindet und die durstigen Fußballfans an Spieltagen mit rund 52 000 Litern Bier versorgt.

DAS OKTOBERFEST

Weltweit gibt es Bierfeste, aber das Münchner Oktoberfest ist zweifellos das berühmteste von allen.

Jedes Jahr warten mehr als sechs Millionen Menschen sehnsüchtig auf das Ereignis, das auf Münchens Theresienwiese abgehalten wird. Es erstreckt sich über 16 bis 18 Tage, je nachdem, auf welchen Wochentag der Tag der Deutschen Einheit fällt, und beginnt immer Ende September.

Das Oktoberfest erinnert an die Feiern, die im Oktober 1810 aus Anlass der Vermählung von Kronprinz Ludwig von Bayern mit Prinzessin Therese von Sachsen-Hildburghausen abgehalten wurden. Um die Verbindung zu würdigen, wurde für die Münchner Bürger eine große Feier mit frisch gebrautem Bier veranstaltet.

Nach der Unterbrechung des Brauens im Sommer, während dem die für die Gärung nötigen niedrigen Temperaturen nicht erreicht und stattdessen der Frühlingsvorrat am sogenannten Märzen getrunken wurde, begann man im kühleren Herbst wieder mit dem Brauen.

Das Zusammentreffen einer königlichen Hochzeit mit dem frisch gebrauten Bier der neuen Saison war eine so erfolgreiche Kombination, dass die guten Münchner Bürger beschlossen, daraus

ein alljährlich stattfindendes Ereignis zu machen. Seit damals wurde jedes Jahr gefeiert, wobei es nur wenige Ausnahmen aufgrund von Krieg oder Choleraepidemien gab. 2013 wurde das Oktoberfest zum 180. Mal abgehalten.

Zur Vermählung von Kronprinz Ludwig wurde für die Münchner Bürger eine große Feier mit frisch gebrautem Bier veranstaltet.

Im Lauf der Jahre verschob sich der Beginn in den September, um das schöne Wetter am Ende des Sommers auszunutzen. Das Fest entwickelte sich schrittweise weiter, und so kam unter anderem ein Jahrmarkt hinzu. Es startet am dritten bzw. vierten Samstag im September um 12 Uhr mittags, wobei das erste Fass Bier vom Oberbürgermeister der Stadt München angestochen wird mit der traditionellen Ankündigung auf Bayrisch: „O'zapft is'!"

DAS OKTOBERFEST IN ZAHLEN

6,4 Millionen Besucher
400 Millionen Euro Einnahmen
7,4 Millionen Liter Bier
1000 Tonnen Abfall
1800 Toiletten
2500 verlorene Gegenstände
93 verlorene Kinder
2031 Eingriffe der Polizei
7 551 Hilfeleistungen durch das Rote Kreuz
638 Fälle von Alkoholvergiftung
508 958 verzehrte Brathähnchen, dazu …
115 015 Paar Würstchen
116 Ochsen am Spieß
85 Kälber am Spieß

Vor dem Anstich ziehen die Festwirte und Münchner Brauereien mit geschmückten Gespannen auf die Theresienwiese ein. Am Tag darauf marschieren rund 9000 Mitglieder von Trachten- und Schützenvereinen sowie Musikkapellen in historischen Gewändern durch die Stadt.

Auf dem Fest wird für die Besucher das offizielle Oktoberfestbier ausgeschenkt. Es muss dem Reinheitsgebot entsprechen und ist mit 6 % Alkoholgehalt etwas stärker als Normalbier. Das Bier muss außerdem innerhalb der Stadtgrenzen gebraut werden, und zwar von diesen sechs Brauereien: Spaten, Löwenbräu, Augustiner-Bräu, Hofbräu München, Paulaner und Hacker-Pschorr.

Das Oktoberfest startet am dritten bzw. vierten Samstag im September um 12 Uhr, wenn das erste Fass Bier vom Münchner Oberbürgermeister angestochen wird.

Die Gäste konsumieren das Festbier aus den großen 1-Liter-Maßkrügen; außerdem gibt es daneben kleinere Krüge („Halbe"). Ursprünglich ein dunkles Märzen, wurde das Oktoberfestbier zunehmend leichter und zeigt heute eine goldene Farbe.

ANDERE BIERFESTE

The Great British Beer Festival, London
CAMRAs Messe für Real Ale

The Great American Beer Festival, Denver, Colorado
Das größte Craft-Beer-Fest in Amerika

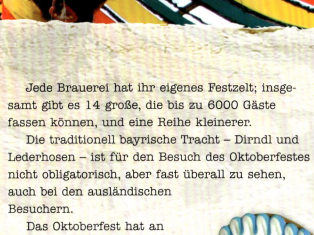

Jede Brauerei hat ihr eigenes Festzelt; insgesamt gibt es 14 große, die bis zu 6000 Gäste fassen können, und eine Reihe kleinerer.

Die traditionell bayrische Tracht – Dirndl und Lederhosen – ist für den Besuch des Oktoberfestes nicht obligatorisch, aber fast überall zu sehen, auch bei den ausländischen Besuchern.

Das Oktoberfest hat an die 2000 Ableger in der ganzen Welt hervorgebracht. Trotzdem gibt es nur ein Original.

Belgisches Bierwochenende, Brüssel
Ein Fest zu Ehren des belgischen Bieres

Pilsner Fest
Pilsen, die Heimat des Lagers, feiert seit 200 Jahren alljährlich ein Fest.

Internationales Bierfest Qingdao
In Chinas Heimat des Tsingtao-Bieres wird in den beiden letzten Augustwochen ein Strandfest veranstaltet.

🇩🇪 Holsten Pilsener

Holsten Pilsner, gebraut nach dem Reinheitsgebot, kam 1953 auf den deutschen Markt. Seit damals hat sich das Unternehmen ständig vergrößert, und heute gehören Holsten sieben deutsche Brauereien. Der Name Holsten stammt von einem ehemaligen sächsischen Volksstamm, der in der heute als Holstein bezeichneten norddeutschen Region angesiedelt war.

Verkostungsnotizen: Noten von Knäckebrot, Zerealien und leichte erdige, pfefferige Hopfennoten.
✱ **Land:** Deutschland
✱ **Gebraut von:** Holsten Brauerei
✱ **Stil:** Pilsener
✱ **Farbe:** Hellgelb
✱ **Alkoholgehalt:** 4,8 %
✱ **Trinktemperatur:** 3–5 °C

🇩🇪 Jever Pilsener

Das Wort Lager für einen Bierstil ist im Deutschen weniger gebräuchlich. Es leitet sich von der langen Reifungszeit ab, die Lagerbiere traditionell durchlaufen. Im Fall von Jever Pilsener dauert diese volle 90 Tage. Das Wort „herb" auf dem Etikett bedeutet trocken, bitter und bezeichnet ein besonders hopfiges Pilsner.

Verkostungsnotizen: Krautiges Hopfenaroma mit einem leichten, biskuitartigen Malzgeschmack; passt sehr gut zu Salat.
✱ **Land:** Deutschland
✱ **Gebraut von:** Jever ✱ **Stil:** Pilsner
✱ **Farbe:** Hellgelb
✱ **Alkoholgehalt:** 4,9 %
✱ **Trinktemperatur:** 3–5 °C

WUSSTEN SIE SCHON?

Bei dem Trinkspiel „Stiefeltrinken" wird der Reihe nach aus einem stiefelförmigen Glas getrunken. Sinkt das Bier aus der Spitze in den Schaft, muss man durch gleichmäßiges Drehen des Glases verhindern, dass einem das Bier ins Gesicht schießt; andernfalls muss man die nächste Runde bezahlen.

🇩🇪 König Pilsener

In den Duisburger Lokalen liebevoll als „KöPi" bezeichnet, zählt König Pilsener seit 1911 in Deutschland zu den wichtigsten Biermarken. Der Pilsnerstil des Golden Lager – 1842 in Pilsen, Böhmen, begründet – kam anfangs in Deutschland nur schleppend voran. Heutzutage ist Pilsner dagegen der meistgetrunkene Bierstil in ganz Deutschland.

Verkostungsnotizen: Frisch-fruchtiges Aroma mit Noten von geröstetem Brot, Blumen und Getreide; buttriger Geschmack, wenig Kohlensäure.
✱ **Land:** Deutschland
✱ **Gebraut von:** König Brauerei
✱ **Stil:** Pilsner ✱ **Farbe:** Gelb
✱ **Alkoholgehalt:** 4,9 %
✱ **Trinktemperatur:** 3–5 °C

🇩🇪 Kostritzer Schwarzbier

Die Köstritzer Schwarzbierbrauerei ist schon lange für ihr Schwarzbier berühmt – das erste fand 1543 urkundliche Erwähnung. Der Stil war nahezu ausgestorben, aber als die Bitburger Brauerei 1991 Köstritzer aufkaufte, wurde er wiedereingeführt. Es passt zu geräucherter Schweinelende oder zu Käsesorten mit gewaschener Rinde.

Verkostungsnotizen: Kräftiges Aroma nach geröstetem Malz und Beeren, leicht rauchig; all das findet sich auch im Geschmack wieder, mit einem pfeffrigen Hintergrund.
* **Land:** Deutschland
* **Gebraut von:** Köstritzer Schwarzbierbrauerei
* **Stil:** Schwarzbier
* **Farbe:** Schwarz
* **Alkoholgehalt:** 4,8 %
* **Trinktemperatur:** 4–7 °C

🇩🇪 Krombacher Pils

Die Krombacher Brauerei stellt dieses Pilsner auf genau die gleiche Art her wie seit Beginn des 20. Jahrhunderts. Sie wurde 1898 an Otto Eberhardt verkauft, und Krombacher Pils war als Flaggschiff für das Wohlergehen der Firma verantwortlich. Seit 1922 führt die Familie Schradenberg die Brauerei als Familienunternehmen.

Verkostungsnotizen: Frische Zitrusnoten, leichte Kohlensäure und eine gesunde Dosis an süßem Getreide und Zerealien.
* **Land:** Deutschland
* **Gebraut von:** Krombacher Brauerei
* **Stil:** Pilsner
* **Farbe:** Golden
* **Alkoholgehalt:** 4,8 %
* **Trinktemperatur:** 3–5 °C

🇩🇪 Löwenbräu Original

Löwenbräu Biere wurden auf jedem einzelnen Münchner Oktoberfest seit 1810 ausgeschenkt. Zusammen mit fünf anderen in München ansässigen Brauereien produziert Löwenbräu neben seiner üblichen Palette ein spezielles Oktoberfestbier. Dennoch bleibt das interessanteste Bier von Löwenbräu das Original, ein Helles, das im Einklang mit dem berühmten Reinheitsgebot von 1516 gebraut wird. Die Brauerei hat seine Spur bis ins Jahr 1524 zurückverfolgt, daher trinken Sie einen kleinen Teil deutsche Braugeschichte, wenn Sie ein Löwenbräu Original öffnen.

Verkostungsnotizen: Trockene Hopfennote mit einem leicht malzigen Hintergrund und einer zarten weißen Schaumkrone; ein klassisches deutsches Helles.
* **Land:** Deutschland * **Gebraut von:** Löwenbräu München
* **Stil:** Helles * **Farbe:** Hellgelb
* **Alkoholgehalt:** 5,2 % * **Trinktemperatur:** 3–5 °C

Deutschland

IM BIERGARTEN

Im sommerlichen Deutschland besuchen viele Gäste einen schattigen Biergarten, um ein oder zwei Gläser Bier zu genießen. Diese Außenbereiche von Gastwirtschaften findet man inzwischen nicht nur in Bayern, sondern deutschlandweit. Sie bilden einen hübschen Platz, um sich zu entspannen und Bier und Speisen zu genießen, doch ursprünglich verfolgten Biergärten einen anderen, äußerst praktischen Zweck. Die bayrischen Brauereien pflanzten auf ihrem Grund Schatten spendende Rosskastanien oder Linden an, um ihre darunterliegenden Bierkeller in den heißen Sommermonaten kühl zu halten. Deutsche Biere erfordern eine längere Lagerungszeit, in der das Bier bei niedrigen Temperaturen reift, und in Zeiten vor der maschinellen Kühlung war das ein genialer Einfall, um den Boden kühl zu halten.

Brauereien verkauften ihr Bier dann direkt an die Kundschaft und stellten Tische und Bänke in die Gärten. Da sie keine Lebensmittel verkaufen durften, brachten die Gäste ihre eigenen Brotzeiten mit – eine Praxis, die sich in Bayern bis heute erhalten hat.

Viele Biergärten sind über 200 Jahre alt, allein in München gibt es 180, darunter auch den größten Biergarten der Welt: Der Königliche Hirschgarten ist ein ehemaliges Jagdschloss, das heute 8000 Leuten Platz bietet. Im Herzen der Münchner Innenstadt liegt dagegen der schöne Biergarten am Viktualienmarkt.

🇩🇪 Lübzer Pils

Alle Pilsner-Biere sind untergärig, das heißt, die beim Brauen verwendete Hefe sinkt während der Fermentation auf den Boden des Gärbottichs und hat damit so gut wie keinen Kontakt zur Luft. Die lange Gärungszeit bringt mehr Kohlensäure hervor und gibt dem Bier eine wunderbare, lang anhaltende Schaumkrone. Genießen Sie Lübzer Pils zu leichten Gerichten.

Verkostungsnotizen: Süßes, lieblliches Getreidearoma, krautige Hopfennote und eine lang anhaltende Bittere im Abgang.
★ **Land:** Deutschland
★ **Gebraut von:** Mecklenburgische Brauerei Lübz
★ **Stil:** Pilsner
★ **Farbe:** Hellgolden
★ **Alkoholgehalt:** 4,9 %
★ **Trinktemperatur:** 3–5 °C

🇩🇪 Maisel's Weisse Original

Eine der stolzesten Braufamilien in Deutschland. Die Brauerei wurde 1887 von zwei Brüdern gegründet und ist bis heute in Familienbesitz, was größtenteils dem fantastischen Hefeweizen geschuldet ist: Maisel's Weisse Original. Es ist eines der urtypischen Beispiele für den Stil Hefeweizen, der durch die beiden Hauptaromakomponenten Hefe und Weizen definiert ist.

Verkostungsnotizen: Noten von Banane, Kaugummi, Vanille und Nelken; ein sehr erfrischendes Getränk bei heißem Wetter.
★ **Land:** Deutschland
★ **Gebraut von:** Brauerei Gebrüder Maisel
★ **Stil:** Hefeweizen
★ **Farbe:** Trübes Goldgelb
★ **Alkoholgehalt:** 5,4 %
★ **Trinktemperatur:** 3–5 °C

WUSSTEN SIE SCHON?

Eine durch die Hitze stark beschädigte, aber noch verschlossene Flasche Löwenbräu, die 1937 aus dem Wrack des Luftschiffs Hindenburg geborgen wurde, erbrachte 2009 auf einer Auktion die Rekordsumme von 16000 US-Dollar für eine Flasche Bier.

🇩🇪 Oettinger Hefeweißbier

Viele Bierpuristen behaupten, ein Bier darf sich nur dann Hefeweizen nennen, wenn im Brauprozess der Hefestamm Torulaspora delbrueckii verwendet wurde. Es handelt sich dabei um einen ganz speziellen Hefestamm, der die Bananen-, Kaugummi- und Nelkenaromen weitergibt, die dieses Weizenbier von Oettinger prägen.

Verkostungsnotizen: Noten von leicht würziger Banane, Kaugummi und Nelken sowie kohlensäurehaltigem Weizenmalz im Abgang..
★ **Land:** Deutschland
★ **Gebraut von:** Oettinger Brauerei
★ **Stil:** Hefeweizen
★ **Farbe:** Trübes Goldgelb
★ **Alkoholgehalt:** 4,9%
★ **Trinktemperatur:** 3–5°C

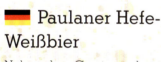

🇩🇪 Paulaner Hefe-Weißbier

Neben dem Gerstenmalz wird für diese Maische ein sehr helles Weizenmalz verwendet, durch das sich das Hefearoma wesentlich kräftiger entfalten kann als bei anderen Bierstilen. Die Zitrusaromen des Paulaner Hefe-Weißbiers liefern einen starken Kontrast zu Fleischgerichten wie Wiener Schnitzel und Würstchen.

Verkostungsnotizen: Leicht cremiges Vanillekaramell mit Bananenaromen und einem Hauch von Gewürzen
★ **Land:** Deutschland
★ **Gebraut von:** Paulaner Brauerei
★ **Stil:** Hefeweizen
★ **Farbe:** Trübes Orange
★ **Alkoholgehalt:** 5,5%
★ **Trinktemperatur:** 3–5°C

🇩🇪 Paulaner Salvator

Eines der ältesten Biere aus der Paulaner Brauerei. Das Wort „Salvator" ist lateinisch für „Retter, Erlöser". Man vermutet, dass die Paulanermönche, welche die Brauerei gründeten, dieses Starkbier in der Fastenzeit statt fester Nahrung zu sich nahmen. Das Rezept hat sich seit Bruder Barnabas nur wenig verändert; der berühmteste Paulanermönch braute es erstmals im 18. Jahrhundert.

Verkostungsnotizen: Ausgeprägtes Malzaroma mit Spuren von Honig, Karamell und Brotteig.
★ **Land:** Deutschland
★ **Gebraut von:** Paulaner Brauerei
★ **Stil:** Doppelbock
★ **Farbe:** Trübes Braun
★ **Alkoholgehalt:** 7,9%
★ **Trinktemperatur:** 8–10°C

Deutschland

WUSSTEN SIE SCHON?

Der Guinness-Weltrekord für die meisten Bierkrüge, die eine Frau über eine Strecke von 40 m tragen kann, wurde 2008 von Anita Schwarz aus Bayern aufgestellt: Beim Überqueren der Ziellinie trug sie 19 Maßkrüge mit einem Gesamtgewicht von 43,4 kg.

🇩🇪 Plank Dunkler Weizenbock

Stark, dunkel und mit viel dunklem Weizenmalz gebraut: Das Malzaroma steht bei diesem Weizenbock im Mittelpunkt. Obwohl man dem Weizenbock-Bierstil häufig einen hohen Gehalt an Estern nachsagt, die für den fruchtigen Geschmack verantwortlich sind, geht es bei Michael Planks vollwertiger Version um das Getreidemalz in einem sehr weichen, seidigen Bier.

Verkostungsnotizen: Brot- und Pfeffernoten mit Spuren von Rosinen und gerösteten Pekannüssen;
★ **Land:** Deutschland
★ **Gebraut von:** Brauerei Michael Plank
★ **Stil:** Weizenbock ★ **Farbe:** Dunkelrot
★ **Alkoholgehalt:** 7,5 %
★ **Trinktemperatur:** 8–10 °C

🇩🇪 Radeberger Pilsner

Dieses klassische Pils weist eine bemerkenswerte Geschichte auf. 1887 vom ersten deutschen Reichskanzler Otto von Bismarck zum „Kanzlerbräu" gekürt, wurde das Bier 1905 auch zum Lieblingsgetränk von König Friedrich August III. von Sachsen. Zu Beginn des 21. Jahrhunderts jedoch bekam das Bier weniger adlige Anhänger – es wurde das Lieblingsbier für Charlie aus der Serie „Two and a Half Men", gespielt von Charlie Sheen. Trotzdem bleibt es ein fantastisches Beispiel für ein gutes Pilsner.

Verkostungsnotizen: Süffiges Malzaroma, süße Noten von geröstetem Getreide mit einem leicht butterigen Abgang.
★ **Land:** Deutschland ★ **Gebraut von:** Radeberger Exportbierbrauerei
★ **Stil:** Pilsner ★ **Farbe:** Gelb
★ **Alkoholgehalt:** 4,8 % ★ **Trinktemperatur:** 3–5 °C

🇩🇪 Aecht Schlenkerla Rauchbier Märzen

Berühmt unter deutschen Bierliebhabern ist das Schlenkerla Märzen für sein scharfes Aroma. Das Gerstenmalz wird nämlich geräuchert, bevor man es zur Maische hinzugibt. Aromen, die an Schinken erinnern, sind das Ergebnis, wobei es nicht viele gibt, die diesen Geschmack beim ersten Schluck zu schätzen wissen. In Bamberg heißt es, man muss erst sein eigenes Körpergewicht an Rauchbier getrunken haben, bis man entscheiden kann, ob es einem schmeckt oder nicht.

Verkostungsnotizen: Schinken-, Rauch- und süßes Malzaroma; versuchen Sie mal, eine Bratwurst vor dem Grillen 10 Minuten in diesem Bier zu kochen.
✶ **Land:** Deutschland
✶ **Gebraut von:** Heller-Bräu
✶ **Stil:** Rauchbier ✶ **Farbe:** Dunkelbraun
Alkoholgehalt: 5,1 % ✶ **Trinktemperatur:** 8–10 °C

🇩🇪 Schneider Aventinus

Der Archetyp eines Weizenbocks: Schneider braut dieses starke, dunkle Weizenbier seit 1907. Es hat seinen Namen von dem Historiker Johannes Aventinus aus dem 16. Jahrhundert. Schneider erhielt 1872 das Recht, Weizenbier zu brauen. Davor durften nur die königliche Familie und einige wenige Brauer mit einer speziellen Erlaubnis Weizen beim Bierbrauen einsetzen – eine Zutat, die laut Reinheitsgebot verboten war. Schneider hat Weizenbier vor dem Aussterben bewahrt.

Verkostungsnotizen: Noten von Pflaumen und reifen Bananen, Gewürzen und Rosinen.
✶ **Land:** Deutschland
✶ **Gebraut von:** G. Schneider & Sohn
✶ **Stil:** Weizenbock
✶ **Farbe:** Dunkelbraun
Alkoholgehalt: 8,2 %
✶ **Trinktemperatur:** 8–10 °C

GOSE: DAS BIER, DAS AUS DEM ABGRUND ZURÜCKKAM

Zwischen all den Pilsner- und Weizenbieren geht eine regionale Spezialität fast unter: Gose. Es ist ein saures Weizenbier, das seit dem 16. Jahrhundert im niedersächsischen Goslar gebraut wurde – daher auch sein Name. Da man für den Brauprozess salzhaltiges Wasser aus dem lokalen Grundwasser nahm, hat das Bier einen salzigen Geschmack. Traditionell wird es mit Koriander aromatisiert, außerdem erwirken die für die Gärung eingesetzten Milchsäurebakterien einen einzigartigen säuerlich-herben Zitrusgeschmack.

Das Bier wurde zum Lieblingsgetränk der Leipziger, im Jahr 1900 gab es 80 Gose-Kneipen in der Stadt. Das beliebter werdende Pilsner verdrängte Gose immer mehr, und bald nach dem Zweiten Weltkrieg wurde die kommerzielle Produktion in Leipzig eingestellt, das nun in der DDR lag.

1980 entschloss sich jedoch ein Barbesitzer vor Ort, den Bierstil wiederzubeleben, und so kehrte das vom Aussterben bedrohte Bier schrittweise

wieder zurück. Heutzutage wird es von mehreren deutschen Brauereien produziert, darunter auch von der Gasthaus & Gosebrauerei Bayerischer Bahnhof in Leipzig. Damit es nicht zu sauer schmeckt, kann man es mit Kirsch- oder Himbeersirup verfeinern.

Gose ist außerdem in der amerikanischen Craft-Beer-Szene aufgetaucht. Seine Komplexität ist eine besondere Herausforderung für moderne Brauer, und es gibt zahlreiche Varianten von Upright Brewing, Portsmouth Brewery und Cascade Brewing.

🇩🇪 Spaten Oktoberfest

Spaten-Franziskaner-Bräu, eine von sechs Brauereien, die das Bier für das Münchner Oktoberfest liefern, braut dieses Märzen im Frühling, damit es bis zum Herbst reifen kann. Der Spaten ist ein Werkzeug, mit dem alle Brauer vertraut sind, da sie jeden Tag Tonnen von Malz damit bewegen. Dieses Oktoberfestbier ist ein hervorragendes Beispiel für ein großartiges Märzen.

Verkostungsnotizen: Sehr aromatisches Lager; die süße brotige Malznote weicht einem frischen, klaren Nachgeschmack mit einem Hauch von Gewürzen.
* **Land:** Deutschland
* **Gebraut von:** Spaten-Franziskaner-Bräu
* **Stil:** Märzen
* **Farbe:** Gelb
* **Alkoholgehalt:** 5,9 %
* **Trinktemperatur:** 4–5 °C

🇩🇪 Spezial Rauchbier Märzen

Bamberg ist für seine Rauchbiere berühmt. Man sagt sogar, dass beim Versuch, ein echtes Pilsner in Bamberg zu brauen, der dortige Rauch den Geschmack beeinflusse. Die Brauerei Spezial behandelt ihr Malz ordentlich mit Rauch, bevor es der Maische zugesetzt wird. Das Ergebnis ist ein pfefferiges Bier mit ausgeprägten lederartigen Noten.

Verkostungsnotizen: Noten von rauchigem Leder, Pfeffer und Karamell, dazu ein leichter Hauch von Orange und Walnuss.
* **Land:** Deutschland
* **Gebraut von:** Brauerei Spezial
* **Stil:** Rauchbier
* **Farbe:** Dunkles Kupfer
* **Alkoholgehalt:** 5,3 %
* **Trinktemperatur:** 8–10 °C

🇩🇪 Veltins Pilsener

Seit die Brauerei 1824 als Gasthaus unter dem Namen Franz Kramer erstmals geöffnet hatte, begann der Erfolgskurs. 1852 kaufte die Familie Veltins die Brauerei; heute wird sie von Susanne Veltins geleitet. Das Flaggschiff ist das im klassischen deutschen Stil gebraute Pilsner, eines der zehn bestverkauften Biere des Landes.

Verkostungsnotizen: Noten von süßem Malz, geröstetem Getreide und ein butteriges Aroma; lang anhaltende Bittere im Nachgeschmack.
* **Land:** Deutschland
* **Gebraut von:** Brauerei C. & A. Veltins
* **Stil:** Pilsner
* **Farbe:** Gelb
* **Alkoholgehalt:** 4,8 %
* **Trinktemperatur:** 3–5 °C

HERVORRAGEND SEIT 1040

Bier gibt es seit Tausenden von Jahren; die offiziell älteste Brauerei ist dagegen noch recht jung. Deutschland – genau genommen Bayern – mit seiner Biertradition beansprucht für sich, die Heimat der ältesten Brauerei mit durchgängigem Braubetrieb zu sein. Ursprünglich war die Brauerei Weihenstephan eine Klosterbrauerei der Benediktinermönche, die 1040 von der Stadt Freising das Braurecht erhielt. Dokumente von 768, weisen sogar auf eine noch viel ältere Brautradition hin.

Als das Kloster samt Brauerei 1803 säkularisiert wurde, ging die Eigentümerschaft auf das damalige Kurfürstentum Bayern über. Im 20. Jahrhundert entstand eine Kooperation der Bayerischen Staatsbrauerei Weihenstephan mit der Universität München, die sich sowohl auf die Produktion als auch auf das Studium von Bier bezieht. Die Brauerei produziert Weizen, Pils und Bock und schloss sich 2010 mit Samuel Adams aus Boston, Massachusetts, zusammen, um Infinium zu brauen, ein 10,3-%iges Bier im Champagner-Stil.

Warsteiner
Premium Verum

Verkostungsnotizen: Sehr leichtes Aroma mit einem Profil von Mais, Malz und grasigen Hopfensorten; kalt genossen ein großartiger Aperitif.
★ **Land:** Deutschland ★ **Gebraut von:** Warsteiner Brauerei
★ **Stil:** Pilsner ★ **Farbe:** Hellgelb
★ **Alkoholgehalt:** 4,8 % ★ **Trinktemperatur:** 3–5 °C

Die größte Privatbrauerei Deutschlands, Warsteiner, ist seit den 1750ern im Besitz der Familie Cramer. Sie ist auch heute noch ein sehr erfolgreiches Unternehmen mit Catharina Cramer an der Spitze. Ihr beliebtestes Produkt ist das erfrischende Premiumpils, gebraut mit 100 % natürlichem Quellwasser und dem besten Malz aus zweireihiger Sommergerste.

WUSSTEN SIE SCHON?

Im mittelalterlichen Bayern konnte der Bürgermeister einen Bierwettkampf anordnen, um einen Streit zu schlichten; die betroffenen Parteien tranken drei Stunden lang, und wer bis zum Ende durchhielt, war der Sieger.

🇩🇪 Weihenstephaner Hefeweissbier

Alte Dokumente von 768 erwähnen einen Hopfengarten in der Nähe von Freising in Bayern. Viele sehen darin einen Beweis, dass Weihenstephan, wo sich das Kloster Weihenstephan befindet, Heimat der ältesten noch aktiven Brauerei ist. Wie dem auch sei: Sicher ist auf jeden Fall die Qualität des Weihenstephaner Hefeweißbiers – ein fantastisches trübes deutsches Hefeweizen.

Verkostungsnotizen: Noten von Banane, Pfeffer und ein Hauch von Orange; passt hervorragend zu Weißwurst.
* **Land:** Deutschland * **Gebraut von:** Bayerische Staatsbrauerei Weihenstephan
* **Stil:** Hefeweizen * **Farbe:** Trübes Gelb * **Alkoholgehalt:** 5,4 % * **Trinktemperatur:** 3–5 °C

🇩🇪 Weihenstephaner Pilsner

Selbst die älteste Brauerei der Welt muss gewissen Trends folgen. Doch solange man dieselbe Sorgfalt und Aufmerksamkeit auf das Brauen des allgegenwärtigen Pilsner verwendet wie auf den Rest der historischen Biere, wird sie ihren guten Ruf behalten. Ein perfekt abgerundetes Pilsner im traditionellen Stil.

Verkostungsnotizen: Brauwürze, leichte Karamellnoten und ein Hauch von Honig und Zitrone.
* **Land:** Deutschland
* **Gebraut von:** Bayerische Staatsbrauerei Weihenstephan
* **Stil:** Pilsner
* **Farbe:** Hellgelb
* **Alkoholgehalt:** 5,1 %
* **Trinktemperatur:** 3–5 °C

🇩🇪 Wernesgrüner

Die Wernesgrüner Brauerei wurde 1436 von der Familie Schorer zunächst als Gastwirtschaft gegründet, in der man nur ein einziges Bier ausschenkte. Sie wechselte im Lauf der Jahrhunderte viele Male den Besitzer und übernahm relativ früh den Pilsnerstil, der dem Unternehmen großen Erfolg brachte. Das Bier wurde später zu Wernesgrüner Pils Legende. Ein leichtes, spritziges, und erfrischendes Pilsner.

Verkostungsnotizen: Ausgewogene Honigmalz- und Maisaromen, zarte Hopfennoten
* **Land:** Deutschland * **Gebraut von:** Wernesgrüner Brauerei * **Stil:** Pilsner
* **Farbe:** Hellgelb * **Alkoholgehalt:** 4,9 % * **Trinktemperatur:** 3–5 °C

Deutschland

🇧🇪 Abbaye Des Rocs Brune

Steakliebhaber in aller Welt können sich freuen! Das Brune von Abbaye Des Rocs kann durchaus mit Rotwein konkurrieren, wenn es um den passenden Begleiter für ihr Lieblingsgericht geht. Das fruchtige, holzige, vollmundige Bier hat Körper und eine kräftige dunkle Farbe. Die Braumeister kreierten ein solch komplexes Aroma, indem sie sieben Malz- und drei verschiedene Hopfensorten verwendeten. Eines der meistunterschätzten Biere in Belgien.

Verkostungsnotizen: Dunkle Früchte, Eichenholz und Karamellaromen; passt gut zu dunklem, blutigem Fleisch.
★ **Land:** Belgien
★ **Gebraut von:** Abbaye Des Rocs
★ **Stil:** Belgisches Strong Ale
★ **Farbe:** Tiefrot
★ **Alkoholgehalt:** 9 %
★ **Trinktemperatur:** 8–13 °C

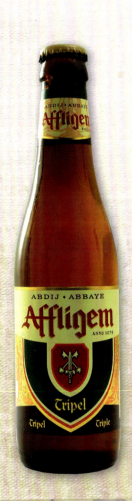

🇧🇪 Affligem Tripel

Das kleine flämische Dorf Opwijk ist die Heimat dieses luxuriösen Tripels im Stil eines Abteibiers. Affligem Tripel erhält eine zweite Gärung in der Flasche: Es reift nach der Abfüllung weiter, und die Aromen können sich dadurch weiterentwickeln. Trotz des hohen Alkoholgehalts ist es immer noch eine fantastische Erfrischung.

Verkostungsnotizen: Zuckerwatte, Banane und Rohrzucker; passt gut zu Schinkenplatte und Brie.
★ **Land:** Belgien ★ **Gebraut von:** Brouwerij Affligem ★ **Stil:** Tripel
★ **Farbe:** Helles Bernstein ★ **Alkoholgehalt:** 9,5 % ★ **Trinktemperatur:** 8–10 °C

🇧🇪 Belle-Vue Kriek

Selbst für Bierskeptiker ist Kriek, das auch als Kirschlambic bezeichnet wird, sehr gut trinkbar. Dank der einladenden, äußerst fruchtigen Farbe und dem Gleichgewicht zwischen Süß und Sauer könnte man fast glauben, man trinke einen besonders spritzigen Fruchtsaft. Gebraut mit ganzen Kirschen, ist Belle-Vue Kriek ein Bier, das jeder genießen kann.

Verkostungsnotizen: Sauerkirschen, Zitrone und ein scharfer, den Mund zusammenziehender Abgang.
* **Land:** Belgien * **Gebraut von:** Belle-Vue * **Stil:** Kriek
* **Farbe:** Dunkelrot * **Alkoholgehalt:** 5,2 %
* **Trinktemperatur:** 4–7 °C

🇧🇪 Blanche de Bruxelles

Blanche de Bruxelles ist ein Weizenbier im belgischen Stil, auch als Witbier oder Weißbier bekannt. Es unterscheidet sich von deutschen Weizenbieren, da belgische Brauereien weitere Inhaltsstoffe neben Malz, Hopfen, Wasser und Hefe verwenden dürfen. Für Blanche de Bruxelles wird eine Mischung aus Weizen- und Gerstenmalz verwendet, dazu kommen Koriander und Orangenschalen.

Verkostungsnotizen: Leicht, prickelnd und sehr erfrischend, mit Noten von Zitrone und einem Hauch von Gewürzen; passt hervorragend zu Muscheln und Pommes frites.
* **Land:** Belgien
* **Gebraut von:** Brasserie Lefèbvre
* **Stil:** Witbier * **Farbe:** Trübes Gelb
* **Alkoholgehalt:** 4,5 % * **Trinktemperatur:** 4–7 °C

WUSSTEN SIE SCHON?

Das belgische Biermuseum in Lustin, südlich von Namur gelegen, zeigt mehr als 20 000 Flaschen und 18 000 Gläser von belgischen Bieren, außerdem Bierdeckel, Aschenbecher, Poster und Bierannoncen.

🇧🇪 Kriek Boon

Während einige saure Kirschlambics durch zusätzlich Süße zugänglicher gemacht werden, ist Kriek Boon ein eher „seriöses" Bier. Mit einem feineren und dennoch komplexeren Aroma hält es die Säure bei etwas weniger Zucker zurück. Dennoch sehr süffig – besonders gut passt es zu dunkler Schokolade oder zu Vanilleeis –, aber sicherlich ein Bier für den erfahreneren Lambic-Liebhaber.

Verkostungsnotizen: Saure Aromen nach Bauernhof mit Noten von süßen Schwarzkirschen und Zitronensaft.
* **Land:** Belgien * **Gebraut von:** Brouwerij Boon
* **Stil:** Kriek * **Farbe:** Dunkelrot
* **Alkoholgehalt:** 4 % * **Trinktemperatur:** 4–7 °C

🇧🇪 Brugse Zot

Brugse Zot ist der Urtyp eines belgischen Blonde und das einzige Bier, das im Zentrum von Brügge sowohl gebraut wird als auch heranreift. Es ist ein erfrischendes Pale Blonde Ale, dessen Etikett einen liebevollen Tribut an die Einwohner von Brügge zollt – das einst von Kaiser Maximilian von Österreich „als ein einziges großes Narrenhaus" bezeichnet wurde. Das erklärt die wörtliche Übersetzung: die Brügger Narren.

Verkostungsnotizen: Leicht zitronig, mit Noten von Gewürzen und Orange sowie eine lange, abgesetzte Malzsüße.
- ★ **Land:** Belgien
- ★ **Gebraut von:** Huisbrouwerij De Halve Maan
- ★ **Stil:** Blonde
- ★ **Farbe:** Golden
- ★ **Alkoholgehalt:** 6%
- ★ **Trinktemperatur:** 4–7°C

🇧🇪 Cantillon Kriek

Für ein belgisches Kriek nimmt man ein 18 Monate altes Lambic, gibt eine große Menge Kirschen hinzu und wartet, bis die natürlichen Hefen mit der Vergärung des Fruchtzuckers beginnen und für das entsprechende Aroma sorgen. Cantillon Kriek wird auf herkömmliche Weise mit Eichenfässern und jahrzehntelangem Know-how gemacht.

Verkostungsnotizen: Aroma nach saurem Zitronensaft, Sauerkirschen und dezentem Bauernhof; passt sehr gut zu Schwarzbrot mit Quark.
- ★ **Land:** Belgien
- ★ **Gebraut von:** Cantillon
- ★ **Stil:** Kriek ★ **Farbe:** Kirschrot
- ★ **Alkoholgehalt:** 5%
- ★ **Trinktemperatur:** 4–7°C

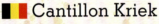

🇧🇪 Celis White

Pierre Celis, ein Milchmann aus dem Dorf Hoegaarden, belebte in den 1960ern das belgische Weizenbier oder Witbier neu. Sein Rezept enthielt Koriander und Orangenschale. Nach einem Brand verkaufte er seine Brauerei an AB InBev (heute Besitzer von Hoegaarden), siedelte nach Austin, Texas, über und kreierte Celis White. Er übertrug dieser Brauerei das Recht, das Bier in Belgien zu produzieren.

Verkostungsnotizen: Frisches grasiges Weizenaroma mit Noten von Orangenschale und Koriander; passt hervorragend zu Meeresfrüchten.
- ★ **Land:** Belgien
- ★ **Gebraut von:** Brouwerij Van Steenberge
- ★ **Stil:** Witbier
- ★ **Farbe:** Trübes Goldgelb
- ★ **Alkoholgehalt:** 5%
- ★ **Trinktemperatur:** 4–7°C

WUSSTEN SIE SCHON?

In Belgien sind sechs der acht Trappistenbrauereien Europas beheimatet: Chimay, Orval, Rochefort, Westmalle, Westvleteren und Achel. Sie sind bekannt und berühmt für ihr Ale, das nach jahrhundertealten Methoden gebraut wird.

🇧🇪 Chimay Bleue

Ein Trappistenbier muss innerhalb der Mauern eines Klosters gebraut werden, das zur Bruderschaft der Trappisten gehört. Zudem müssen die Erlöse aus allen Verkäufen der Gemeinde oder anderen gemeinnützigen Projekten vor Ort zugutekommen. Mönche der Abtei Notre-Dame de Scourmont nahe Chimay begannen 1862 mit dem Bierbrauen. Die Palette reicht von Chimay Rouge, das innerhalb eines Jahres getrunken werden sollte, bis hin zu Chimay Bleue, dem berühmtesten und höchstbewerteten Bier, das jahrelang reifen kann.

Verkostungsnotizen: Malziges Karamell, alkoholgetränkte Rosinen und karamellisierter Apfel mit geringer Bittere; reift mit zunehmendem Alter.

★ **Land:** Belgien ★ **Gebraut von:** Chimay
★ **Stil:** Belgisches Strong Ale
★ **Farbe:** Schlammiges Braun
★ **Alkoholgehalt:** 9% ★ **Trinktemperatur:** 8–10°C

🇧🇪 Corsendonk Pater

Der Name bezieht sich auf das Priorat Corsendonk (1398–1784), das in den 1960ern als Hotelkomplex wiederaufgebaut wurde. Der Abteibierstil „Dubbel" steht normalerweise für ein starkes Brown Ale. Dieses Beispiel ist äußerst komplex aufgrund seiner Mischung verschiedener Hopfen- und Malzsorten; die weniger angesprochenen Hefearomen lassen das Malz im Mittelpunkt stehen.

Verkostungsnotizen: Leicht würzig, Karamellmalz mit ausgeprägtem fruchtigem Aroma; passt zu gebratenem Wild.

★ **Land:** Belgien
★ **Gebraut von:** Brasserie Du Bocq
★ **Stil:** Abteibier Dubbel
★ **Farbe:** Rostbraun
★ **Alkoholgehalt:** 7,5%
★ **Trinktemperatur:** 8–10°C

🇧🇪 De Dolle Stille Nacht

Von vielen als Weihnachtsbier bezeichnet, ist De Dolle Stille Nacht allemal ein fabelhaftes Bier. Es hat eine ungewöhnlich dichte Textur aufgrund der langen Kochzeit (fünf Stunden) und dem zugesetzten Kandiszucker. Außerdem trifft man auf eine interessante Säure, die sich während der Reifung des Bieres entwickelt. Lagern Sie das Bier ein oder zwei Jahre lang im Keller.

Verkostungsnotizen: Süße Zuckerwatte, saure Hefe; die Hopfenbittere wird ausgeglichen; ein perfektes Aromadreieck.

★ **Land:** Belgien
★ **Gebraut von:** De Dolle Brouwers
★ **Stil:** Belgisches Strong Ale
★ **Farbe:** Trübes Braun
★ **Alkoholgehalt:** 12%
★ **Trinktemperatur:** 8–10°C

🇧🇪 De Koninck

Nicht alle belgischen Biere sorgen mit hohem Alkoholgehalt und einer ungesunden Schwere für einen Brummschädel am nächsten Tag, zum Beispiel De Koninck. Gebraut aus Gerstenmalz, Wasser, Hopfen und Hefe, ist es ein zu 100 % natürliches Produkt mit Tschechischem Saaz-Hopfen.

Verkostungsnotizen: Süffig mit süßen Malznoten, leichter Säure und einem leicht bitteren Abgang durch den Hopfen.
- ★ **Land:** Belgien
- ★ **Gebraut von:** De Koninck
- ★ **Stil:** Belgisches Ale
- ★ **Farbe:** Dunkles Kupfer
- ★ **Alkoholgehalt:** 5,2 %
- ★ **Trinktemperatur:** 4–5 °C

DAS PASSENDE GLAS ZUM BIER

Für jedes belgisches Bier gibt es das maßgeschneiderte Glas, und man erwartet von einer Bar, dass sie dieses auch vorrätig hat.

Der Kelch wird häufig für Trappistenbiere wie beispielsweise das Chimay benutzt. Er hat eine dicke Wand und einen abgesetzten Boden, damit sich eine Schaumkrone entwickeln kann. Tulpen- und eine Art Cognacgläser werden ebenfalls gern für belgisches Bier benutzt, um das Aroma voll auszukosten. Weizenbiere wie etwa Hoegaarden werden in robusten Weizengläsern serviert.

Wahrscheinlich das berühmteste belgische Bierglas ist das Pauwel-Kwak-Glas mit seinem hölzernen Ständer. In manchen Bars wurden die Gäste dazu aufgefordert, einen Schuh als Pfand hinter der Theke zu hinterlegen. Wahrscheinlich erhielt es seine besondere Form im 18. Jahrhundert, um es an einer Haltevorrichtung direkt am Kutschbock anzubringen, da es den Kutschern nicht gestattet war, bei einem Stopp ihre Kutsche zu verlassen.

Die Tradition seltsam geformter Gläser setzt sich fort mit Mea Culpa, einem belgischen Pale Ale, das dafür kreiert wurde, in einem eleganten Kelch serviert zu werden. Diesen ziert ein seitlich angebrachter Griff in Form eines Schwanenhalses.

Auch wenn es nach Marketing schreit, Befürworter eines passenden Glases schwören, dass ein Bier im richtigen Glas besser schmeckt.

🇧🇪 De Ryck Arend Tripel

Ein Mutter-Tochter-Team findet man selten in der Brauereiwelt. Die Brauerei De Ryck ist schon seit mehreren Generationen in Familienbesitz und wird von An De Ryck geführt. Hier gibt es eine tolle Palette an Biersorten. Das Arend Tripel ist sehr gut ausgewogen mit einem prachtvollen süßsauren Aroma.

Verkostungsnotizen: Aroma von Alkohol und Früchten, dazu ein süßsaurer und würziger Geschmack.
★ **Land:** Belgien
★ **Gebraut von:** Brouwerij De Ryck
★ **Stil:** Abteibier Tripel
★ **Farbe:** Trübgolden
★ **Alkoholgehalt:** 8 %
★ **Trinktemperatur:** 4–7 °C

🇧🇪 Delirium Tremens

Die weiß gesprenkelte Flasche ist ein besonderes Markenzeichen. Innen wartet eine meisterlich feine, aber sehr potente Mischung aus würzigen Äpfeln und drei spritzigen Hefesorten, sobald Sie den Deckel öffnen. Das Bier erhielt 1998 die Goldmedaille bei der World Beer Championship, und es ist seinem Ruf vollkommen gerecht geworden.

Verkostungsnotizen: Apfel, Orange und Grapefruit in der Nase, mit einem scharfen Zitrusgeschmack; passt sehr gut zu stark gewürzten Meeresfrüchten.
★ **Land:** Belgien ★ **Gebraut von:** Brouwerij Huyghe
★ **Stil:** Belgisches Strong Ale ★ **Farbe:** Trübes Gelb
★ **Alkoholgehalt:** 8,5 % ★ **Trinktemperatur:** 4–7 °C

WUSSTEN SIE SCHON?

Die belgische Brauerei Ellezelloise braut ein erstklassiges russisches Stout, das nach dem berühmten belgischen Detektiv Hercule Poirot benannt ist – Poirot trank aber niemals Bier, sondern Kräutertee und Johannisbeerlikör.

🇧🇪 Duvel

Dieses starke Golden Pale Ale wird in über 40 Länder weltweit exportiert. Der Name stammt vom flämischen Wort „Duvel", was Teufel heißt. Sicherlich besitzt Duvel eine teuflische Seite, da es trotz seiner 8,5 % Alkohol sehr süffig ist – was es in der Tat zu einem gefährlichen Bier macht. Trinken Sie es maßvoll!

Verkostungsnotizen: Weich, erfrischend, mit einem trockenen Abgang; passt zu cremigen Käsesorten.
★ **Land:** Belgien ★ **Gebraut von:** Duvel Moortgat ★ **Stil:** Belgisches Strong Ale
★ **Farbe:** Hellgelb ★ **Alkoholgehalt:** 8,5 % ★ **Trinktemperatur:** 4–5 °C

🇧🇪 Fantôme

Die Brasserie Fantôme braut mehrere Saisonbiere. Der Bierstil wurde eingeführt, damit Landarbeitern im Sommer Bier zum Trinken hatten; deshalb waren Saisonbiere traditionell sehr erfrischend, mit kräftigen erdigen und krautigen Noten, die sich aus der Hefe entwickelten. Fantômes Flaggschiff ist ein Tribut an diesen Bierstil, wird aber etwas stärker gebraut – nicht nur in Bezug auf den Alkoholgehalt, sondern auch in Bezug auf sein intensives Aroma und seine ausgeprägte Säure.

Verkostungsnotizen: Kräftiges Pfirsich-, Erdbeer- und Bitterorangenaroma mit einer ausgeprägten Säure.
- ★ **Land:** Belgien
- ★ **Gebraut von:** Brasserie Fantôme
- ★ **Stil:** Saisonbier
- ★ **Farbe:** Trübes Gelb
- ★ **Alkoholgehalt:** 8 %
- ★ **Trinktemperatur:** 4–7 °C

🇧🇪 Grimbergen Blonde

Die Norbertiner Abtei in Grimbergen nördlich von Brüssel wurde 1128 gegründet. Im Lauf der Jahrhunderte wurde sie mehrmals durch Feuer zerstört und wieder aufgebaut; daher der Phönix als Logo. Nur die beste Gâtinais-Gerste wird für die Maische verwendet, da das Hopfenprofil sehr leicht ist. Ein wunderbarer Hefegeschmack rundet dieses Bier ab.

Verkostungsnotizen: Leichtes Zitrusfruchtaroma und ein Hauch von Gewürz aus der Hefe; cremige, schnell zusammenfallende Schaumkrone.
- ★ **Land:** Belgien
- ★ **Gebraut von:** Alken-Maes
- ★ **Stil:** Belgisches Blonde
- ★ **Farbe:** Hellgelb
- ★ **Alkoholgehalt:** 6,7 %
- ★ **Trinktemperatur:** 3–5 °C

🇧🇪 Gulden Draak

Belgische Brauereien sind für ihre Experimentierfreude und Innovationsbereitschaft bekannt. Für Gulden Draak (goldener Drache) wird bei der sekundären Gärung eine Weinhefe eingesetzt – sie sorgt für ein einzigartiges Aroma und vielfältige Einsatzmöglichkeiten beim Kochen. Geben Sie mal eine Flasche zu einer Sauce bordelaise oder zu einem kräftigen Eintopf dazu.

Verkostungsnotizen: Sehr süß, mit Noten von Beeren, Hefe und Alkohol; trockener, hopfiger Abgang.
- ★ **Land:** Belgien
- ★ **Gebraut von:** Brouwerij Van Steenberge
- ★ **Stil:** Belgisches Barley Wine
- ★ **Farbe:** Dunkelbraun
- ★ **Alkoholgehalt:** 10,5 %
- ★ **Trinktemperatur:** 8–10 °C

DIE KLÖSTER

Seit dem Mittelalter widmen sich Klöster dem Bierbrauen; es war eine gute Möglichkeit, für den Unterhalt des Klosters zu sorgen und zugleich die Gemeinde vor Ort zu unterstützen.

So geschieht es bis heute noch in den bestehenden acht Trappistenbrauereien Belgiens, der Niederlande und Österreichs, deren Mönche einige der hervorragendsten Biere auf dem Markt produzieren.

Trappisten sind ein Zweig der Zisterzienser, der sich im 17. Jahrhundert vom Hauptorden abspaltete, um ein stärker kontemplativ ausgerichtetes Leben zu führen. Der Name stammt von der Abtei La Trappe in der Normandie, die 1664 mit der Einführung erster Reformen begann.

Bier war aus mehreren Gründen ein wichtiger Bestandteil mönchischen Lebens. Im Mittelalter war die Wasserqualität nicht immer gut, daher war gebrautes Bier als tägliches Getränk besser geeignet. Zudem fanden Reisende in Klöstern Unterkunft, Speise und Trank, und Bier war ein gut verkäufliches Produkt. Trappistenmönche zählten zu den aktivsten Brauern.

Im Lauf der Jahre erwarben die Mönche ein beeindruckendes Wissen über das Brauen, darunter auch die Fähigkeit, stärkeres Bier zu produzieren. Zwar konnte man den Alkoholgehalt nicht messen, aber ihnen fiel auf, dass man Bier durch doppelte oder dreifache Zutatenmengen stärker machen konnte. Das führte zum namengebenden System von Enkel, Dubbel, Tripel und Quadrupel, das Biere anzeigt, deren Alkoholgehalt zunimmt.

Trappistenbiere wurden immer beliebter in Belgien, wo die meisten bierbrauenden Klöster beheimatet sind, vor allem als 1919 Spirituosen aus den Bars verbannt wurden. Wer nach einem stärkeren Getränk suchte, wechselte zu den Trappistenbieren mit hohem Alkoholgehalt. Allerdings führte dies dazu, dass auch andere Brauereien ihre eigenen „Trappistenbiere" lancierten. Diese wurden nicht nach den Regeln der Trappisten gebraut, und 1962 wurde ein Brauer aus Gent angeklagt, weil er sein Bier als Trappistenbier verkauft hatte.

1997 gründeten die Trappistenklöster von Belgien (Orval, Chimay, Westvleteren, Rochefort, Westmalle und Achel), Koningshoeven in den Niederlanden und Mariawald in Deutschland die International Trappist Association (ITA) mit dem Ziel, die Bezeichnung „Trappist" zu schützen. Trappistenklöster dürfen auf ihren Bierflaschen ein Logo verwenden, um die Echtheit zu garantieren.

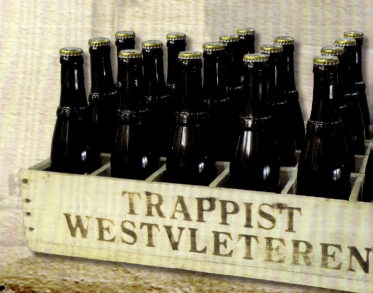

Seit Einführung der ITA-Kennzeichnung werden Nichttrappistenbiere auch als Abteibiere bezeichnet.

Das Bier muss innerhalb der Klostermauern gebraut werden, entweder von den Mönchen selbst oder unter ihrer Kontrolle. Der ökonomische Zweck der Brauerei muss auf Wohltätigkeit und nicht auf finanziellen Gewinn ausgerichtet sein.

Im Lauf der Jahre erwarben die Mönche ein beeindruckendes Wissen über das Brauen, unter anderem wie man stärkeres Bier braut.

Diese Regeln beziehen sich auf die Art der Bierproduktion, nicht aber auf den Bierstil. Dementsprechend gibt es unterschiedliche Bierstile unter den Trappistenbieren. Die meisten sind obergärig und reifen in der Flasche weiter, allerdings reicht die Palette von Blonde über Amber bis hin zu Dark Ale.

Auch der Alkoholgehalt variiert, obwohl die meisten Trappistenbiere stärker als Normalbier sind. Rochefort 10 hat beispielsweise 11,3 % Alkohol. Manchmal brauen die Klöster auch das sogenannte Patersbier mit geringerem Alkoholgehalt, das für die Mönche selbst bestimmt ist.

Die letzte Trappistenbrauerei erhielt ihre ITA-Aufnahme erst 2012. Stift Engelszell in Österreich wurde im 13. Jahrhundert gegründet, dann jedoch im 18. Jahrhundert vom Kaiser aufgelöst. Im 20. Jahrhundert erfolgte die Neugründung, und vor Kurzem wurde mit dem Bierbrauen begonnen, nachdem sich das Kloster mit einem örtlichen Familienbetrieb zusammengeschlossen hatte, der Brauerei Hofstetten. Zunächst produziert man zwei Biere, für die jeweils der klostereigene Honig verwendet wird.

Stift Engelszell wird sicher nicht die letzte Trappistenbrauerei sein, da auch andere Klöster ihre Anstrengungen auf diesem Sektor verstärken. Abdij Maria Toevlucht in den Niederlanden wird ein kupferfarbenes Blonde brauen, während die Abtei St. Joseph in Massachusetts darauf hofft, das erste Trappistenbier in den USA herzustellen.

🇧🇪 Jupiler

Die Belgier überwanden in der zweiten Hälfte des 20. Jahrhunderts die Dominanz des Pale Lagers. Traditionelle Methoden und Bierstile setzten sich durch. Jupiler ist so etwas wie die Ausnahme von der Regel, es wurde das meistverkaufte Bier in Belgien laut Angaben des Markeneigentümers AB InBev. Manchmal ist eben ein einfaches frisches Lager alles, was man braucht.

Verkostungsnotizen: Erfrischende, kohlensäurehaltige, helle Malzsorten; im Abgang trocken und nur leicht bitter.
★ **Land:** Belgien ★ **Gebraut von:** Brasserie Piedboeuf ★ **Stil:** Pale Lager
★ **Farbe:** Golden ★ **Alkoholgehalt:** 5,2 % ★ **Trinktemperatur:** 3–5 °C

🇧🇪 Pauwel Kwak

Dieses fruchtige belgische Ale wird in einem speziellen Glas mit eigenem Ständer serviert – den viele Leute einfach mitgehen ließen. Um dieses Problems Herr zu werden, baten manche Schankwirte ihre Gäste um die Schuhe als Pfand, bevor sie ihnen Glas und Ständer aushändigten. Sie wurden in einen Korb geworfen, der dann außer Reichweite unter die Decke gezogen wurde.

Verkostungsnotizen: Jede Menge Karamellmalz, geröstete Nüsse und ein Hauch von Gewürzen; passt perfekt zu würzigem Kebab.
★ **Land:** Belgien ★ **Gebraut von:** Brouwerij Bosteels
★ **Stil:** Belgisches Strong Ale ★ **Farbe:** Bernstein
★ **Alkoholgehalt:** 8,1 % ★ **Trinktemperatur:** 8–10 °C

🇧🇪 La Chouffe

Stark, perlend und trotzdem süffig – La Chouffe wurde seit seiner Markteinführung 1982 zum Publikumsliebling. Gebraut im grünen Herzen der belgischen Ardennen, ist es einfach, die Flasche zu erkennen, da jedes Etikett einen vorwitzigen Kobold zeigt – eine Lieblingsfigur in vielen Mythen und Legenden der Ardennen. La Chouffe ist das Aushängeschild der Brauerei, und wie viele belgische Ales ist es gefährlich süffig, und das trotz seines hohen Alkoholgehalts.

Verkostungsnotizen: Zarter Duft nach Äpfeln, Orangen und blumigem Hopfen; extrem perlender, aber dennoch weicher Abgang.
★ **Land:** Belgien ★ **Gebraut von:** Brasserie d'Achouffe ★ **Stil:** Belgisches Strong Ale
★ **Farbe:** Hellorange ★ **Alkoholgehalt:** 8 % ★ **Trinktemperatur:** 4–7 °C

🇧🇪 Leffe Brune

Die Abtei Leffe überstand viele Katastrophen, wurde aber nach der Französischen Revolution aufgegeben. Anfang des 20. Jahrhunderts kehrten die Mönche zurück, mussten aber während der beiden Weltkriege weitere Rückschläge hinnehmen. In den 1950ern entschied der Abt, aufgrund der finanziellen Probleme des Klosters die alten Brautraditionen wiederaufzunehmen, und erteilte einer örtlichen Brauerei die Lizenz, unter dem Namen Leffe Bier zu brauen.

Verkostungsnotizen: Köstliche Aromen nach Kaffee, Vanille, Nelken und wuchtigem Karamellmalz; passt zu karamellisierter Zwiebelsuppe.
- **Land:** Belgien
- **Gebraut von:** AB InBev
- **Stil:** Abteibier Dubbel
- **Farbe:** Dunkelbraun
- **Alkoholgehalt:** 6,5 %
- **Trinktemperatur:** 5–6 °C

🇧🇪 Liefmans Goudenband

Liefmans Goudenband reift bis zu 12 Monate in riesigen offenen Bottichen; anschließend wird es mit einer jüngeren Version geimpft, um die Gärung wieder in Gang zu setzen. Sie können es viele Jahre einlagern, da es bereits abgelaufen ist. Sauerbier ist ein spezielles Produkt: erfrischend, komplex, aber auch gewöhnungsbedürftig im Geschmack.

Verkostungsnotizen: Saurer Rhabarber, Kirschen und brauner Zucker; ein empfindlicher Gaumen schmeckt vielleicht holzige Noten heraus; sauer im Abgang.
- **Land:** Belgien
- **Gebraut von:** Liefmans
- **Stil:** Flämisch Braun
- **Farbe:** Dunkelbraun
- **Alkoholgehalt:** 8 %
- **Trinktemperatur:** 5–6 °C

WUSSTEN SIE SCHON?

Klosterbrauereien durften keinen Hopfen verwenden, da ihn die Kirche als die „Frucht des Teufels" verdammt hatte. Wahrscheinlich erfolgte der Bann, weil viele Bischöfe das Monopol auf das „Gruit oder Grut" (Kräuter und Gewürze) hatten, das stattdessen verwendet wurde.

🇧🇪 Lindemans Pécheresse

Lambic-Biere reifen in flachen, offenen Bottichen, damit natürliche Hefen aus der Luft eindringen, und die Gärung beginnt. Fruchtlambics werden anschließend mit frischen Früchten, meist Kirschen, gekocht. Beim Pécheresse verleihen Pfirsiche dem Bier einen unvergesslichen erfrischenden Fruchtgeschmack.

Verkostungsnotizen: Lebhafte Pfirsicharomen, stark saurer Geruch und ein perlender, erfrischender Nachgeschmack.
- ★ **Land:** Belgien
- ★ **Gebraut von:** Lindemans
- ★ **Stil:** Fruchtlambic
- ★ **Farbe:** Golden
- ★ **Alkoholgehalt:** 2,5 %
- ★ **Trinktemperatur:** 4–5°C

WUSSTEN SIE SCHON?

In Belgien werden über 800 Biere produziert; daher überrascht es nicht, dass die erste Bierakademie der Welt 1999 in Herk-de-Stad in der belgischen Provinz Limburg eröffnet wurde.

🇧🇪 Malheur Bière Brut

Malheurs Champagnerbiere trifft man außerhalb Belgiens leider nur selten an. Man verwendet dieselben Methoden wie bei der Champagnerherstellung, das heißt, das Bier wird vergoren und in die Flasche abgefüllt, wo es eine zweite Gärung durchläuft. Anschließend wird durch Remuage und Degorgieren die verbleibende Hefe entfernt, bevor das Bier in eine dickwandige Glasflasche umgefüllt wird. Die zweite Gärung in der Flasche verleiht dem Champagner (und auch dem Malheur Bière Brut) sein typisches Prickeln.

Verkostungsnotizen: Aroma nach Pfirsich, Gartenfrüchten und saurer Hefe, wunderbar kombiniert, um einen ziemlich hohen Alkoholgehalt zu überdecken.
- ★ **Land:** Belgien ★ **Gebraut von:** Malheur ★ **Stil:** Champagnerbier
- ★ **Farbe:** Golden ★ **Alkoholgehalt:** 11 % ★ **Trinktemperatur:** 4–7°C

🇧🇪 Mort Subite Gueuze

Gueuze zählt zu den belgischen Bieren, deren Geschmack überrascht. Dabei wird junges, noch nicht vollständig vergorenes mit älterem Lambic-Bier vermischt, wobei die Hefen des jungen Bieres eine zweite Gärung in der Flasche auslösen. Die Zugabe von Hopfen dient der Konservierung und weniger dazu, Aroma und Geschmack zu verbessern. Dieses Beispiel von Mort Subite (plötzlicher Tod) ist nahezu perfekt.

Verkostungsnotizen: Weinessig, Äpfel, Cidre und saure Früchte dominieren; passt zu Lachs mit Frischkäse.
★ **Land:** Belgien ★ **Gebraut von:** Alken-Maes ★ **Stil:** Gueuze
★ **Farbe:** Trübes Gelb ★ **Alkoholgehalt:** 4,5 % ★ **Trinktemperatur:** 4–7°C

🇧🇪 Orval

Die Abtei Orval gehört zum Trappistenorden; ihr Orval ist etwas Besonderes. Die Flasche gleicht einem Kegel einer 10-Kegel-Bowlingbahn. Die trübe Färbung und die große Schaumkrone heben es ebenfalls hervor, doch der beste Teil ist der wunderbar ausgewogene, trockene, hopfige Abgang – das Ergebnis von Orvals besonderen Hefen, die im Reifungsprozess mit speziellen Techniken des Hopfenstopfens kombiniert werden. Orval gilt als erstklassiges Bier, das mit dem Alter immer besser wird.

Verkostungsnotizen: Lang anhaltende, cremige Schaumkrone mit Zitrone in der Nase und Banane im Mund; passt zu gebratener Ente mit Honig.
★ **Land:** Belgien ★ **Gebraut von:** Brasserie d'Orval ★ **Stil:** Trappistenbier
★ **Farbe:** Kupfer ★ **Alkoholgehalt:** 6,2 % ★ **Trinktemperatur:** 8–10°C

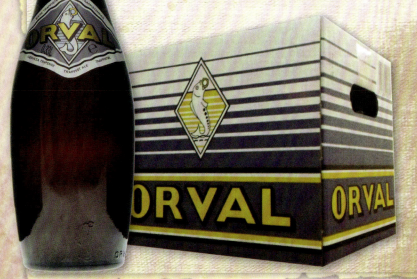

WUSSTEN SIE SCHON?

Der niederländische Einfluss auf belgisches Bier zeigt sich in den verwendeten Kräutern, die einst aus Ostindien importiert wurden – Belgien gehörte zu den Niederlanden, bis in den 1830ern eine Revolution ausbrach, die sich teils an der Biersteuer entzündete.

🇧🇪 Rochefort 8

Rochefort 8 wurde verkauft, um die Mönche der Abtei Notre-Dame de Saint Rémy zu unterstützen. Es macht rund 80 % der Brauereiproduktion aus und hat weltweit viele Fans. Um seinen Geschmack abzurunden, wird etwas halbtrockener Wein zugegeben. Es wird in einem Champagnerglas serviert.

★ **Verkostungsnotizen:** Aromen nach Pflaume und roten Beeren; passt zu Schokolade und Rosinen.
★ **Land:** Belgien
★ **Gebraut von:** Brasserie de Rochefort
★ **Stil:** Trappistenbier
★ **Farbe:** Dunkelbraun
★ **Alkoholgehalt:** 9,2 %
★ **Trinktemperatur:** 8–10 °C

🇧🇪 Rodenbach Grand Cru

Die Brauerei Rodenbach ist für ihre wunderbaren Rotbiere berühmt. Da diese Biere gewöhnlich mehrere Monate in Eichenfässern reifen, ähneln sie Wein und Sherry. Sobald die Fermentation abgeschlossen ist, kann das Bier mit jüngeren Ales verschnitten oder direkt in die Flasche abgefüllt werden – wie beim Grand Cru.

★ **Verkostungsnotizen:** Aroma nach Wein, Säure und Beerenfrüchten; passt zu frischen Shrimps und anderen Meeresfrüchten.
★ **Land:** Belgien ★ **Gebraut von:** Brouwerij Rodenbach ★ **Stil:** Rotbier
★ **Farbe:** Braunrot ★ **Alkoholgehalt:** 6 % ★ **Trinktemperatur:** 8–10 °C

🇧🇪 St. Bernardus Abt 12

St. Bernardus ist keine Trappistenbrauerei, aber sein Abt 12 ist sicherlich eines der am höchsten angesehenen Biere auf der ganzen Welt. Es beruht auf einem original Westvleteren-Rezept und wird im klassischen Quadrupelstil gebraut. Die perfekte Ergänzung zu einem Wildgericht!

★ **Verkostungsnotizen:** Aroma nach dunklen Früchten, Lakritz und klebrigem Karamellmalz; passt zu Wildschwein- oder Rehbraten.
★ **Land:** Belgien
★ **Gebraut von:** St. Bernardus
★ **Stil:** Quadrupel
★ **Farbe:** Trübes Braun
★ **Alkoholgehalt:** 10,5 %
★ **Trinktemperatur:** 8–10 °C

🇧🇪 St. Feuillien Blonde

Die Brauerei St. Feuillien wurde auf dem Gelände der Abtei St. Feuillien erbaut. Sie ist nach dem irischen Mönch Feuillien benannt. Nach seinem Martyrium errichteten seine Schüler eine Kapelle, die sich zu einer blühenden Abtei entwickelte, nach der Französischen Revolution aber zerstört wurde. Ihr Name lebt in diesem starken belgischen Blonde weiter.

★ **Verkostungsnotizen:** Aroma nach kandierten Orangen, Gewürzen und Hopfen; Säure, Bittere und Süße sind raffiniert ausgewogen.
★ **Land:** Belgien ★ **Gebraut von:** Brasserie St. Feuillien
★ **Stil:** Belgisches Blonde ★ **Farbe:** Trübes Goldgelb ★ **Alkoholgehalt:** 7,5 %
★ **Trinktemperatur:** 4–7 °C

Belgien

🇧🇪 Tripel Karmeliet

Auf den World Beer Awards 2008 wurde Tripel Karmeliet zum weltbesten Ale gewählt; seinen weichen Körper verdankt es einer Mischung aus hellem Malz, Weizen und einem guten Haferanteil. Das Aroma des Blonde Ales ist vollmundig: Die Zugabe von Hafer ergibt einen cremigen, seidigen Körper, während sich die Hefearomen aufgrund des zurückhaltenden Hopfeneinsatzes durchsetzen.

Verkostungsnotizen: Aroma nach Banane, Vanille und verschiedenen Zitrusfrüchten; passt perfekt zu kräftigen Gerichten aus Meeresfrüchten wie Fischpastete.
★ **Land:** Belgien ★ **Gebraut von:** Brouwerij Bosteels ★ **Stil:** Belgisches Blonde
★ **Farbe:** Trübes Goldgelb ★ **Alkoholgehalt:** 8,4 % ★ **Trinktemperatur:** 4–7°C

🇧🇪 Tripel Van De Garre

In unmittelbarer Nähe des Hauptplatzes von Brügge schenkte ein kleines, jahrhundertealtes Biercafé dieses lokale Bier über mehrere Jahrzehnte hinweg aus. Tripel Van De Garre wurde exklusiv für die Bar Staminee de Garre gebraut, und zwar von der Brauerei Van Steenberge. Bei 11,5 % Alkoholgehalt ist es eher zum Nippen und Genießen geeignet.

Verkostungsnotizen: Trüborange Farbe und ein wabernder weißer cremiger Schaum; Noten von Orange, Alkohol und Hefe.
★ **Land:** Belgien ★ **Gebraut von:** Brouwerij Van Steenberge
★ **Stil:** Tripel ★ **Farbe:** Trübes Orange
★ **Alkoholgehalt:** 11,5 % ★ **Trinktemperatur:** 4–7°C

WUSSTEN SIE SCHON?

„Brüsseler Spitzen" ist ein Ausdruck für die Schaumspuren, die ein Bier auf der Innenseite des Glases hinterlässt; sie werden als Indikator für Qualität angesehen.

🇧🇪 Vedett Extra Blond

Die Flasche von Vedett Extra Blond ähnelt der von Duvel. Das süffige Premium Lager mit 5,2 % Alkoholgehalt stammt vom selben Brauer und hat sich seit 1945 zu einem Kult in der Region Antwerpen–Brüssel entwickelt. Gebraut mit einem Reisanteil und Extrahopfen, hat es einen sehr spritzigen, klaren Geschmack.

Verkostungsnotizen: Mäßige Anteile von Heu, geröstetem Brot und Getreide im Aroma; sprudelnder, kohlensäurereicher Charakter.
★ **Land:** Belgien
★ **Gebraut von:** Duvel Moortgat
★ **Stil:** Pale Lager
★ **Farbe:** Hellgelb
★ **Alkoholgehalt:** 5,2 %
★ **Trinktemperatur:** 3–4°C

🇧🇪 Westmalle Trappist Dubbel

Seit 1856 brauen die Trappistenmönche der Abtei von Westmalle ein dunkles rotbraunes Dubbel neben ihren alkoholärmeren „Tischbieren". Das Rezept wurde modifiziert, um das Bier stärker zu machen, doch der Stil blieb der gleiche. Sorgfältig ausgewählte Malzmischungen, schwungvolle saure Hefen und ein weiches, fruchtiges, herzerwärmendes Aroma.

Verkostungsnotizen: Teigiges Hefearoma nach gärendem Vollkornbrot; süßer schokoladiger Körper und ein weicher Abgang von Karamell.
★ **Land:** Belgien
★ **Gebraut von:** Brouwerij der Trappisten van Westmalle
★ **Stil:** Trappistenbier Dubbel
★ **Farbe:** Schmutzigbraun
★ **Alkoholgehalt:** 7 %
★ **Trinktemperatur:** 8–10 °C

🇧🇪 Westvleteren 12

Als die Brauerei von Westvleteren 12 anfing, dieses Bier zu brauen, wurden nur zehn Bierkästen an die Kunden auf einmal ausgegeben. Als das Bier an Beliebtheit zulegte, gestand man den Käufern immer weniger zu, und 2009 gab es nur noch einen Kasten Bier. Bei einem Preis von 40 Euro pro Kasten mit 24 Flaschen untersagt die Brauerei jeglichen Weiterverkauf des Bieres, das heißt, wer dieses Bier kaufen möchte, muss nach Belgien in das Abtei-Café kommen. Im Jahr 2005 wurde es zum „besten Bier der Welt" gewählt und fand weltweit Beachtung in der Presse – sehr zum Ärger der Mönche, die es brauen.

Verkostungsnotizen: Perfekt ausgewogen zwischen Karamell, Bittere, Süße, Gewürzen, Vanille, Eiche, Beeren und Trockenobst.
★ **Land:** Belgien
★ **Gebraut von:** Sint-Sixtusabdij van Westvleteren
★ **Stil:** Trappistenbier Quadrupel ★ **Farbe:** Dunkelbraun
★ **Alkoholgehalt:** 10,2 % ★ **Trinktemperatur:** 8–10 °C

Bevog Kramah IPA

Diese junge österreichische Mikrobrauerei ist von Großbritannien und dessen traditionellen Real Ales, Porters und IPAs beeinflusst. Kramah IPA trägt den IPA-Stil weiter in das 21. Jahrhundert, wobei es Hopfensorten mit einem höheren Anteil von Alphasäuren enthält. Diese sind fruchtiger und aromatischer als englischer Hopfen und sorgen für ein lebhaftes Aroma nach Zitrone und tropischen Früchten.

Verkostungsnotizen: Fruchtiges Aroma; Litschi, Zitrus und Mango am Gaumen; als beiße man in eine saftige, alkoholhaltige Grapefruit.
★ **Land:** Österreich ★ **Gebraut von:** Bevog Brauhaus ★ **Stil:** IPA
★ **Farbe:** Helles Bernstein ★ **Alkoholgehalt:** 7 % ★ **Trinktemperatur:** 4–7°C

Edelweiss Gamsbock

Weizenbier ist ein weitverbreiteter Bierstil, aber Weizenbock unterscheidet sich in verschiedener Hinsicht. Er wird mit mehr Malz als ein Standardweizen gebraut, außerdem ist er dunkler und weist einen höheren Alkoholgehalt auf, wie auch der vorgestellte Edelweiss Gamsbock. Er hat ein Aroma nach reifen Bananen und Karamell.

Verkostungsnotizen: Aroma nach Banane, Karamell, Weizenmalz; hefetrübe Färbung; gut getarnter Alkohol.
★ **Land:** Österreich ★ **Gebraut von:** Hofbräu Kaltenhausen
★ **Stil:** Weizenbock ★ **Farbe:** Trübes Goldgelb
★ **Alkoholgehalt:** 7,1 % ★ **Trinktemperatur:** 8–10°C

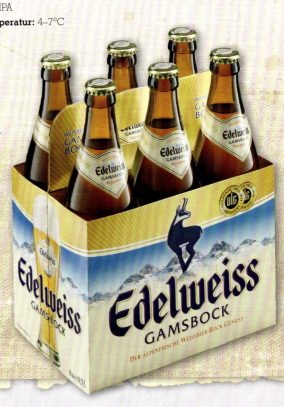

▬ Egger Märzenbier

Märzenbier ist nach dem Monat März benannt und stammt vermutlich aus Bayern. Normalerweise wurde Bier im Herbst gebraut, sodass es in den kalten Wintermonaten im Keller lagern und reifen konnte. Im März, wenn die Temperaturen wieder anstiegen und das Eis geschmolzen war, wusste man, dass das Märzen trinkfertig war.

Verkostungsnotizen: Aroma nach Malz und geröstetem Brot, kombiniert mit einer leichten Bittere und einem Hauch von Gewürz; passt zu gebratenen Schweinerippchen.

* **Land:** Österreich * **Gebraut von:** Privatbrauerei Fritz Egger
* **Stil:** Märzen * **Farbe:** Hellgelb
* **Alkoholgehalt:** 5 % * **Trinktemperatur:** 4–7°C

▬ Hirter Privat Pils

Die Hanslbauerquelle, die der Brauerei Hirt das Wasser für ihr Premium Pils liefert, ist ausschlaggebend für das Brauen von hopfigen Bieren. Das Ergebnis sind wunderbar ausgeprägte, hopfige Aromen, die für einen lang anhaltenden hopfigen, bitteren und erfrischenden Abgang sorgen. Probieren Sie das Pils zu leichten Speisen wie Tricolore-Salat oder zu gut gewürzten Hähnchenflügeln, um die Schärfe mit dem bitteren Pils zu mildern.

Verkostungsnotizen: Hopfiges, bitteres Aroma, das sich kraftvoll durchsetzt, ohne viel Süße, um es auszugleichen.

* **Land:** Österreich * **Gebraut von:** Brauerei Hirt * **Stil:** Pilsner
* **Farbe:** Hellgelb * **Alkoholgehalt:** 5,2 % * **Trinktemperatur:** 3–5°C

Österreich

🇦🇹 Puntigamer Das „bierige" Bier

„Je größer die Flasche, desto besser die Stimmung" lautet das Motto der Brauerei Puntigam; es erklärt, warum Das „bierige" Bier in 1,5-l-Flaschen verkauft wird. Wer es mit Freunden teilen möchte, kann nach einer besseren Größe fragen. Eines der interessantesten Pale Lager auf der ganzen Welt, mit angenehmen grasigen Hopfenaromen, die sich deutlich durchsetzen.

Verkostungsnotizen: Grasige Hopfenaromen mit Noten von Teig, Honig und leicht karamellisiertem Malz.
* **Land:** Österreich * **Gebraut von:** Brauerei Puntigam
* **Stil:** Pale Lager * **Farbe:** Hellgelb
* **Alkoholgehalt:** 5,1% * **Trinktemperatur:** 3–5°C

WUSSTEN SIE SCHON?

In Österreich hat man kürzlich das amerikanische Trinkspiel Beer Pong entdeckt. Das erste Team wurde 2009 in Innsbruck aufgestellt, 2010 folgte das erste Wiener Team.

🇦🇹 Schladminger Märzen

Die Schladminger Brau hat ihren Sitz inmitten der Schladminger Tauern; hier wird seit 1909 Bier gebraut. Man ist stolz auf seine Biersorten, von denen manche 100% biologisch sind. Die Brauerei wird einmal im Jahr inspiziert für das Austria-Bio-Garantie-Zertifikat – damit wird bestätigt, dass es sich um Bioprodukte handelt.

Verkostungsnotizen: Süße Malzaromen mit einem reinen prickelnden Mundgefühl; dazu jede Menge Aromen von Brot und Getreide.
* **Land:** Österreich
* **Gebraut von:** Schladminger Brau
* **Stil:** Märzen
* **Farbe:** Hellgolden
* **Alkoholgehalt:** 5,1%
* **Trinktemperatur:** 4–6°C

🇦🇹 Schloss Eggenberg Samichlaus

Vor langer Zeit, noch vor neumodischen Braumethoden und den riesigen Braukonzernen unserer Zeit, war Samichlaus mit einem Alkoholgehalt von 14% das stärkste Bier der Welt. Samichlaus (Santa Claus) wurde einmal im Jahr, am 6.12., gebraut und zehn Monate gelagert, ehe man es in Flaschen abfüllte, sodass sich ein kräftiges Aroma entwickeln konnte.

Verkostungsnotizen: Alkohol und Rosinen dominieren das Aroma, dazu kommen Noten von Karamell, Holz und Gewürzen.
* **Land:** Österreich
* **Gebraut von:** Schloss Eggenberg
* **Stil:** Doppelbock
* **Farbe:** Dunkles Kupfer
* **Alkoholgehalt:** 14%
* **Trinktemperatur:** 8–10°C

🇦🇹 Stiegl Bier

Die Stieglbrauerei zu Salzburg hat eine riesige Kuriositätensammlung rund ums Bierbrauen. Trotzdem ist das Bier, das hier gebraut wird, immer noch der eigentliche Star. Stiegl Goldbräu ist das Premium Lager und wird nach dem deutschen Reinheitsgebot von 1516 gebraut. Seinen klassischen österreichischen Geschmack erhält das Bier, indem man im Frühjahr klares österreichisches Gebirgswasser und zweireihige Gerste nimmt.

Verkostungsnotizen: Leicht geröstetes Brot, süße Maisaromen und ein trockener, spritziger Abgang vom Hopfen.
★ **Land:** Österreich ★ **Gebraut von:** Stieglbrauerei ★ **Stil:** Lager
★ **Farbe:** Dunkles Gold ★ **Alkoholgehalt:** 4,9% ★ **Trinktemperatur:** 4–6 °C

🇦🇹 Wieselburger Stammbräu

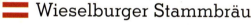

Wieselburger Stammbräu wird in den traditionellen Bügelverschlussflaschen verkauft. Es duftet nach süßem Karamell und geröstetem Malz und ist ein Pilsner im klassischen Stil, das 1842 in Tschechien kreiert wurde und mittlerweile in der ganzen Welt, aber besonders in dieser Region Europas beliebt ist. Ein äußerst vielseitiges Bier aufgrund seines leichten Aromaprofils und seines spritzigen Abgangs mit viel Kohlensäure.

Verkostungsnotizen: Leicht pflanzlich; unauffällige Getreidearomen mit einem süßen und etwas dünnen Abgang.
★ **Land:** Österreich ★ **Gebraut von:** Wieselburger Brauerei ★ **Stil:** Pilsner
★ **Farbe:** Hellgelb ★ **Alkoholgehalt:** 5,4% ★ **Trinktemperatur:** 7 °C

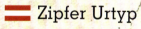 Zipfer Urtyp

Die Brauerei ist nach dem kleinen Dorf Zipf im Nordosten von Salzburg benannt. Im Zweiten Weltkrieg völlig zerstört, wurde sie wieder aufgebaut und weist heute eine Kapazität von 500 000 Hektolitern auf. Zipfer Urtyp ist ein Pale Lager mit viel Aroma – wesentlich mehr als viele andere Biere dieses Stils.

Verkostungsnotizen: Leichtes hopfiges Zitrusaroma mit Noten von geröstetem Getreide und süßem Malz.
★ **Land:** Österreich ★ **Gebraut von:** Zipfer ★ **Stil:** Pale Lager
★ **Farbe:** Hellgelb ★ **Alkoholgehalt:** 5,4% ★ **Trinktemperatur:** 4–6 °C

Österreich

🇨🇿 Bernard Celebration Lager

Die Brauerei Bernard wurde 1991 von drei Investoren gekauft. Hier werden die Zutaten für die Biere vom Start bis zum Ende beaufsichtigt und 6700 Tonnen Pilsnermalz pro Jahr im eigenen Malzhaus produziert. Bernard Celebration Lager nutzt dieses ausgezeichnete Malzangebot, es ist eines der am meisten ausgezeichneten Biere des Landes. Das Geheimnis seines Geschmacks ist die zweite Gärung in der Flasche. Seien Sie deshalb nicht überrascht, wenn Sie einen leichten Bodensatz in Ihrem Glas entdecken.

Verkostungsnotizen: Noten von geröstetem Getreide und Brotteig; blumig-erdiges Hopfenaroma, trockener, bitterer Abgang.
★ **Land:** Tschechien ★ **Gebraut von:** Bernard
★ **Stil:** Pilsner ★ **Farbe:** Goldgelb
★ **Alkoholgehalt:** 5 % ★ **Trinktemperatur:** 3–5 °C

WUSSTEN SIE SCHON?

Eine tschechische Redensart besagt, dass „Bier einen wunderschönen Körper formt" – Radio Prag nennt dies die „erstaunlich runde Physiognomie" von tschechischen Männern: Ob man sie schön findet oder nicht, ist eine Frage des Geschmacks.

🇨🇿 Bohemia Regent Prezident

Sicherlich gibt es keinen besseren Ort, um ein Pilsner zu trinken, als Tschechien. Dieses klassische Beispiel von Bohemia Regent lässt alle tschechischen Bierliebhaber nach einem Schluck vor lauter Patriotismus in ihr Glas weinen. Bekannt für seine kräftige goldgelbe Farbe und den einheimischen Saaz-Hopfen, entwickelt dieses spritzige, bittere Lager jede Menge Aromen. Die Regent Brauerei ist von 1379 und damit eine der weltweit ältesten. In der Bierstube im Hof kann man die Biere probieren.

Verkostungsnotizen: Blumige, erdige Hopfenaromen (Saaz-Sorten), Geschmack von frisch gebackenem Brot am Gaumen.
★ **Land:** Tschechien
★ **Gebraut von:** Bohemia Regent
★ **Stil:** Pilsner ★ **Farbe:** Goldgelb
★ **Alkoholgehalt:** 6 % ★ **Trinktemperatur:** 3–5 °C

🇨🇿 Budweiser Budvar

Um nicht mit dem amerikanischen Budweiser verwechselt zu werden, gab es um das tschechische Pilsner einen jahrelangen Markenstreit. Der Begriff „Budweiser" beschreibt eine Person oder Sache aus dem böhmischen Ort Budweis; er kann deshalb nicht auf ein amerikanisches Bier angewendet werden. Allerdings kreierten Anheuser-Busch ihr Bier bereits Ende des 19. Jahrhunderts nach einem Besuch in Budweis.

Verkostungsnotizen: Wundervolles blumiges Aroma nach Saaz-Hopfen, mit einer leicht pfeffrigen Note; vom Hopfen dominiert.
★ **Land:** Tschechien
★ **Gebraut von:** Budějovický Budvar
★ **Stil:** Pilsner
★ **Farbe:** Goldgelb
★ **Alkoholgehalt:** 5 %
★ **Trinktemperatur:** 3–5 °C

Gambrinus Premium

Benannt nach dem legendären König Gambrinus, der für seine magischen Fähigkeiten berühmt war und als Erfinder des Bierbrauens galt, ist Gambrinus Premium ein in ganz Tschechien bekanntes Bier. Die 1869 gegründete Brauerei braut daneben auch das bekannte Pilsner Urquell. Obwohl Gambrinus nicht der Schutzpatron der Brauer ist, tragen mehrere Brauereien seinen Namen.

Verkostungsnotizen: Süffiges Pilsner mit Aromen nach malzigem Brot und blumigem Hopfen; bitterer Nachgeschmack.
- **Land:** Tschechien
- **Gebraut von:** Plzeňský Prazdroj
- **Stil:** Pilsner **Farbe:** Golden
- **Alkoholgehalt:** 5 % **Trinktemperatur:** 3–5 °C

Koniček Grošák

Trotz des Etiketts ist dies keine 14-%-Flasche mit Katergarantie! Mit etwas über 6 % Alkoholgehalt ist man bei diesem Bier dennoch gut dabei. Der Bierstil Polotmavý ist ein Hybrid aus tschechischem Pilsner und Dark Lager. Mit einem stärkerem Malzcharakter als das amerikanische Wiener Lager, aber einem ähnlichen Hopfenprofil ist das Aroma in jeder Hinsicht von dieser Mikrobrauerei erheblich gesteigert worden.

Verkostungsnotizen: Dickes, zuckerhaltiges Karamellmalz; Hopfen und Zitronenschale im überraschend leichten, sehr lang anhaltenden Abgang.
- **Gebraut von:** Minipivovar Koniček
- **Stil:** Polotmavý
- **Farbe:** Bernstein
- **Alkoholgehalt:** 6,3 %
- **Trinktemperatur:** 7–10 °C

Jihlavský Grand

Nicht alle Pilsner in Tschechien sind leicht. Mit 8 % Alkoholgehalt ist das Jihlavský Grand eines der anspruchsvolleren Mitglieder der Pilsnerfamilie. Dennoch schmeckt es immer noch stark nach Saaz-Hopfen und frisch gebackenem Schwarzbrot, außerdem schleicht sich eine deutliche Alkoholnote dazu. Eines der vollmundigsten Biere im ganzen Land!

Verkostungsnotizen: Noten von Schwarzbrot, Honig und erdigen, blumigen Hopfensorten; passt gut zu Hähnchenflügeln und Meeresfrüchten.
- **Land:** Tschechien
- **Gebraut von:** Jihlava Pivovar
- **Stil:** Imperial Pilsner
- **Farbe:** Tiefes Goldgelb
- **Alkoholgehalt:** 8,1 %
- **Trinktemperatur:** 3–5 °C

LAGER – ÜBERALL BELIEBT

Die Wurzeln des Pilsner Lagers liegen seit 1842 in der tschechischen Stadt Pilsen (Plzeň) im damaligen Königreich Böhmen. Die Stadtväter richteten eine Brauerei ein, um den lokalen dunklen Bieren, die von unterschiedlicher Qualität waren, etwas entgegenzusetzen. Als Braumeister stellten sie Josef Groll aus Bayern ein.

Böhmische Biere aus dieser Ära waren meist dunkel und trüb. Grolls Kombination aus Lagerung nach bayrischer Art, hellem Malz, lokalem Saaz-Hopfen und dem weichen Wasser aus der Gegend brachte ein klares, goldgelbes Bier hervor, das sofort zum Verkaufsschlager wurde. Erstmals ausgeschenkt wurde es am 11. November 1842 auf dem St.-Martins-Fest.

Der Verkauf von Pilsner dehnte sich innerhalb von 20 Jahren bis nach Prag, Wien und Paris aus, und schon bald ahmten andere Brauereien den Stil nach. Die Handelskammer von Pilsen ließ 1859 den Begriff „Pilsner Bier" als Markennamen eintragen, und 1898 wurde „Pilsner Urquell" als Handelsmarke für Pilsner aus der Stadt registriert.

Ungefähr 90 % des weltweit getrunkenen Bieres sind Pale Lager, doch das original Pilsner wird immer noch in der Stadt Pilsen von der Brauerei Pilsner Urquell produziert. Im Oktober wird in der Brauerei und darum herum das alljährliche Bierfest zu Ehren der hier gebrauten Biere abgehalten: Pilsner Urquell und Gambrinus.

Kocour 70 Quarterback

Benannt nach einer wichtigen Position im American Football, wurzelt das Kocour Quarterback in der amerikanischen Craft-Beer-Szene. Während IPAs eine britische Schöpfung sind, haben die US-Craft-Beer-Brauereien den Stil Ende des 20. Jahrhunderts wiederbelebt. Kocour 70 Quarterback ist eine Verbeugung vor den Brauern, die diesem Bierstil den dringend benötigten Anstoß gaben.

- **Verkostungsnotizen:** Üppiges Hopfenaroma nach Grapefruit und Zitrone und eine süße Malznote nach Toffee und Karamell; gut ausgewogen.
- ★ **Land:** Tschechien
- ★ **Gebraut von:** Pivovar Kocour
- ★ **Stil:** Imperial IPA
- ★ **Farbe:** Goldgelb
- ★ **Alkoholgehalt:** 8,7 %
- ★ **Trinktemperatur:** 4–7 °C

Kozel Světlý

Kozel ist das tschechische Wort für „Ziege". Franz Ringhoffer eröffnete 1874 eine kleine Brauerei in einem kleinen Dorf nahe Prag. Die Ziege auf dem Etikett stammt von einem französischen Maler, der durch den Ort kam und sich zur Gestaltung eines Emblems von einer dort lebenden Ziege inspiriert fühlte.

- **Verkostungsnotizen:** Süßes, fast maisartiges Malzaroma, leichtes Hopfenaroma, langer, bitterer Abgang.
- ★ **Land:** Tschechien
- ★ **Gebraut von:** Velkopopovický Kozel
- ★ **Stil:** Pilsner
- ★ **Farbe:** Golden
- ★ **Alkoholgehalt:** 4 %
- ★ **Trinktemperatur:** 4–7 °C

🇨🇿 Krušovice Černé

Dieses kräftige Schwarzbier hat ein Aroma nach Saaz-Hopfen, der in der nahen Region Žatec angebaut wird. Im Unterschied zu einem tschechischen Standardpilsner hat es einen dunkelbraunen Körper – das Ergebnis der dunklen Malzsorten, die zusammen mit dem natürlichen Quellwasser aus den Křivoklát-Wäldern verwendet werden. Mit 3,8 % Alkohol ist es nicht allzu stark.

Verkostungsnotizen: Aroma nach geröstetem Kaffee, mit einem Hauch Schokolade und teigigem Schwarzbrot im Abgang.
★ **Land:** Tschechien ★ **Gebraut von:** Královský Pivovar Krušovice
★ **Stil:** Schwarzbier ★ **Farbe:** Dunkelbraun
★ **Alkoholgehalt:** 3,8 % ★ **Trinktemperatur:** 4–7 °C

🇨🇿 Lev Lion Lager

Es gibt so viele Pilsner von guter Qualität in Tschechien, dass es fast unmöglich ist, auf ein schlechtes zu treffen. Lev Lion Lager ist ein klassisches, vollmundiges goldfarbenes Pilsner aus Havlíčkův Brod, einer Stadt im Herzen von Böhmen, wo die ersten Pilsner 1842 von der Brauerei Pilsner Urquell produziert wurden.

Verkostungsnotizen: Hocharomatisch mit erdigen und blumigen Noten; leicht würzig am Rand.
★ **Land:** Tschechien ★ **Gebraut von:** Měšťanský Pivovar Havlíčkův Brod ★ **Stil:** Pilsner ★ **Farbe:** Golden
★ **Alkoholgehalt:** 4,4 % ★ **Trinktemperatur:** 2–4 °C

🇨🇿 Lobkowicz Premium 12

In Tschechien geben viele Brauereien ihrem Bier einen 10°- oder 12°-Wert. Dieser bezieht sich auf die Plato-Skala, die den Prozentsatz von Zucker im Bier vor der Gärung angibt. Ein Bier von 12°Plato startet mit 12 % vergärbarem Zucker – ein Indikator, wie stark das Bier nach der Gärung sein wird. Lobkowicz Premium ist ein perfektes 12°Plato-Bier mit einem vollmundigen Charakter.

Verkostungsnotizen: Volles Aroma nach Stroh, Heu und Bittere; voller, cremig-weißer Schaum; brotige helle Malznote.
★ **Land:** Tschechien
★ **Gebraut von:** Pivovar Protivin
★ **Stil:** Pilsner ★ **Farbe:** Orange
★ **Alkoholgehalt:** 4,7 %
★ **Trinktemperatur:** 3–5 °C

🇨🇿 Matuška Hellcat Imperial India Pale Ale

Die von Martin Matuška am Ostermontag 2009 gegründete Brauerei Matuška zählt zu den moderneren in Tschechien. Das Hellcat Imperial IPA ist eine wahre Geschmacksbombe. Mit der Verwendung von amerikanischen Hopfensorten werden einzigartige Zitrusaromen erreicht, darunter Grapefruit, Zitronenschale und Orangenblüte. Das wuchtige Aromaprofil ist typisch für den Bierstil Double IPA, ebenso die erfrischende Bittere des grünen Hopfens.

Verkostungsnotizen: Aroma nach tropischen und Zitrusfrüchten, darunter Mandarine, Grapefruit, Zitronen und Limetten; Karamell im Abgang.
- ★ **Land:** Tschechien
- ★ **Gebraut von:** Pivovar Matuška
- ★ **Stil:** Double IPA
- ★ **Farbe:** Trübes Orange
- ★ **Alkoholgehalt:** 8,4 %
- ★ **Trinktemperatur:** 4–7 °C

🇨🇿 Merlin Černý

Dieses dunkle Lager wurde nach dem Zauberer Merlin aus den Erzählungen um König Artus und die Ritter der Tafelrunde benannt. Artus ist der Einzige, der das legendäre Schwert Excalibur aus einem Stein herausziehen kann. Vermutlich hatte der edle Ritter ein Pint von Merlins Black Lager getrunken und dadurch die zusätzliche Stärke bekommen.

Verkostungsnotizen: Volles Malzaroma nach Brot, geröstetem Kaffee und dunklem Karamell, mit einem Hauch von Schokolade.
- ★ **Land:** Tschechien
- ★ **Gebraut von:** Pivovar Protivin
- ★ **Stil:** Schwarzbier
- ★ **Farbe:** Schwarzbraun
- ★ **Alkoholgehalt:** 4,7 %
- ★ **Trinktemperatur:** 8–10 °C

🇨🇿 Pilsner Urquell

Das Pilsner wird seinem Namen „Urquell" gerecht. Es ist das erste Pilsner, das jemals gebraut wurde, und schätzungsweise 90 % der weltweit konsumierten Biere wurden von diesem Originalrezept inspiriert. Der Erfinder Josef Groll verwendete große Mengen an Saaz-Hopfen und das hellste Malz, das es damals gab (zu dieser Zeit waren dunkle und geröstete Malzsorten die Norm). Daraus resultierte ein goldgelbes Lager, das sich anschickte, der beliebteste Bierstil auf der Welt zu werden. Das original Pilsner Urquell ist bis heute ein Verkaufsschlager.

Verkostungsnotizen: Jede Menge erdige Aromen vom Saaz-Hopfen und ein lang anhaltender, markenbitterer Abgang.
- ★ **Land:** Tschechien ★ **Gebraut von:** Plzeňský Prazdroj ★ **Stil:** Pilsner
- ★ **Farbe:** Goldgelb ★ **Alkoholgehalt:** 4,4 % ★ **Trinktemperatur:** 3–5 °C

🇨🇿 Primátor Double 24°

Je höher das Ranking nach der Plato-Skala, desto vollmundiger ist der Körper des Bieres. Bei diesem Doppelbock steht die Plato-Skala bei 24. Sehr weich und dunkel, mit einer Turboladung von 10,5 % Alkoholgehalt, bietet er eine Fülle von Aromen, darunter Pflaumen, Karamell, Schwarzbrot und einen Hauch Honig. Am besten trinkt man das Bier in kleinen Schlucken beim Grillen.

Verkostungsnotizen: Karamell, Butter, Pflaumen; Spuren von Honig; am Ende eine liebliche Bananennote.
- ★ **Land:** Tschechien
- ★ **Gebraut von:** Pivovar Nachod
- ★ **Stil:** Doppelbock
- ★ **Farbe:** Dunkelbraun
- ★ **Alkoholgehalt:** 10,5 %
- ★ **Trinktemperatur:** 8–10 °C

🇨🇿 Rychtář Speciál

2013 feierte die Brauerei Pivovar Rychtář in Hlinsko ihr 100-jähriges Jubiläum. Ihre Biere wurden bald nach Produktionsbeginn beliebt, und 1925 wurde die Brauerei von wohlhabenden Investoren gekauft. Während der nationalsozialistischen Besatzung war die Produktion der Brauerei erheblich eingeschränkt. 1948 wurde sie verstaatlicht und eroberte sich bald darauf wieder einen Platz am Markt. Dieses Rychtář Speciál, das in tschechischer Brautradition mit 15 °Plato etikettiert wurde, ist eines der stärksten Biere der Brauerei mit 6,5 % Alkohol, einer milden Bittere und einem gut verborgenen Alkoholaroma.

Verkostungsnotizen: Toastbrot und Heu, leichte Toffee- und Butternoten; passt sehr gut zu einem Barbecue.
- ★ **Land:** Tschechien
- ★ **Gebraut von:** Pivovar Rychtář
- ★ **Stil:** Imperial Pilsner ★ **Farbe:** Gelborange
- ★ **Alkoholgehalt:** 6,5 % ★ **Trinktemperatur:** 3–5 °C

🇨🇿 Staropramen Premium Lager

Das Flaggschiff der Prager Brauerei Staropramen ist eines der berühmtesten tschechischen Exportbiere, das fast in ganz Europa geschätzt wird. Staropramen lässt sich mit „alter Brunnen" übersetzen und bezieht sich auf die Wasserquelle der Brauerei – auf die man äußerst stolz ist. Wie alle anderen tschechischen Brauereien wurde Staropramen nach dem Zweiten Weltkrieg verstaatlicht. Heute gehört die Brauerei dem Biergiganten Molson Coors, und ihr Bier nimmt den zweiten Rang unter den beliebtesten Bieren in Tschechien ein.

Verkostungsnotizen: Köstliche blumige Hopfen- und leichte Malznoten; langer, bitterer Abgang.
★ **Land:** Tschechien
★ **Gebraut von:** Pivovary Staropramen
★ **Stil:** Pale Lager
★ **Farbe:** Gelb
★ **Alkoholgehalt:** 5 %
★ **Trinktemperatur:** 3–5 °C

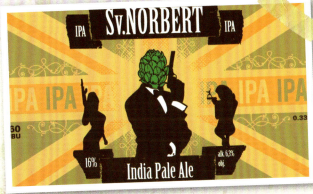

🇨🇿 Svatý Norbert IPA

So sollte ein modernes India Pale Ale schmecken. Die historische Brauerei Strahov verwendet dafür zwei hocharomatische amerikanische Hopfensorten, Amarillo und Cascade, und zeigt, dass man hier durchaus mit der Zeit geht. Nach einer 600-jährigen Geschichte wurde die Brauerei 1907 geschlossen und erst 2000 mit Brauhaus und Restaurant für 350 Gäste wiedereröffnet.

Verkostungsnotizen: Relativ mildes Aroma mit starken Noten von Orangenblüten, parfümiertem Hopfen und einem äußerst bitteren Abgang.
★ **Land:** Tschechien ★ **Gebraut von:** Klasterni Pivovar Strahov
★ **Stil:** IPA ★ **Farbe:** Trübes Bernstein
★ **Alkoholgehalt:** 6,3 % ★ **Trinktemperatur:** 4–7 °C

WUSSTEN SIE SCHON?

Bevor der junge Václav Havel Präsident Tschechiens wurde, war er ein regimekritischer Schriftsteller. Um Geld zu verdienen, rollte er Fässer in einer Brauerei umher, filterte Bier – und schrieb ein absurdes Theaterstück, das auf seinen Erfahrungen beruhte.

🇮🇹 Baladin Xyauyù Barrel

Eine putzige Brauereischenke in dem verschlafenen italienischen Dorf Piozzo bildet den Rahmen für die Brauerei Baladin, die von einem Einheimischen und einem jungen französischen Tänzer eröffnet wurde. Sie brauten dieses hervorragende Barley Wine im Geist der Innovation, um ihre Stammkunden mit einem außergewöhnlichen Geschmack zu überraschen, und schufen eines der besten Biere Italiens.

Verkostungsnotizen: Karamell, Datteln, Bananen und Brot; passt hervorragend zu reifem Käse.
- **Land:** Italien **Gebraut von:** Baladin **Stil:** Barley Wine
- **Farbe:** Tiefrot **Alkoholgehalt:** 14% **Trinktemperatur:** 8–13°C

🇮🇹 Birra Moretti

Erstmals 1859 der italienischen Öffentlichkeit präsentiert und bis heute ein Erfolg, gehört Birra Moretti zu den bekanntesten italienischen Lagerbieren. Vormals im Besitz von Luigi Moretti, gehört dieses Pale Lager heute zu Heineken und ist dementsprechend weltweit anzutreffen, von italienischen Restaurants in den USA bis hin zu Supermarktregalen in Dänemark.

Verkostungsnotizen: Aroma nach leichtem Malz, Heu, Stroh und einem Hauch von Honig; passt hervorragend zu einfachem Knoblauchbrot.
- **Land:** Italien
- **Gebraut von:** Heineken
- **Stil:** Pale Lager
- **Farbe:** Hellgelb
- **Alkoholgehalt:** 4,6%
- **Trinktemperatur:** 1–2°C

WUSSTEN SIE SCHON?

Ein Forscher des Instituts für Geriatrie an der Universität Bari hat durch umfangreiche Untersuchungen bewiesen, dass ein moderater Genuss von Bier die kognitive Gesundheit fördert und den Alterungsprozess verlangsamt.

ITALIENS BIERBOOM

Bier war trotz der Weintradition schon immer ein beliebtes Getränk in Italien. Allerdings beherrschte im 20. Jahrhundert auch eine kleine Zahl großer, industrialisierter Brauereien die Produktion.

Dies ändert sich allmählich, denn in Italien entwickelt sich eine Craft-Beer-Szene. Ähnlich wie die italienische Slow-Food-Bewegung die Bedeutung von saisonalen und regionalen Zutaten betont, stellen Italiens Craft-Beer-Brauereien Qualität über Quantität.

Die Internetseite „Microbirrifici" listet über 600 italienische Mikrobrauereien auf, während es vor 20 Jahren nur eine Handvoll war. Wegen der Kosten für den Import von Malz und Hopfen und der kleinen Produktpalette können italienische Biere sehr teuer sein.

Beispiele sind die Baladin-Biere aus dem Piemont, die in stilvollen Weinflaschen serviert werden und zu denen Amberbiere, IPAs und von belgischen Bieren beeinflusste Sorten gehören. Birrificio Italiano war 1996 die erste Mikrobrauerei in der Lombardei; hier legt man großen Wert auf natürliche Zutaten und auf den traditionellen Herstellungsprozess.

Manche Brauereien arbeiten mit Weingütern zusammen. LoverBeer greift auf Barbera-Trauben und eine natürliche Gärung für sein BeerBera zurück. Dem Birrificio Barley's BB10 Imperial Stout wird während des Herstellungsprozesses frischer Traubensaft (Most) zugesetzt.

Birrificio Del Ducato (siehe Foto), eine der meistausgezeichneten Brauereien in Italien, wurde 2007 gegründet. Seine Biere, darunter Sally Brown und Verdi Imperial Stout, tragen zu einer jährlichen Wachstumsrate von 80 % bei.

🇮🇹 Birrificio Del Ducato Sally Braun

Diese junge, aufstrebende Mikrobrauerei liegt in einem kleinen Dorf in der Provinz Parma. Sally Brown hat seinen Namen nach einem Song von Laurel Aitken; es ist ein meisterliches Bier, gebraut aus einer Mischung aus elf unterschiedlichen Malzsorten, die sorgfältig zu einem weichen, komplexen Bier verwoben wurden.

Verkostungsnotizen: Ausgeglichene Aromen nach Kaffee, Kakaobohnen und Lagerfeuer; passt zu geräuchertem Lachs oder Austern.
- **Land:** Italien
- **Gebraut von:** Birrificio del Ducato
- **Stil:** Stout
- **Farbe:** Ebenholzschwarz
- **Alkoholgehalt:** 5,2 %
- **Trinktemperatur:** 8–13 °C

🇮🇹 Birrificio Italiano Tipopils

Birrificio Italiano Tipopils ist ein einfaches, leichtes und erfrischendes Bier ohne großen Schnickschnack. Es wird als Pilsner angeboten und reift nicht so lang wie ein Standardlager – gut zwei Wochen nach der ersten Gärung ist es bereit zur Abfüllung in die Flaschen. Dies sorgt für kräftige, aber unkomplizierte Aromen.

Verkostungsnotizen: Aroma nach süßem Karamell und zitrusartigem Hopfen; bitterer Abgang, was man sich von einem Lager wünscht.
- **Land:** Italien
- **Gebraut von:** Birrificio Italiano
- **Stil:** Pilsner
- **Farbe:** Hellgelb
- **Alkoholgehalt:** 5,2 %
- **Trinktemperatur:** 4–7 °C

🇮🇹 Birrificio Pausa Cafè Tosta

Eine der ungewöhnlichsten Brauereien der Welt: Pausa Cafè arbeitet innerhalb von staatlichen Gefängnissen und dient damit einerseits der Rehabilitierung, andererseits der Versorgung mit Bier. Die Häftlinge in der Brauerei gewinnen brautechnische Kenntnisse und Fertigkeiten, und jede verkaufte Flasche Bier hilft, sie wieder in die Gesellschaft zu integrieren. Das Tosta Barley Wine ist typisch für den Bierstil, es weist Noten von Beeren, Kakao, Trockenfrüchten und Karamell auf. Wegen des Alkoholgehalts von 12,5 % sollte man es langsam trinken.

Verkostungsnotizen: Datteln und würzige Beeren, Karamell und Schokolade im Körper; passt ausgezeichnet zu deftigen Eintopfgerichten und Suppen.
- **Land:** Italien ★ **Gebraut von:** Birrificio Pausa Cafè ★ **Stil:** Barley Wine
- **Farbe:** Dunkles Bernstein ★ **Alkoholgehalt:** 12,5 % ★ **Trinktemperatur:** 8–13 °C

🇮🇹 Brewfist 24k

Brewfist, eine sehr moderne italienische Brauerei, schreibt die Bierregeln innerhalb ihres Heimatlandes neu. Obwohl erst 2010 gegründet, hat man ein gutes Kernsortiment aufgebaut: Eines der beliebtesten Biere ist das Golden Ale 24k nach britischem Stil. Sein vollmundiges Keksaroma und die leichten Zitronennoten im Abgang machen es besonders.

Verkostungsnotizen: Aroma nach malzigem Keks, süß und buttrig mit Honignote; passt gut zu Tempura-Krabben.
- **Land:** Italien ★ **Gebraut von:** Brewfist
- **Stil:** Golden Ale ★ **Farbe:** Golden
- **Alkoholgehalt:** 4,6 %
- **Trinktemperatur:** 4–7 °C

WUSSTEN SIE SCHON?

Im 4. Jahrhundert nach Christus verfasste Kaiser Julian ein Spottgedicht auf das Bier der Kelten und behauptete, dass ein Weintrinker nach Nektar dufte, während ein Biertrinker wie ein Ziegenbock stinke!

🇮🇹 Menabrea 1846

Viele Biere rühmen sich ihrer lediglich vier Zutaten: Gerstenmalz, Hopfen, Hefe und Wasser. Weitere Getreidesorten wie Mais oder Reis können zugefügt werden, um dem Getränk mehr Süße zu verleihen oder die Kosten zu senken, wie bei Menabrea 1846. Ein ziemlich süffiges Bier, dessen Aroma nicht den Gaumen beherrscht, sodass man es täglich trinken kann.

Verkostungsnotizen: Leichtes Malz- und Zuckermaisaroma, dünner Körper. Ein Bier, das man eher zur Erfrischung als wegen seines außergewöhnlichen Geschmacks trinkt.
★ **Land:** Italien ★ **Gebraut von:** Menabrea ★ **Stil:** Pale Lager ★ **Farbe:** Goldgelb ★ **Alkoholgehalt:** 4,8 %
★ **Trinktemperatur:** 1–2 °C

🇮🇹 Nastro Azzurro Peroni

Peroni ist seit den 1960ern sicherlich die bekannteste Marke im ganzen Land. Der Name Nastro Azzurro bedeutet „Blaues Band" und erinnert daran, dass der italienische Ozeandampfer SS Rex 1933 das Blaue Band gewann. Nastro Azzurro ist das Flaggschiff der Gesellschaft unter den Premium-Lager-Bieren und auch weltweit extrem erfolgreich.

Verkostungsnotizen: Gras, Malz und erdiges Hopfenaroma mit einem leicht süßlichen, metallischen Geschmack.
★ **Land:** Italien
★ **Gebraut von:** Birra Peroni
★ **Stil:** Pale Lager
★ **Farbe:** Goldgelb
★ **Alkoholgehalt:** 5,1 %
★ **Trinktemperatur:** 1–2 °C

ITALIENISCHES DESIGNERBIER

In Italien ist das Aussehen meist ebenso wichtig wie die Funktion, und das gilt besonders für die neuen, nach handwerklicher Art gebrauten Biere.

Italiener wählen ihr Bier mit der gleichen Sorgfalt aus wie Wein, immerhin kostet eine Flasche mit 750 ml Craft Beer 15 Euro und mehr. Darüber hinaus haben Italiener ein Faible für tolles Design. Viele italienische Biere werden in Flaschen zu 750 ml angeboten; das erklärt teilweise den höheren Preis und zeigt an, dass das Bier als Genussmittel deklariert ist, das normalerweise zum Essen getrunken wird. Ausführliche Verkostungsnotizen sind eine Besonderheit vieler Brauereien, wie bei Almond '22 in Pescara.

Die Brauerei 32 Via dei Birrai in Treviso hat ein neues Design für ihre Etiketten entwickelt: Sie sind farblich entsprechend der Angebotspalette abgestimmt, wobei alle die Marke „32" zeigen. Das Design hat großen Einfluss auf den Bierumsatz, angefangen beim Etikett über Bierdeckel und Flaschenverschluss bis hin zum Verschlusssystem mit Korken.

Auch die Brauerei Birra dell'Eremo in Assisi achtet auf ihr Image. Die Etiketten ihrer Flaschen sind von umbrischer Folklore inspiriert und werden von einer trendigen Kreativagentur entworfen.

Mittlerweile füllt eine der am längsten etablierten Mikrobrauereien Italiens ihr Biersortiment in Weinflaschen mit spezieller Prägung ab. Die unkonventionellen Etiketten zeigen eine Schrift, die mittelalterlichen Mönchshandschriften gleicht, inspiriert von einem Graffitikünstler – zu schön zum Recyceln.

🇮🇹 Revelation Cat Black Knight

Einige der von der Kritik hochgelobten italienischen Biere stammen von der Revelation Cat Brewery in Rom. Das Etikett sorgt für Aufmerksamkeit, während die von dem angloitalienischen Braumeister Alex Liberati geschaffenen modernen Bierstile auch mit Geschmack und Charakter überzeugen. Dies ist das erste Imperial Stout aus der Brauerei; es musste ein Jahr lang reifen, eh es 2012 in Flaschen abgefüllt wurde. Der Verkauf wird über drei Jahre gestaffelt, da es nur eine begrenzte Anzahl gibt.

Verkostungsnotizen: Schokolade, Kirschen, Bourbon und Vanille; fließt dick, ölig schwarz mit einer dichten braunen Schaumkrone.
* **Land:** Italien
* **Gebraut von:** Revelation Cat Craft Brewing
* **Stil:** Imperial Stout * **Farbe:** Schwarz
* **Alkoholgehalt:** 14% * **Trinktemperatur:** 12–16°C

🇮🇹 Toccalmatto Russian Imperial Stout Wild Bretta

Ein sehr spezielles Saisonbier von der Brauerei Toccalmatto in der Emilia-Romagna. Fassreifung wird immer beliebter unter den Craft-Beer-Brauereien, und für unterschiedlich alte Fässer werden hohe Preise bezahlt. Whisky-, Bourbon- und Sherryfässer sind sehr begehrt, da sie ihr Aroma an das Bier weitergeben. Das Imperial Russian Stout Wild Bretta reift in Fässern, die kurz zuvor einen hochwertigen italienischen Wein enthielten, der zu 100 % aus den Sagrantino-Trauben der Provinz Perugia gekeltert wird. Die Fassreifung verleiht dem Bier eine ungewöhnliche weinartige Qualität.

Verkostungsnotizen: Sherry, Tannine, Lakritz und Vanille; passt wunderbar zu Vanilleeis; knapp unter Raumtemperatur servieren.
* **Land:** Italien * **Gebraut von:** Birrificio Toccalmatto * **Stil:** Imperial Stout
* **Farbe:** Schwarz * **Alkoholgehalt:** 12% * **Trinktemperatur:** 13–16°C

🇫🇷 3 Monts

Bière de Garde (wörtlich: Bier zur Aufbewahrung) ist ein Bierstil, der einst in französischen Bauernhäusern im Winter gebraut und bis zum Sommer aufgehoben wurde, als die Landarbeiter Bier als (Teil-)Bezahlung erhielten. Der Grund für die lange Lagerung lag darin, dass das Bierbrauen im Sommer sehr schwierig war, weil die hohen Temperaturen die Hefe beeinflussten. Die lange Reifeperiode ließ das Bier ein ausgeprägtes Aroma entwickeln – und das trifft auch auf das 3 Monts zu.

Verkostungsnotizen: Geruch und Geschmack nach frisch gebackenem Weißbrot; wunderbar einfach; passt perfekt zu Käse und Schinken.
- **Land:** Frankreich
- **Gebraut von:** Brasserie de St. Sylvestre
- **Stil:** Bière de garde
- **Farbe:** Helles Goldgelb
- **Alkoholgehalt:** 8,5 %
- **Trinktemperatur:** 4–7°C

🇫🇷 Belzebuth Pur Malt

Benannt nach dem Teufel selbst, weist dieses Bier unterschiedliche Alkoholgrade auf, je nachdem, aus welchem Sud man trinkt, allerdings sinkt er selten unter 12 % – es ist also teuflisch stark. Je nach Braujahr wird das Bier als Pur Malt, Blonde oder Extra Strong bezeichnet. Die Brauerei Grain d'Orge kann sich anscheinend entscheiden.

Verkostungsnotizen: Teuflisches Aroma nach wärmendem Brandy und Honig; geringe Spuren von Holunderblüte.
- **Land:** Frankreich
- **Gebraut von:** Brasserie Grain d'Orge
- **Stil:** Belgisches Strong Ale
- **Farbe:** Bernstein
- **Alkoholgehalt:** 13 %
- **Trinktemperatur:** 8–13°C

WUSSTEN SIE SCHON?

Bei einer Ausgrabung in der Provence wurde eine der ältesten Brauereien der Welt entdeckt; der Fund zeigt, dass das Bierbrauen vor 2500 Jahren fast auf dieselbe Art wie heute erfolgte.

🇫🇷 Castelain CH'TI Ambrée

Ein weiteres Bière de Garde, allerdings unterscheidet sich CH'TI Ambrée von 3 Monts. Es enthält etwas weniger Alkohol, besitzt aber trotzdem ein ausgeprägtes Aroma. Dieses bernsteinfarbene Bière de Garde ist den belgischen Saisonbieren sehr ähnlich, allerdings tritt das Malzprofil gegenüber der Hefe deutlich in den Vordergrund.

Verkostungsnotizen: Ausgeprägtes Aroma nach Toffee, Karamell und Schwarzbrot; passt zu hartem, gereiftem Käse.
- **Land:** Frankreich
- **Gebraut von:** Brasserie Castelain
- **Stil:** Bière de garde **Farbe:** Bernstein
- **Alkoholgehalt:** 5,9 %
- **Trinktemperatur:** 7–9°C

🇫🇷 Fischer Tradition

Dieses Pale Lager wird von demselben Unternehmen hergestellt, das Desperados mit Tequilageschmack gebraut hat. Fischer Tradition wird in großen Flaschen mit Bügelverschluss verkauft und besitzt all die erfrischenden Eigenschaften eines Pale Lagers mit dem üblicherweise süffigen Geschmacksprofil. Eine ganz leichte Süße.

Verkostungsnotizen: Aroma nach Malz, Vollkorntoast und Getreide, tritt deutlich gegenüber der dünnen Textur und dem leichten Abgang hervor.
★ **Land:** Frankreich ★ **Gebraut von:** Heineken ★ **Stil:** Pale Lager
★ **Farbe:** Gelb ★ **Alkoholgehalt:** 6% ★ **Trinktemperatur:** 1–2 °C

🇫🇷 Kronenbourg 1664

Der Bestseller unter den französischen Bieren. Kronenbourg 1664 wird aus Gerstenmalz, Weizenmalz und Mais für zusätzliche Süße gebraut; dazu kommt eine der wenigen Hopfensorten aus dem Elsass: Strisselspalt. Dieser erdige Hopfen ist für das unverwechselbare Aroma des Premium Lagers verantwortlich. Außerdem wird Zuckercouleur für eine besonders tiefe Färbung zugefügt. Das Bier, das erstmals 1952 gebraut wurde, scheint von Erfolg zu Erfolg zu eilen.

Verkostungsnotizen: Geringes Aroma nach Getreide und Malz sowie ein Hauch von geröstetem Korn; eiskalt servieren.
★ **Land:** Frankreich ★ **Gebraut von:** Kronenbourg ★ **Stil:** Pale Lager
★ **Farbe:** Gelb ★ **Alkoholgehalt:** 5% ★ **Trinktemperatur:** 1–2 °C

🇫🇷 Le Brewery Odo

Franzosen und Engländer haben eine ziemlich wechselhafte Geschichte. Im Le Brewerys Odo allerdings vereinen sich die beiden Länder mit einem fantastischen Effekt. Der Bierstil Milk Stout wurde in England nach dem Ersten Weltkrieg beliebt und nun von der in der Normandie beheimateten Brauerei, die von dem Engländer Steve Skews 2001 gegründet wurde, perfekt umgesetzt.

Verkostungsnotizen: Aroma nach süßer, cremiger Schokolade, mit einem Hauch von Kaffee, Milch und etwas Lakritz.
- ★ **Land:** Frankreich
- ★ **Gebraut von:** Le Brewery
- ★ **Stil:** Milk Stout
- ★ **Farbe:** Dunkelrot
- ★ **Alkoholgehalt:** 6,6 %
- ★ **Trinktemperatur:** 8–13°C

WUSSTEN SIE SCHON?

In seinem 1876 erschienenen Buch „Studien über die Gärung" revolutionierte der französische Chemiker Louis Pasteur das bis dahin gültige Wissen über das Bierbrauen. Er veränderte den Ablauf des Prozesses und ebnete den Weg für moderne Brautechniken.

🇫🇷 Meteor Pils

Als Hommage an die Qualitäten eines tschechischen Pilsners hinsichtlich Aroma und Bitterkeit kreierte die Brauerei Meteor das Meteor Pils. Es wird mit demselben Saaz-Hopfen gebraut, den man auch in Tschechien nimmt und der für das erdige und dennoch leicht blumige Aroma sorgt, während es trotzdem wunderbar erfrischt – ein Golden Lager, wie es sein soll.

Verkostungsnotizen: Etwas süßer als die meisten tschechischen Pilsner, aber mit dem gleichen bitteren Nachgeschmack und Aroma.
- ★ **Land:** Frankreich ★ **Gebraut von:** Brasserie Meteor
- ★ **Stil:** Pilsner ★ **Farbe:** Hellgelb
- ★ **Alkoholgehalt:** 5 % ★ **Trinktemperatur:** 1–2°C

🇫🇷 Pelforth Blonde

Die Brauerei Pelforth benutzt einen englischen Hefestamm, um das Bière de Garde zu vergären. Einst hieß die Brauerei Pelican – der immer noch auf den Etiketten zu sehen ist. Der Name wurde in den 1930ern geändert: Er setzte sich aus den französischen Wörtern pelican (Pel) und forte (fort) zusammen, wobei man am Ende das „th" als kleine Hommage anfügte.

Verkostungsnotizen: Mild malzig, mit Noten von Toast, Getreide und Stroh; sehr dünne Textur.
* **Land:** Frankreich
* **Gebraut von:** Pelforth
* **Stil:** Bière de Garde
* **Farbe:** Hellgelb
* **Alkoholgehalt:** 5,8 %
* **Trinktemperatur:** 1–2 °C

🇫🇷 Thiriez Vieille Brune

Dieses Bier wurde von den traditionellen belgischen Bierkreationen Flämisch Braun beeinflusst, die gleich hinter der Grenze in Nachbarschaft zur Brauerei Thiriez produziert werden. Es wird drei Monate in französischen Weinfässern aus Eiche gelagert, um während der Reifung Holznoten und eine weinartige Natur zu entwickeln. Der saure Geschmack tritt deutlich zutage.

Verkostungsnotizen: Aroma nach Zeder, Eiche, Brandy; leichte Weinnote mit einem Hauch Essigschärfe.
* **Land:** Frankreich
* **Gebraut von:** Brasserie Thiriez
* **Stil:** Flämisch Braun
* **Farbe:** Tiefes Rotbraun
* **Alkoholgehalt:** 5,8 %
* **Trinktemperatur:** 8–13 °C

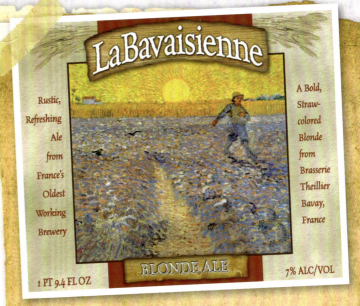

GELAGERTES BIER

Bière de Garde ist ein Landbier aus dem bierliebenden Norden Frankreichs. Der Name bedeutet „Bier zur Aufbewahrung". Ursprünglich im Herbst gebraut, als man die Fülle der Inhaltsstoffe voll nutzen konnte, wurde das Bier eingelagert.

Die Brausaison war relativ kurz, da die Inhaltsstoffe nur saisonal erhältlich und die Temperaturen im Spätherbst für das Bierbrauen am besten waren. In kühlen Räumen konnte das Bier bis in den Frühsommer gelagert werden.

Bière de Garde wird häufig mit den belgischen „Saisonbieren" verglichen, ist jedoch weniger hopfig und stärker malzig. Die lange Reifungszeit sorgt für vollen Geschmack und komplexen Charakter.

Bière de Garde gibt es in drei Varianten: hell, bernsteinfarben oder braun. Der Bierstil steht mehr mit den Landhausbrauereien Nordfrankreichs in Verbindung als mit einem genau definierten Aromaprofil. Jede Brauerei kreiert ein einzigartiges Produkt, sodass es eine breite Aromenpalette gibt.

Der Stil wird in einer Art Heimarbeit gepflegt und ist außerhalb seiner Heimatregion kaum bekannt. Beispiele sind La Bavaisienne der Brauerei Theillier, die die älteste Landbierbrauerei Frankreichs ist, Gavroche French Red Ale der Brasserie de St. Sylvestre und Jenlain Ambrée der Brasserie Duyck, die 2012 ihr 90-jähriges Jubiläum feierte. Auch Bière de Garde wurde von den US-amerikanischen Brauereien wiederentdeckt, die heute ihre Craft-Beer-Versionen auf den Markt bringen.

🇨🇭 1936 Bière

1936 ist eine familiengeführte Brauerei, die inmitten der spektakulären Schweizer Alpen liegt und sich sehr um Umweltschutz kümmert. Das Wasser stammt von einer wunderbar klaren Quelle in den Bergen, die Gerste für das Malz wird in einer Höhe von 1650 Metern angebaut, dazu der Biohopfen – das ergibt zusammen ein Pale Lager für den gehobenen Anspruch.

Verkostungsnotizen: Zitrusartige Hopfenaromen verbinden sich mit dem Geschmack von hellem Malz; sanfter, bitterer Abgang.
★ **Land:** Schweiz ★ **Gebraut von:** 1936 Bière ★ **Stil:** Premium Lager
★ **Farbe:** Golden ★ **Alkoholgehalt:** 4,7 % ★ **Trinktemperatur:** 2–5 °C

🇨🇭 BFM √225 Saison

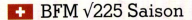

Den Geschmack eines gut gemachten „Saisonbieres" wird man niemals vergessen. BFM (Brasserie des Franches-Montagnes) braut ein wunderbares Bier, das als perfektes Beispiel für einen Vertreter des belgischen Bierstils dienen kann. Extrem erfrischend, mit zarten Aromen nach Apfelkuchen, Birne und Grapefruit, passt es sehr gut zu fast allen Speisen, besonders jedoch zu einer einfachen Scheibe Brot und Weichkäse.

Verkostungsnotizen: Geschmack leicht sauer, Aroma mit Hefe-, Zitronen- und blumigen Noten.
★ **Land:** Schweiz ★ **Gebraut von:** BFM ★ **Stil:** Saisonbier
★ **Farbe:** Helles Goldgelb ★ **Alkoholgehalt:** 5 %
★ **Trinktemperatur:** 4–7 °C

🇨🇭 Brasserie Trois Dames Grande Dame Oud Bruin

Ein perfektes Beispiel für einen glücklichen Zufall. Grande Dame ist das Ergebnis einer zufälligen Begegnung zwischen gärenden Valais-Aprikosen und einem belgischen Stout. Als eine Hommage an die Sauerbiere Flanderns wurde der Name Oud Bruin wörtlich übersetzt in „Altes Braunes", da das Bier vor der Flaschenabfüllung reift. Ein komplexes Aroma nach Rotwein, Wacholder, Zitronensäure und sauren Johannisbeeren macht sich beim ersten Schluck bemerkbar, und der Abgang ist wunderbar säuerlich. Von diesem Sauerbier wurden nur 1200 Flaschen hergestellt.

Verkostungsnotizen: Passt gut zu Frühlingslamm, Ente, Muscheln oder weichem Käse.
★ **Land:** Schweiz ★ **Gebraut von:** Brasserie Trois Dames ★ **Stil:** Saures Ale
★ **Farbe:** Tiefes Rubinrot ★ **Alkoholgehalt:** 7 % ★ **Trinktemperatur:** 4–7 °C

🇨🇭 Eichhof Hubertus

Eine Brauerei, die auf Tradition Wert legt: Der Einsatz von Pferd und Wagen für die Bierauslieferung ist nicht nur ein Marketinggag, sondern eine Möglichkeit, die extrem seltene Pferderasse Wladimirer Kaltblut am Leben zu erhalten. Die Pferde ziehen die Karren zu Bars, Kneipen und Restaurants in ganz Luzern, wo die Brauerei ihren Sitz hat.

★ **Verkostungsnotizen:** Aroma nach Karamellmalz, Noten von süßem Brot, sehr leichter, hopfiger Charakter.
★ **Land:** Schweiz
★ **Gebraut von:** Brauerei Eichhof
★ **Stil:** Dunkles Lager
★ **Farbe:** Dunkles Kupfer
★ **Alkoholgehalt:** 5,7 %
★ **Trinktemperatur:** 8–10 °C

🇨🇭 Locher Appenzeller Hanfblüte

Neben dem Hopfen geben die Brauer bei Locher noch Hanf dazu. Dabei werden sowohl die Blüten als auch die Blätter verwendet, um Aromen nach Ingwer, Pfeffer und Gewürzen zu erzeugen – neben dem typischen Hanfaroma.

★ **Verkostungsnotizen:** Aroma und Geschmack nach Hanf, Noten von Chili, Ingwer und anderen Gewürzen, die zusätzlich beigegeben wurden.
★ **Land:** Schweiz
★ **Gebraut von:** Brauerei Locher
★ **Stil:** Hanfbier
★ **Farbe:** Gelborange
★ **Alkoholgehalt:** 5,2 %
★ **Trinktemperatur:** 8–10 °C

WUSSTEN SIE SCHON?

Die Schweiz hat die höchste Brauereiendichte pro Kopf in der Welt; allerdings sind die Schweizer bescheidene Biertrinker und sehen es als geschmacklos an, wenn jemand betrunken ist.

🇨🇭 Ittinger Amber

Die Brauerei Ittinger kreiert das einzige Schweizer Bier mit einer königlichen Geschichte. Ihre Handelsmarke Amber wird aus einer Kombination von vier Weizenmalzsorten und Gerstenmalz gebraut, woraus der unverwechselbare Geschmack resultiert. Dieses Wiener Lager passt zu vielen Speisen, von Hähnchenflügeln bis zu Schweinegulasch.

★ **Verkostungsnotizen:** Leichte Aromen nach Karamell und Melasse, geringes Hopfenaroma, Noten von Trockenfrüchten im Abgang.
★ **Land:** Schweiz
★ **Gebraut von:** Heineken Schweiz
★ **Stil:** Wiener Lager ★ **Farbe:** Bernstein
★ **Alkoholgehalt:** 5,6 %
★ **Trinktemperatur:** 8–10 °C

🇨🇭 Ticino Bad Attitude Dude

Dude ist nach dem Hauptdarsteller in dem 1998er Kultfilmklassiker „The Big Lebowski" benannt. Eine Karikatur von Jeff Bridges – der den „Dude" spielt – ziert sogar die Seite der Bierdose. Dude ist ein Double IPA im kalifornischen Stil mit Hopfen von der Westküste Amerikas, der sowohl während des Kochens als auch während der Gärung zugesetzt wird, eine Technik, die man als Hopfenstopfen bezeichnet. Diese zweite Hopfenzugabe sorgt für intensiveren Geschmack und kräftigeres Aroma, ohne dass daraus zu viel Bitterkeit resultiert.

Verkostungsnotizen: Leichte Aromen nach Karamell und Melasse, geringes Hopfenaroma, Noten von Trockenfrüchten im Abgang.
- **Land:** Schweiz ★ **Gebraut von:** Ticino Brewing Company ★ **Stil:** Double IPA
- **Farbe:** Dunkles Bernstein ★ **Alkoholgehalt:** 7,51 % ★ **Trinktemperatur:** 4–7 °C

WUSSTEN SIE SCHON?

In einem 700 Jahre alten Tiroler Schloss gibt es die weltweit einzigen mit Bier gefüllten Swimmingpools, von denen jeder fast 24 000 Liter fasst. Da Bier sehr viel Kalzium und Vitamine enthält, soll es gut für die Haut sein.

🇨🇭 Ticino Bad Attitude Two Penny Porter

Die Hommage der Ticino Brewing Company an das erste Porter, das in London gebraut wurde. Das Two Penny Porter heißt so, weil der Preis für ein Viertel Porter im 19. Jahrhundert zwei Pence betrug. Mit einem Alkoholgehalt von 8,15 % wäre das Bier damals als Stout Porter bezeichnet worden, aber heute liegt der Unterschied zwischen einem Stout und einem Porter nur noch im Namen.

Verkostungsnotizen: Klassische Aromen nach Schokolade und Kaffee mit einem Hauch von Melasse und Lakritz.
- **Land:** Schweiz
- **Gebraut von:** Ticino Brewing Company
- **Stil:** Imperial Porter
- **Farbe:** Dunkelbraun
- **Alkoholgehalt:** 8,15 %
- **Trinktemperatur:** 8–13 °C

🇱🇺 Okult No.1 Blanche

Als Hommage an den belgischen Witbierstil in den 1960ern in Hoegaarden von Pierre Celis wiedereingeführt, ist Okult No.1 Blanche ein Bier, das sich durch Aromen nach Orangenschale und Koriander auszeichnet und mit hellem Weizen- statt Gerstenmalz gebraut wird. Das trübe hellgelbe Bier besteht zu 100 % aus Biozutaten.

Verkostungsnotizen: Vollmundige Zitronenaromen und bittere Orangenblüte; leichte Gewürznote im Abgang.
* **Land:** Luxemburg
* **Gebraut von:** Brasserie Simon
* **Stil:** Witbier
* **Farbe:** Trübes Gelb
* **Alkoholgehalt:** 5,5 % * **Trinktemperatur:** 4–7 °C

🇱🇺 Diekirch Premium

Der Bierstil Pale Lager hat sich fast weltweit durchgesetzt. Diekirch Premium ist ein weiteres Beispiel. Ein helles, leicht aromatisches Bier mit dünner Textur und frischem Charakter. Es gibt einen hervorragenden Aperitif oder auch Durstlöscher bei heißem Wetter ab.

Verkostungsnotizen: Leichtes Malz- und Hopfenaroma; süffiger, grasiger, bitterer Abgang.
* **Land:** Luxemburg
* **Gebraut von:** Brasserie de Luxembourg Mousel-Diekirch
* **Stil:** Pale Lager
* **Farbe:** Hellgelb
* **Alkoholgehalt:** 4,8 %
* **Trinktemperatur:** 2–5 °C

🇱🇺 Mousel Premium Pils

Mousel Premium Pils ist der wahre Geschmack Luxemburgs. Bei ihm ist die Bittere etwas stärker betont als bei anderen Lagerbieren in dem kleinen Land, daher ist es einem klassischen tschechischen Pilsner ähnlicher als einem Pale Lager. Bemerkenswert ist der lange, bittere Abgang, der auf dem Saaz-Hopfen beruht.

Verkostungsnotizen: Süßes Malzaroma, überdeckt durch trockenen Saaz-Hopfen; das Ganze kulminiert in einem Abgang, der für die tschechischen Marken kennzeichnend ist.
* **Land:** Luxemburg *
Gebraut von: Brasserie de Luxembourg Mousel-Diekirch
* **Stil:** Pilsner
* **Farbe:** Hellgelb
* **Alkoholgehalt:** 4,8 %
* **Trinktemperatur:** 2–5 °C

Luxemburg

🇳🇱 Amstel Lager

Amstel Lager zählt zu den berühmtesten Biermarken der Niederlande, es wurde erstmals 1870 in Amsterdam gebraut und ist nach dem Fluss Amstel benannt. Die Amstel sorgte auch für die Kühlung, da die Brauer im Winter hier ihre Eisblöcke holten. Damit hielten sie ihre speziellen Keller ausreichend kalt, um darin Bier zu lagern.

Verkostungsnotizen: Aroma nach hellem Malz mit einem Hauch Zuckermais aus der Dose und einer leichten frischen Hopfennote.
- **Land:** Niederlande
- **Gebraut von:** Amstel Brouwerij
- **Stil:** Pale Lager
- **Farbe:** Hellgelb
- **Alkoholgehalt:** 5 %
- **Trinktemperatur:** 2–3 °C

🇳🇱 Bavaria 8.6

Bavaria 8.6 ist ein starkes Premium Pilsner; in seinem Namen stecken die Alkoholprozente, die es einst enthielt – denn 2013 wurde Bavaria 8.6 auf 7,9 % Alkoholgehalt reduziert. Um so ein starkes Bier zu brauen, benötigt man eine ganze Menge Malz. In diesem Fall handelt es sich um eine Mischung aus fünf Malzsorten aus Frankreich, der Schweiz und den Niederlanden.

Verkostungsnotizen: Kräftiges Malzaroma, süß, mit einem Hauch von Marzipan und Mandel; passt hervorragend zu deftiger Bratwurst.
- **Land:** Niederlande ★ **Gebraut von:** Bavaria Brouwerij
- **Stil:** Imperial Pilsner ★ **Farbe:** Hellgelb
- **Alkoholgehalt:** 7,9 % ★ **Trinktemperatur:** 2–3 °C

DER BÜGELVERSCHLUSS

Während die meisten Bierflaschen mit einem Kronkorken verschlossen sind, ist das niederländische Lager Grolsch für seine Bügelverschlüsse bekannt, die einen Flaschenöffner überflüssig machen. Erstmals vorgestellt 1897, ist der Bügelverschluss immer noch beliebt, vor allem aufgrund seines „Plopp-Geräuschs" beim Öffnen.

Der Zapfen bestand früher aus Porzellan, heute wird er meist aus Plastik hergestellt, obwohl immer noch Flaschen mit Keramikzapfen in den Niederlanden in Umlauf sind. Sie werden vor allem von Hausbrauereien geschätzt, da sie sehr robust sind und leicht von Hand verschlossen werden können. Die Bügelverschlüsse waren in den 1980ern als Accessoires für Schuhe populär, ein Trend, der von der Boygroup Bros ausging.

Grolsch feiert 2015 sein 400-jähriges Jubiläum. 2012 hielt die Brauerei den ersten Grolsch-Bügelverschluss-Wettbewerb ab, bei dem Teilnehmer aus der ganzen Welt in Amsterdam zusammenkamen und zeigten, wie man den Bügel der Grolsch-Bierflaschen möglichst kreativ öffnen kann.

🇳🇱 De Molen Hel & Verdoemenis

De Molens Hel & Verdoemenis (wörtlich „Hölle und Verdammnis") ist ein Imperial Stout im belgischen Stil. Es wird in einer ähnlichen Stärke gebraut wie die Stouts, die im 18. und 19. Jahrhundert von London nach Russland exportiert wurden. Die Perle in De Molens hochbewertetem Sortiment hat viel Geschmack. Wie bei vielen handwerklich arbeitenden Brauereien begann Braumeister Menno Olivier in seiner Küche. Nach einem Jahr zog er in seine Garage um. Diese Anfänge mündeten bald in einem Restaurant, einer Brauerei mit einer Kapazität von 500 Litern und einigen der europaweit besten Biere.

Verkostungsnotizen: Jede Menge Aromen nach süßem Schokomalz, Gewürz- und Rauchnoten, dazu ein Hauch von Torf; passt zu einem Obstsalat aus Beeren.
- ★ **Land:** Niederlande ★ **Gebraut von:** Brouwerij de Molen ★ **Stil:** Imperial Stout
- ★ **Farbe:** Rotbraun ★ **Alkoholgehalt:** 10% ★ **Trinktemperatur:** 8–13°C

WUSSTEN SIE SCHON?

1983 wurde der Brauereierbe Alfred „Freddy" Heineken entführt und drei Wochen lang festgehalten, bis ein Lösegeld von 35 Millionen niederländischen Gulden gezahlt worden war – Hollywood hat dies mit Anthony Hopkins verfilmt.

🇳🇱 Grolsch
Premium Lager

Die Brauerei Grolsch ist mit über drei Millionen Hektolitern Bier pro Jahr die zweitgrößte in den Niederlanden (nach Heineken). Der Name Grolsch bedeutet wörtlich „aus Grolle" – so heißt die Stadt, in der Grolsch erstmals gebraut worden war. Das Premium Lager ist das Flaggschiff der Brauerei und wird häufig in den typischen Bügelverschlussflaschen verkauft.

Verkostungsnotizen: Aroma nach geröstetem Getreide und Schwarzbrot; süßer Malznachgeschmack; erfrischend und klar am Gaumen.
- ★ **Land:** Niederlande
- ★ **Gebraut von:** Grolsch Bierbrouwerij
- ★ **Stil:** Premium Lager
- ★ **Farbe:** Hellgelb
- ★ **Alkoholgehalt:** 5%
- ★ **Trinktemperatur:** 2–3°C

🇳🇱 Heineken

Die Weltmarke dominiert auch in den Niederlanden, wo sie das bestverkaufte Bier ist. Als die Zeitungen in den USA das Ende der Prohibition ankündigten, wurde eine Schiffsladung Heineken Bier über den Atlantik geschickt. Man wartete geduldig an der Ostküste bis zum 11. April 1933 um 17 Uhr; dann, nach einer Pause von 14 Jahren, konnten die Amerikaner endlich wieder Heineken genießen.

Verkostungsnotizen: Helles Malz sorgt für ein leichtes Weißbrotaroma; wenig Hopfenbittere.
* **Land:** Niederlande * **Gebraut von:** Heineken Nederland
* **Stil:** Pale Lager * **Farbe:** Golden
* **Alkoholgehalt:** 5 % * **Trinktemperatur:** 2–3 °C

🇳🇱 La Trappe Quadrupel

De Koningshoeven ist eine der beiden Trappistenbrauereien außerhalb Belgiens. La Trappe Quadrupel, das stärkste Bier in der Produktpalette mit einem Alkoholgehalt von 10 %, erhält sein Bananen- und Mandelaroma durch eine zweite Gärung in der Flasche. So reift das Bier besser heran und entwickelt umso ausgeprägtere Aromen, je länger man es im Keller lagert. Servieren Sie dieses wundervolle Bier bei Kellertemperatur zu einem süßen, eher mächtigen Dessert.

Verkostungsnotizen: Aroma nach reifen, in Alkohol getränkten Pflaumen und süßen Gewürzen, dazu ein Hauch Zimt und ein üppiges Rückgrat aus Karamellmalz.
* **Land:** Niederlande * **Gebraut von:** De Koningshoeven
* **Stil:** Quadrupel * **Farbe:** Trübes Bernstein
* **Alkoholgehalt:** 10 % * **Trinktemperatur:** 8–10 °C

WUSSTEN SIE SCHON?

Ein Bier namens Kwispelbier, angepriesen als „Bier für Ihren besten Freund" und gebraut mit Fleischextrakt und Malz, wurde von Gerrie Berendsen, dem Besitzer einer Tierhandlung, für Hunde nach der Jagd kreiert.

WUSSTEN SIE SCHON?

Estrella Damm verpflichtete Cesc Fàbregas für einen TV-Spot. Der spanische Fußballstar spielt mit Freunden auf einem Fischerboot Fußball mit einer Boje und trinkt dazu ein Estrella Damm.

🇪🇸 Alhambra Premium Lager

Die Alhambra Brauerei liegt im heißen Süden des Landes und produziert einige der am weitesten verbreiteten Biere der Region. Dieses leichte, süffige Lager weist fast keine Bittere und nur einen leichten Malzcharakter auf, sodass der Fokus ganz auf seinen erfrischenden Qualitäten liegt. Meist wird es als Aperitif in spanischen Tapas-Bars gereicht.

Verkostungsnotizen: Leichtes Malz- und Zitrusaroma mit einer dünnen, fast wässrigen Textur; kein Nachgeschmack.
- ★ **Land:** Spanien ★ **Gebraut von:** Cervezas Alhambra
- ★ **Stil:** Pale Lager ★ **Farbe:** Hellgelb
- ★ **Alkoholgehalt:** 4,6 % ★ **Trinktemperatur:** 2–3 °C

🇪🇸 Reina Oro

Reina Oro trifft man auf dem spanischen Festland nur selten an, dafür umso mehr auf den Kanaren. Touristen und Einheimische schätzen es aufgrund seines erfrischenden Charakters als idealen Durstlöscher. Es ist ein Standard Pale Lager und ähnelt in manchen Eigenschaften einem deutschen Pils mit seinen brotartigen Noten und dem geringen Hopfenaroma.

Verkostungsnotizen: Leichte brotige Malzaromen mit einem winzigen Hauch Bittere am Ende.
- ★ **Land:** Spanien ★ **Gebraut von:** Cervezas Anaga ★ **Stil:** Pale Lager
- ★ **Farbe:** Hellgelb ★ **Alkoholgehalt:** 5,5 % ★ **Trinktemperatur:** 2–3 °C

🇪🇸 Cruzcampo

Roberto und Tomás Osborne Guezala gründeten 1904 die Brauerei Cruzcampo, die sie nach La Cruz del Campo (das Kreuz vom Feld) benannten, einem Kreuz, das auf einem nahen Feld stand. Dieses 4,8%ige Lager ist das Flaggschiff des größten Bierproduzenten Spaniens. Im Logo ist der legendäre König und Erfinder des Bierbrauens Gambrinus zu sehen.

Verkostungsnotizen: Leicht metallisches Aroma mit einem Hauch Getreide, pfeffrigem Hopfen und einer kaum wahrnehmbaren Fruchtnote.
- ★ **Land:** Spanien
- ★ **Gebraut von:** Cruzcampo
- ★ **Stil:** Pale Lager
- ★ **Farbe:** Hellgelb
- ★ **Alkoholgehalt:** 4,8 %
- ★ **Trinktemperatur:** 2–3 °C

🇪🇸 DouGall's 942 IPA

Die US-Craft-Beer-Revolution ist in Spanien noch am Anfang, trotzdem werden immer mehr Bierproduzenten von Entwicklungen jenseits des Großen Teichs beeinflusst. So auch die Brauerei DouGall's. Dieses moderne amerikanische IPA wird man in Spanien kaum finden, es sei denn, man besucht die Brauereigaststätte in Liérganes in der Nähe von Santander.

Verkostungsnotizen: Grapefruitaroma mit einer passenden Karamellnote; sehr gut ausgewogen; langer und sehr bitterer Abgang.
* **Land:** Spanien
* **Gebraut von:** DouGall's
* **Stil:** IPA
* **Farbe:** Tiefgolden
* **Alkoholgehalt:** 7 %
* **Trinktemperatur:** 4–7 °C

🇪🇸 Estrella Damm

Die älteste, wenn auch nicht länger die größte Biermarke Spaniens – Estrella Damm aus der Innenstadt von Barcelona. Der Name Estrella bedeutet sowohl im Spanischen wie auch im Katalanischen „Stern", und ein goldener Stern verziert die Flasche seit der ersten Produktion 1876. Nicht mit Estrella Galicia aus dem Nordwesten Spaniens verwechseln.

Verkostungsnotizen: Leicht, perlend, mit süffigem Malzaroma und nur leicht bitteren Hopfennoten.
* **Land:** Spanien
* **Gebraut von:** Estrella Damm
* **Stil:** Pale Lager
* **Farbe:** Hellgelb
* **Alkoholgehalt:** 5,2 %
* **Trinktemperatur:** 1–2 °C

🇪🇸 Mahou Clásica

Das Mahou-Logo findet man auf einer breiten Palette an Bieren, vom leichtesten Pale Lager bis zum dunklen Mahou Negra. Mahou Clásica war das erste Bier, das die Brauerei nach ihrer Gründung 1890 produzierte. Der Geschmack entspricht einem typischen Pale Lager, das für Süffigkeit und Erfrischung steht.

Verkostungsnotizen: Leicht sauer, mit zarten Noten von Zerealien und einer perlenden, sehr kohlensäurehaltigen Textur.
* **Land:** Spanien
* **Gebraut von:** Mahou-San Miguel
* **Stil:** Pale Lager
* **Farbe:** Hellgelb
* **Alkoholgehalt:** 4,8 %
* **Trinktemperatur:** 1–2 °C

🇪🇸 Nómada Royal Porter A La Taza

Das höchstbewertete Bier in ganz Spanien und zweifellos das mit dem ausgeprägtesten Aroma – Nómada Royal Porter A La Taza muss man probiert haben. Ein klassisches Beispiel für die russischen Imperial Porters und Stouts, die im 18. und 19. Jahrhundert von Großbritannien nach Russland exportiert wurden, mit einer dicken pechschwarzen Textur, die im Glas fast ölig wirkt. Auf Aromen nach Lakritz, dunkler Schokolade und Eiche folgen Noten von Trockenfrüchten, noch mehr Schokolade und ein Hauch frisch gebrühter Espresso am Gaumen.

Verkostungsnotizen: Aroma nach Lakritze, Schokolade, Kaffee, Pflaumen, Brandy, Vanille; ein ausgewogenes, komplexes Bier.
- ★ **Land:** Spanien ● **Gebraut von:** Nómada Brewing
- ★ **Stil:** Imperial Porter ● **Farbe:** Schwarz
- ★ **Alkoholgehalt:** 10,5 % ★ **Trinktemperatur:** 11–15 °C

WUSSTEN SIE SCHON?

Laut einer Umfrage wollen Spanier auch in Zeiten der Rezession nicht auf ihr tägliches Bier unter Freunden verzichten. Es hole sie aus den eigenen vier Wänden und begleite sie in schwierigen wirtschaftlichen Zeiten.

🇪🇸 San Miguel Especial

Die bestverkaufte Marke Spaniens – es ist schier unmöglich, einen Supermarkt zu betreten, ohne in einen Stand von „Miguel" zu rennen. Die Gesellschaft produzierte die erste Flasche San Miguel Especial 1957. Ein sehr leichtes und nur wenig malziges Pale Lager, das ebenso allgegenwärtig wie erfrischend ist.

Verkostungsnotizen: Aroma nach süßem Malz; leichte Getreidenoten und so gut wie kein Hopfenprofil.
- ★ **Land:** Spanien
- ★ **Gebraut von:** Mahou-San Miguel
- ★ **Stil:** Pale Lager
- ★ **Farbe:** Golden
- ★ **Alkoholgehalt:** 4,8 %
- ★ **Trinktemperatur:** 1–2 °C

🇵🇹 Coral

Auf der Atlantikinsel Madeira vor der Westküste Portugals liegt die Stadt Camara de Lobos (übersetzt „das Zimmer der Wölfe"). Dies spielt auf die Seelöwen an, die im Portugiesischen als „lobos marinhos" bezeichnet werden und hier zur Zeit der Inselentdeckung 1419 sehr häufig waren. Coral ist hier mit Abstand das beliebteste Getränk nach dem berühmten süßen Madeira-Wein.

Verkostungsnotizen: Leicht, perlend, süffig; Aroma nach hellem Malz und äußerst geringe Hopfenbittere.
* **Land:** Portugal * **Gebraut von:** Heineken
* **Stil:** Pale Lager * **Farbe:** Hellgelb
* **Alkoholgehalt:** 5,3 % * **Trinktemperatur:** 1–2 °C

🇵🇹 Sagres Cerveja

An der äußersten südwestlichen Spitze Europas liegt ein kleines Dorf namens Sagres, in dem der Legende nach eine berühmte Seefahrtsakademie existiert haben soll. Die Marke Sagres ist danach benannt. Das Bier ist ein beliebter Aperitif in ganz Portugal und auch in Spanien. Es wird eiskalt mit Tapas serviert.

Verkostungsnotizen: Leichtes Aromaprofil nach Zuckermais und Getreide; fast keine Bittere; eiskalt servieren.
* **Land:** Portugal * **Gebraut von:** Central de Cervejas
* **Stil:** Pale Lager * **Farbe:** Hellgelb
* **Alkoholgehalt:** 5 % * **Trinktemperatur:** 1–2 °C

🇵🇹 Super Bock Stout

Ein Bier aus der beliebtesten Brauerei Portugals – hauptsächlich wegen ihres starken Pale Lagers –, das von Erfolg zu Erfolg eilt: Super Bock Stout. Mit diesem Schwarzbier – das eigentlich ein dunkles Lager und kein Stout ist – kreierte Unicer ein Bier mit einem Alkoholgehalt von 5 %, das gleichzeitig einen vollmundigen, dicken Körper und einen komplexen Malzcharakter vorweisen kann. Etwas kälter als die meisten Stouts servieren.

Verkostungsnotizen: Aroma nach Karamell, Beeren, einer leicht erdigen Rauchigkeit und Torf; sehr trocken im Abgang.
* **Land:** Portugal * **Gebraut von:** Unicer Bebidas * **Stil:** Schwarzbier
* **Farbe:** Dunkles Rotbraun
* **Alkoholgehalt:** 5 % * **Trinktemperatur:** 6–8 °C

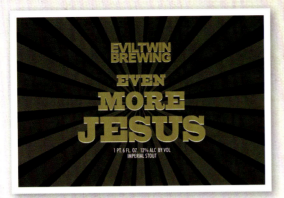

🇩🇰 Evil Twin Even More Jesus

Imperial Stouts zählen zu den Lieblingsbieren unter den Craft-Beer-Fans. Sie sind berühmt für ihre üppigen Geschmacksprofile, die dicke, zähflüssige Textur und den hohen Alkoholgehalt; daher können Biere wie das Even More Jesus von Evil Twin durchaus einschüchternd wirken. Man sollte es wie Wein langsam genießen.

Verkostungsnotizen: Aroma nach Toffee, Schokokaramellbonbons und Kaffee, später kommen Alkoholnoten und Muscovado-Zucker hinzu.
* **Land:** Dänemark * **Gebraut von:** Westbrook Brewing
* **Stil:** Imperial Stout * **Farbe:** Schwarz
* **Alkoholgehalt:** 12 % * **Trinktemperatur:** 8–13 °C

🇩🇰 Fuglsang Hvid Bock

Bock ist ein Bierstil, der lange Zeit mit Feiern und Festlichkeiten in Verbindung gebracht wurde – besonders mit religiösen Festen. Während der Fastenzeit benutzten bayrische Mönche dieses schmackhafte Starkbier als eine Art flüssige Nahrung. Obwohl Bockbiere gewöhnlich sehr dunkel sind, ist dieses mit hellem Malz aus Fuglsangs eigener Mälzerei gebraut.

Verkostungsnotizen: Teigiger Geschmack mit Aromen nach gärendem Brot und geröstetem Getreide; passt gut zu mexikanischer Küche.
* **Land:** Dänemark * **Gebraut von:** Bryggeriet S.C. Fuglsang * **Stil:** Bock
* **Farbe:** Honigtrüb * **Alkoholgehalt:** 7,6 % * **Trinktemperatur:** 4–7 °C

🇩🇰 Hornbeer The Fundamental Blackhorn

Hornbeer braut jedes Bier mit besonderer Kunstfertigkeit. Dieses Imperial Stout erhält mehr Hopfen als für diesen Bierstil üblich. Dann reift es in Walnuss- und Eichenfässern. Mit jeder Flasche erwartet Sie ein üppiges Geschmacksprofil nach Lakritz und dunkler Schokolade, mit einem Hauch von Eiche und Honig.

Verkostungsnotizen: Probieren Sie das Bier zu einem Schokodessert, Vanilleeis oder gereiftem Blauschimmelkäse.
* **Land:** Dänemark
* **Gebraut von:** Westbrook Brewing
* **Stil:** Imperial Stout
* **Farbe:** Schwarz
* **Alkoholgehalt:** 11 %
* **Trinktemperatur:** 8–13 °C

WUSSTEN SIE SCHON?

Nachdem Niels Bohr 1922 den Nobelpreis für Physik gewonnen hatte, schenkte ihm Carlsberg ein Haus nahe der Brauerei mit einer Bierpipeline, sodass er jederzeit kostenlos Bier zapfen konnte.

🇩🇰 Mikkeller
Beer Geek Breakfast

Mikkeller hat zwei große Leidenschaften: Bier und Kaffee. Das Flaggschiff ist das Beer Geek Breakfast. Es wird mit Hafermalz gebraut, um die feine seidige Textur zu erzielen, und mit einem ordentlichen Schuss vom Lieblingskaffee des Braumeisters – dadurch werden Sie garantiert wach. Man verwendet eine komplexe Malzmischung – Pilsener, Hafer-, Rauch-, Caramünch-, braunes und zwei Typen von Schokoladenmalz –, außerdem können in diesem Meisterwerk geräuchertes Gerstenmalz und Haferflocken auftauchen.

Verkostungsnotizen: Aroma nach Espresso und mildem Rauch, mit einem angenehmen Hopfengeschmack nach Kiefernharz am Gaumen; zum (oder als) Frühstück trinken.
* **Land:** Dänemark   * **Gebraut von:** Mikkeller
* **Stil:** Stout   * **Farbe:** Dunkelbraun
* **Alkoholgehalt:** 7,5 %   * **Trinktemperatur:** 8–13 °C

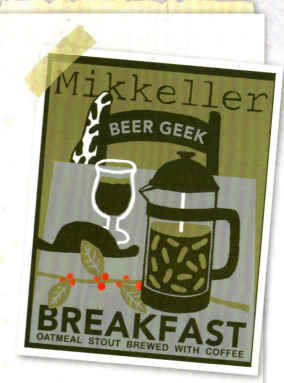

🇩🇰 Ørbæk Fynsk Forår

Nach dem ersten Schluck Ørbæk Fynsk Forår ist man irritiert. Gebraut mit Holunderblüten, entwickelt sich eine durchdringende Süße, zudem Noten von frisch gepresstem Apfel mit einem Hauch von Cidre – man muss sich noch ein zweites Mal auf dem Etikett vergewissern, ob es sich wirklich um Bier handelt.

Verkostungsnotizen: Geschmack und Geruch nach konzentrierten Holunderblüten, dazu ein Hauch von vergorenem Apfel.
* **Land:** Dänemark
* **Gebraut von:** Ørbæk Bryggeri
* **Stil:** Blonde Ale
* **Farbe:** Trübes Gelb
* **Alkoholgehalt:** 5 %
* **Trinktemperatur:** 4–7 °C

🇩🇰 Skovlyst BøgeBryg Braun Ale

Wenn Sie nach einem außergewöhnlichen Bier suchen, probieren Sie BøgeBryg Brown Ale. Wörtlich übersetzt mit „Buchenbier", ist dieses amerikanische Brown Ale ziemlich ungewöhnlich, da man Buchenzweige aus dem nahen Wald hinzufügt, um ein Aroma nach Holzrauch zu erhalten.

Verkostungsnotizen: Aroma nach Hopfen, Lagerfeuer und geröstetem Kaffee; passt gut zu reifem Gouda oder gegrilltem Lamm.
* **Land:** Dänemark
* **Gebraut von:** Bryggeri Skovlyst
* **Stil:** Brown Ale
* **Farbe:** Dunkelbraun
* **Alkoholgehalt:** 5,2 %
* **Trinktemperatur:** 8–13 °C

🇸🇪 CAP Endless Vacation Pale Ale

Das Flaggschiff der Brauerei CAP, Endless Vacation, ist ein amerikanisches Pale Ale. Dafür nimmt man vier verschiedene Hopfensorten – Warrior, Centennial, Cascade und Chinook –, die größtenteils aus dem Yakima Valley in Washington stammen. Die kräftigen Hopfenaromen nach Holunderblüte, Grapefruit und Passionsfrucht werden durch eine Dosis Karamell abgerundet.

Verkostungsnotizen: Ergibt eine klassische Kombination mit Meeresfrüchten; die Zitrusnoten ersetzen den Spritzer Zitronensaft beim Gericht.
★ **Land:** Schweden ★ **Gebraut von:** CAP ★ **Stil:** Pale Ale
★ **Farbe:** Hellorange ★ **Alkoholgehalt:** 5,3 % ★ **Trinktemperatur:** 4–7 °C

🇸🇪 Carnegie Stark Porter

Carnegie Porter wurde erstmals 1836 gebraut; damit ist es die älteste, offiziell registrierte Handelsmarke, die heute noch auf dem Markt ist. Es gibt zwei Varianten: eine mit 3,5 % Alkoholgehalt und diese stärkere Version („Stark"). Das Bier hat in Schweden eine Stellung wie Guinness in Irland. Zurzeit wird es von Carlsberg Schweden gebraut, die auch die Besitzerin ist, aber es gibt Pläne eine Mikrobrauerei in Schweden zu eröffnen, um das Bier dort zu produzieren.

Verkostungsnotizen: Schokolade, bitterer Kaffee und Toffee; der Geschmack nimmt mit dem Reifegrad zu, deshalb sollte man ein paar Flaschen einlagern.
★ **Land:** Schweden
★ **Gebraut von:** Carlsberg Sverige
★ **Stil:** Porter ★ **Farbe:** Dunkelbraun
★ **Alkoholgehalt:** 5,5 % ★ **Trinktemperatur:** 8–13 °C

🇸🇪 Jämtlands Hell

Dieses Premium Lager wurde in Zusammenarbeit mit zwei Kneipen – „Akkurat" und „Oliver Twist" – im Herzen Stockholms kreiert. Zweifellos die Perle in der Bierpalette der Jämtlands Bryggeri, entwickelt es mehr Aroma als alle anderen Lagerbiere in Schweden zusammen. Dabei sorgt ein hoher Hopfenanteil für ausreichend Bittere, ohne dass der Geschmack leidet. Am besten serviert man dieses Bier zu in der Pfanne gebratenem, mit Chili beträufeltem Tintenfisch, um den vollen spritzigen Effekt zu genießen.

Verkostungsnotizen: Duft von Hopfen, Trockenfurcht und Bitterorange in der Nase; Geschmack von bitterem Hopfen, Honig und Zitrus auf der Zunge; ein perfektes Lager.
★ **Land:** Schweden ★ **Gebraut von:** Jämtlands Bryggeri ★ **Stil:** Lager
★ **Farbe:** Orange ★ **Alkoholgehalt:** 5,1 % ★ **Trinktemperatur:** 8–10 °C

WUSSTEN SIE SCHON?

Die schwedische Regierung besitzt das Monopol auf den Verkauf alkoholischer Getränke – nur als Systembolaget bezeichnete Läden mit bestimmten Öffnungszeiten dürfen Spirituosen, Wein und Vollbier anbieten.

🇸🇪 Nils Oscar God Lager

Die Brauerei Nils Oscar ist nach einem Schweden benannt, der im 19. Jahrhundert mehrmals nach Amerika reiste, um etwas über Landwirtschaft und Ackerbautechnik zu lernen. Sein schwedisches Bauernhofimperium wird heute von seinen Nachkommen geführt; sie bauen Hafer, Weizen und Gerste für dieses goldfarbene Lager an. Ein traditionelles schwedisches Produkt vom Getreide direkt in die Flasche.

Verkostungsnotizen: Reines, unverfälschtes flüssiges Brot in einer Flasche; passt zu fast allen Speisen.
* **Land:** Schweden
* **Gebraut von:** Nils Oscar
* **Stil:** Helles
* **Farbe:** Golden
* **Alkoholgehalt:** 5,3 %
* **Trinktemperatur:** 4–7 °C

🇸🇪 Norrlands Guld Export

Eines der beliebtesten Biere Schwedens, das noch dazu jeder Einheimische auf den ersten Blick erkennt: Norrlands Guld gilt als das Bier für die coolen Leute. Eine der Hauptfiguren in den TV-Spots seit den frühen 1990ern ist der coole Ingemar, der aus der friedlichen Provinz Norrland stammt. Ein klassisches Pale Lager.

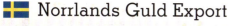

Verkostungsnotizen: Leichtes Malzaroma, Noten von geröstetem Getreide und ein süffiger, frischer Abgang. Ein Bier frei von jeglicher Anmaßung.
* **Land:** Schweden
* **Gebraut von:** Spendrups Bryggeri
* **Stil:** Pale Lager
* **Farbe:** Golden
* **Alkoholgehalt:** 5,3 %
* **Trinktemperatur:** 4–7 °C

🇸🇪 Spendrups Julöl

Von diesem Weihnachtsbier stellt die Brauerei Spendrups zwei Varianten her – eine mit 2,1 % Alkoholgehalt für die langen Weihnachtsessen, zu denen man mehr trinkt, und eine stärkere Version mit 5,3 % Alkoholgehalt. Angenehm ausgewogene Toffee-noten mit einem Hauch von Gewürz – bei diesem Bier dominieren traditionelle Weihnachtsaromen.

Verkostungsnotizen: Aroma nach Gewürznelken, ein Hauch von Kaffee und ein nussiger, brotartiger Nachgeschmack.
* **Land:** Schweden
* **Gebraut von:** Spendrups Bryggeri
* **Stil:** Amber Lager
* **Farbe:** Golden
* **Alkoholgehalt:** 5,3 %
* **Trinktemperatur:** 4–7 °C

Schweden

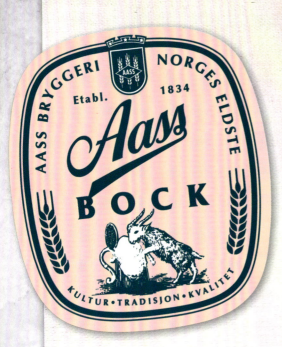

🇳🇴 Aass Bock

Als eine der wenigen Brauereien, die es in der Region Drammen, Norwegen, noch gibt, nimmt die Aass Bryggeri ihre Verantwortung sehr ernst. Die Anfänge 1834 waren bescheiden: Man verkaufte offenes Bier an Leute, die ihre eigenen Behälter oder Kübel zum Befüllen mitbrachten. Aass Bock ist ein dunkles Lager und etwas, das einem Pint von flüssigem Schwarzbrot sehr nahekommt. Stark, teigig und vielseitig – es passt sehr gut zu einer breiten Palette von Speisen.

Verkostungsnotizen: Schmeckt nach teigigem Schwarzbrot; Aroma nach Hefe; ein angenehmer wärmender Trunk..
* **Land:** Norwegen * **Gebraut von:** Aass Bryggeri
* **Stil:** Bock * **Farbe:** Tiefrot
* **Alkoholgehalt:** 6,5 % * **Trinktemperatur:** 4–7 °C

🇳🇴 Berentsens Rogalands Pils

Berentsens Brygghus ist für alle Arten von Getränken bekannt, darunter auch Apfelsaft, Mineralwasser und diverse Biersorten. Mit Abstand ihr beliebtestes Bier ist dieses Pilsner Lager. Ein angenehm leichter Aperitif, der sehr kalt mit gesalzenen Nüssen serviert werden sollte.

Verkostungsnotizen: Hellgelbe Farbe mit sehr leichten Malznoten und viel Kohlensäure im Abgang.
* **Land:** Norwegen
* **Gebraut von:** Berentsens Brygghus
* **Stil:** Pilsner
* **Farbe:** Hellgelb
* **Alkoholgehalt:** 4,7 %
* **Trinktemperatur:** 1–2 °C

🇳🇴 Hansa Borg Bayer

Als „Dunkel" wird der deutsche Bierstil bezeichnet, der viele unterschiedliche Biere hervorgebracht hat. Typischerweise werden sie mit dunklem Münchner Malz gebraut, von dem ein Teil bei höheren Temperaturen gekocht wird, um mehr Stärke zu gewinnen und ein deutlicheres Malzaroma zu erzielen.

Verkostungsnotizen: Üppiges Aroma nach süßsalzigem Karamell und geröstetem Malz; Lakritznoten im Abgang.
* **Land:** Norwegen
* **Gebraut von:** Hansa Borg Bryggerier
* **Stil:** Dunkles Lager
* **Farbe:** Dunkles Bernstein
* **Alkoholgehalt:** 4,5 %
* **Trinktemperatur:** 4–7 °C

🇳🇴 Kinn Julefred

Weihnachtsbiere sind in Skandinavien weitverbreitet. Julefred („Weihnachtsfriede") wird jedes Jahr gebraut, immer nach einem etwas veränderten Rezept. Daraus resultiert ein Alkoholgehalt zwischen 4,5 und 6,7 %. Im Gegensatz zu vielen anderen Weihnachtsbieren ist das Kinn Julefred nur dezent gewürzt, wobei dunkle Früchte und Karamell dominieren.

Verkostungsnotizen: Rosinen, Pflaumen und getrocknete Feigen; dazu ein Hauch von Kaffee, Kandiszucker und Karamellbonbons.
* **Land:** Norwegen
* **Gebraut von:** Kinn Bryggeri
* **Stil:** Weihnachts-Saisonbier
* **Farbe:** Trübes Braun
* **Alkoholgehalt:** 6,5%
* **Trinktemperatur:** 8–10°C

🇳🇴 Nøgne Ø India Pale Ale

Nøgne Ø ist eine der meistgeschätzten Brauereien Norwegens; ihre Palette umfasst Brown Ales, Imperial Stouts und weitere Bierstile. Dies ist ihr wunderbar ausgewogenes IPA. Eine Kombination aus amerikanischen Hopfensorten (Cascade und Chinook) sorgt für einen harzigen Geruch in der Nase, ehe Karamellnoten hervortreten.

Verkostungsnotizen: Kräftige Aromen nach Kiefernharz und süßer Grapefruit sowie ein Hauch von zu kräftig gewürztem Brathähnchen.
* **Land:** Norwegen
* **Gebraut von:** Nøgne Ø
* **Stil:** IPA
* **Farbe:** Orange
* **Alkoholgehalt:** 7,5%
* **Trinktemperatur:** 8–10°C

🇳🇴 Ringnes Extra Gold

Ringnes, die größte Brauereigruppe Norwegens, ist in der Hauptstadt Oslo zu Hause. Heute gehört sie zu Carlsberg. Ihr beliebtes Extra Gold ist ein starkes, vollmundiges Lager, dem für die Süße eine Extraportion Malz hinzugefügt wird und das einen Abgang aus hopfigem Kiefernharz aufweist. Ein geschmackvolles Bier mit kräftiger Wirkung.

Verkostungsnotizen: Leicht fruchtiges Aroma mit süßen Malznoten und starkem Alkohol im Abgang.
* **Land:** Norwegen
* **Gebraut von:** Ringnes Bryggeri
* **Stil:** Strong Pale Lager
* **Farbe:** Helles Bernstein
* **Alkoholgehalt:** 6,5%
* **Trinktemperatur:** 4–7°C

WUSSTEN SIE SCHON?

Das altnordische Wort „Berserker" bedeutet Bärengewand; es rührt angeblich von der Wikingersitte her, im Kampf eine Bierpause einzulegen. Dabei wurden Unmengen Bier getrunken und danach wurde wie ein Bär ohne Harnisch oder Hemd weitergekämpft.

🇮🇸 Einstök Icelandic Toasted Porter

Die Brauerei Einstök macht das Beste aus ihrer Lage – etwa 90 Kilometer südlich vom nördlichen Polarkreis. Das Wasser soll perfekt für das Bierbrauen geeignet sein, da es auf seinem Weg durch ehemalige Lavafelder und Gebirgsgletscher optimal gefiltert wurde. Dieses Toasted Porter ist aus geröstetem und Schokoladenmalz gebraut, wodurch es seine seidig schwarze Farbe bekommt.

Verkostungsnotizen: Kräftige Noten von Espresso und dunkler Schokolade; passt hervorragend zu Schmorbraten.

- ★ **Land:** Island ★ **Gebraut von:** Einstök Ölger
- ★ **Stil:** Porter ★ **Farbe:** Dunkelbraun
- ★ **Alkoholgehalt:** 6% ★ **Trinktemperatur:** 8–13°C

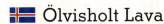

🇮🇸 Ölvisholt Lava

Direkt vor der Tür der Brauerei Ölvisholt kann man den aktiven Vulkan Hekla sehen, vor allem wenn seine Lava den Berghang hinunterfließt. Das passend benannte Ölvisholt Lava wird mit geräuchertem Malz gebraut. Dadurch bekommt es ein einzigartiges Raucharoma und einen besonders rauchigen Geschmack, zusätzlich zu den üblichen Aromen eines Imperial Stout.

Verkostungsnotizen: Kräftige Aromen nach Rauch, Schokolade und Karamell; passt hervorragend zu jeder Art von gegrilltem Fleisch.

- ★ **Land:** Island
- ★ **Gebraut von:** Ölvisholt Lava
- ★ **Stil:** Imperial Stout
- ★ **Farbe:** Schwarz
- ★ **Alkoholgehalt:** 9,4%
- ★ **Trinktemperatur:** 8–13°C

WUSSTEN SIE SCHON?

Das finnische Nationalepos Kalevala, das auf jahrhundertealter Folklore und Mythologie fußt, zählt 400 Verse, die sich mit Bier beschäftigen, aber nur 200, die den Ursprung der Menschheit behandeln.

➕ Hartwall Lapin Kulta

Der Markenname Lapin Kulta wird für eine ganze Reihe verschieden starker Lager verwendet, darunter Biere mit 2,7 %, 4,5 % und 5,2 % Alkoholgehalt. Am besten verkauft sich das Premium Lager, eines der beliebtesten Flaschenbiere in Finnland. Sein extrem leichtes Aromaprofil macht es süffig und zu einem idealen Begleiter zum Essen.

Verkostungsnotizen: Sehr leichte Malznote mit geringer Bittere und einem weichen Abgang.
* **Land:** Finnland
* **Gebraut von:** Hartwall
* **Stil:** Pale Lager
* **Farbe:** Hellgelb
* **Alkoholgehalt:** 2,7 %
* **Trinktemperatur:** 1–2 °C

➕ Laitilan Kievari Imperiaali

Das zum 15. Jubiläum der Brauerei in Laitila, Finnland, gebraute Laitilan Kievari Imperiaali ist ein Imperial Stout. Es unterliegt einem 15 Monate dauernden Reifungsprozess, durch den sich die kräftigen Alkoholnoten entwickeln und ausbreiten. Lagern Sie eine Flasche im Keller, um diesen Prozess fortzuführen.

Verkostungsnotizen: Noten von Schwarzbrot, geröstetem Kaffee und Lakritz; passt hervorragend zu Kaffee-Eis.
* **Land:** Finnland
* **Gebraut von:** Laitilan Wirvoitusjuomatehdas
* **Stil:** Imperial Stout
* **Farbe:** Dunkelbraun
* **Alkoholgehalt:** 9,2 %
* **Trinktemperatur:** 8–13 °C

➕ Sinebrychoff Koff Porter

Die Brauerei Sinebrychoff wurde 1819 in Helsinki von einem russischstämmigen Händler gegründet und zählt heute zu den größten Finnlands. Ihr bestes Bier ist dieses Porter im baltischen Stil. Es wird mit einer geringfügig höheren Menge Hopfen als die meisten baltischen Porter gebraut.

Verkostungsnotizen: Aroma nach milden Rauch, Alkohol, geröstetem Malz, Bitterschokolade und Kaffee.
* **Land:** Finnland
* **Gebraut von:** Sinebrychoff
* **Stil:** Baltic Porter
* **Farbe:** Helles Schwarz
* **Alkoholgehalt:** 7,2 %
* **Trinktemperatur:** 8–13 °C

DIE TOP TEN UNTER DEN BIEREN DER WELT

Auch wenn die Wiege des Bieres in Europa steht, wird die Liste der bestverkauften Marken von Bieren aus anderen Kontinenten dominiert.

China ist das Land mit den meisten Biermarken, denn es ist zugleich auch der weltweit größte Markt für Bier. Obwohl die Chinesen im Vergleich zu biertrinkenden Nationen wie Deutsche oder Tschechen relativ zurückhaltende Biertrinker sind, ist die Bevölkerungszahl mit 1,35 Milliarden Menschen einfach riesig. China produzierte 2012 mehr als 44 Milliarden Liter Bier – doppelt so viel wie die USA, die an zweiter Stelle der bierbrauenden Nationen stehen.

10
BRAHMA
18,1 Mio. Barrel

Zusammen mit Skol beherrscht Brahma den schnell wachsenden Biermarkt Brasiliens. Es wird von der 1888 gegründeten Companhia Cervejaria Brahma gebraut, die heute zu AB InBev gehört. Seit 2004 wird Brahma weltweit angeboten.

8
HEINEKEN
29,1 Mio. Barrel

Obwohl der Mutterkonzern Heineken International über 170 Marken weltweit vertreibt, bleibt das namengebende Pilsner Lager der Bestseller. Erstmals 1874 in den Niederlanden gebraut, wird Heineken immer noch in der Brauerei Zoeterwoude hergestellt. Ein vor kurzem Bekehrter ist James Bond aufgrund einer Partnerschaft zwischen Heineken und einem Kinofilm-Franchise.

9
COORS LIGHT
25,1 Mio. Barrel

Erstmals 1978 als Bier mit wenig Kalorien für die gesundheitsbewussten geburtenstarken Jahrgänge gebraut, eroberte Coors Light von Molson Coors schnell den Weltmarkt. Ziel ist, auf dem asiatischen Markt zu wachsen, besonders in China und Japan.

7 | SKOL
29,9 Mio. Barrel

Biertrinker in Großbritannien kennen vielleicht noch Skol, eine in den 1970ern eine bekannte Marke, deren Stern nun im Sinken ist. Dafür konnte sich Skol auf anderen Märkten durchsetzen, besonders in Afrika und Brasilien, wo es mit einem Marktanteil von 30% an der Spitze steht.

6 | CORONA EXTRA
31,6 Mio. Barrel

Einheimisches Bier steht in Mexiko an erster Stelle, und es wird in mehr als 170 Länder der Erde exportiert. Das Pilsner Lager wurde erstmals 1925 gebraut. Heute gehört die Marke 100%ig zu AB InBev.

5 | BUD LIGHT
36,7 Mio. Barrel

1982 als Bier mit wenig Alkohol und Kalorien auf den Markt gebracht, ist Bud Light mittlerweile das beliebteste Leichtbier in den USA. Die Marke entwickelte sich immer weiter, zuletzt kam das Bud Light Platinum mit einem Alkoholgehalt von 6 % heraus, für das sich Justin Timberlake als „Kreativdirektor" verpflichtete.

DIE WAHRSCHEINLICH BESTEN BIERE DER WELT

Natürlich sind Verkaufszahlen nicht alles. Die World Beer Awards unternehmen weltweit Blindproben, um die besten Biere in den jeweiligen Bierstilen zu ermitteln. Hier die Gewinner von 2013:

★ **Bestes Bier** – Primator Weizenbier, Tschechien

★ **Bestes dunkles Bier** – Malheur 12, Belgien

★ **Bestes aromatisiertes Bier** – Tazawako Beer Rauch, Japan

★ **Bestes Lager** – Sharp's Cornish Pilsner, England

★ **Bestes Helles** – Maison de Brasseur Thou, Frankreich

★ **Bestes Sauerbier** – Lindemans Old Kriek Cuvée René, Belgien

★ **Bestes Spezialitätenbier** – Le Trou du Diable La Bretteuse Brassin Spécial, Kanada

★ **Bestes Stout und Porter** – Minoh Beer Imperial Stout, Japan

★ **Bestes Weizenbier** – Primator Weizenbier, Tschechien

(Quelle: The World Beer Awards)

YANJING
39,6 Mio. Barrel

Dieses Pale Lager hält in Peking einen Marktanteil von fast 85 %; es war das offizielle Bier der Olympischen Spiele 2008. Die Brauerei zählt mit 20 000 Angestellten zu den größten in Asien. Mit einem soliden Standbein in China konzentriert man sich mittlerweile stärker auf das internationale Geschäft.

BUDWEISER
40,4 Mio. Barrel

Budweiser war einst das amerikanische Bier schlechthin, heute wird es jedoch in über 85 Ländern verkauft und gehört zur belgischen Brauereigruppe AB InBev. Die Marke hat besonders in den wachstumsträchtigen Märkten Brasiliens und Chinas Fortschritte erzielt, und mittlerweile gilt Budweiser als das beliebteste Bier der Welt. Es ist ein Sponsor der Fußballweltmeisterschaft 2014 in Brasilien.

TSINGTAO
57,9 Mio. Barrel

Tsingtao wurde 1903 in einer von deutschen und britischen Siedlern gegründeten Brauerei hergestellt, die heute etwa 15 % Marktanteil in China besitzt. Seit 1954 wird die Marke exportiert. Es ist das bestverkaufte chinesische Bier in den USA. Nach der Verstaatlichung vor etlichen Jahren kam das Unternehmen 1990 wieder in Privatbesitz.

(Quelle: The Drinks Business)

SNOW BEER

74,8 Mio. Barrel

1

Snow Beer mit einem Alkoholgehalt von 3,9 % ist Chinas am schnellsten wachsende und beliebteste Marke. Es wird in einem Joint Venture gebraut von SABMiller und China Resources Enterprises. Die erste Produktion erfolgte 1993, wobei man aus Tschechien importierte Hopfensorten verwendete. Weiteres Wachstum ist wahrscheinlich, denn die Brauerei erhöhte ihre Kapazitäten um weitere 20 Millionen Liter Bier pro Jahr.

🟥 Jabłonowo Piwo na Miodzie Gryczanym

Browar Jabłonowo ist bei Kennern berühmt für die breite Bierpalette, darunter das Miodzie Gryczanym. Gegen Ende des Brauprozesses wird eine gute Portion Honig dazugegeben, dadurch schmeckt das dunkel bernsteinfarbene Bier süß und entfaltet eine wärmende Wirkung. Es ist nicht für die kalte Jahreszeit geeignet.

Verkostungsnotizen: Honig in Geruch und Geschmack, dazu ein leichter Hauch von Buchweizen und Keks.
- ✴ **Land:** Polen
- ✴ **Gebraut von:** Browar Jabłonowo
- ✴ **Stil:** Honigbier
- ✴ **Farbe:** Dunkles Bernstein
- ✴ **Alkoholgehalt:** 5,2 %
- ✴ **Trinktemperatur:** 8–13 °C

🟥 Lech Premium Lager

Nicht viele Brauereien halten einen Weltrekord, aber Lech gelang 2007 ein besonderes Kunststück anlässlich der Eröffnung eines neuen Abschnitts ihres Brauhauses in Posen: Man baute den größten Bierkrug der Welt. Er fasste 4250 Liter Bier, 10 625 Leute nahmen einen Schluck daraus – die größte Personenzahl, die je aus einem einzigen Bierkrug getrunken hat.

Verkostungsnotizen: Leichtes Malzaroma, Noten von Zuckermais und Knäckebrot, geringe Hopfenbittere im Abgang.
- ✴ **Land:** Polen
- ✴ **Gebraut von:** Lech Browary Wielkopolski
- ✴ **Stil:** Pale Lager
- ✴ **Farbe:** Gelb
- ✴ **Alkoholgehalt:** 5,2 %
- ✴ **Trinktemperatur:** 1–2 °C

WUSSTEN SIE SCHON?

In Polen mischt man Bier mit Himbeer- oder schwarzem Johannisbeersaft (piwo z sokiem) und trinkt es mit einem Strohhalms. Im Winter schätzt man heißes Bier mit Nelken und Zimt, das mit Honig gesüßt wird (piwo grzane).

🟥 Okocim Mocne

Das polnische Wort „Mocne" bedeutet „stark", das heißt, das Bier hält, was es auf der Dose verspricht. Der Malzanteil der Maische ist höher als gewöhnlich, um mehr Zucker freizusetzen und einen höheren Alkoholgehalt bei diesem Imperial Pilsner zu erzielen. Okocim Mocne ist eines der beliebtesten Starkbiere in Polen.

Verkostungsnotizen: Fruchtig mit Noten von Apfel, geröstetem Getreide und einem leichten Karamellaroma.
- ✴ **Land:** Polen
- ✴ **Gebraut von:** Carlsberg Polska
- ✴ **Stil:** Imperial Lager
- ✴ **Farbe:** Bernstein
- ✴ **Alkoholgehalt:** 7 %
- ✴ **Trinktemperatur:** 1–2 °C

Perła Chmielowa

Viele Biere aus Mitteleuropa sind Lagerbiere, die Abkömmlinge des tschechischen Pilsners. Auch Perła Chmielowa aus Lubin in Polen gehört dazu. Mit seinem markanten Aroma nach edlem Hopfen, gemischt mit einer leicht erhöhten Süße, unterscheidet es sich von einem standardmäßigen Pale Lager. Trotzdem bleibt die Erfrischung das erste Ziel, und der Geschmack am Gaumen ist nicht erdrückend. Das Bier passt zu Grillabenden an heißen Tagen.

Verkostungsnotizen: Aroma nach brotigem Malz und erdigem Hopfen; eine klassische Kombination.
✷ **Land:** Polen ✷ **Gebraut von:** Browary Lubelskie ✷ **Stil:** Pilsner
✷ **Farbe:** Hellgolden ✷ **Alkoholgehalt:** 6 % ✷ **Trinktemperatur:** 3–5 °C

Tyskie Gronie

Tyskie beherrscht fast 20 % des polnischen Biermarkts und ist eine der führenden Biermarken des Landes. Seit die EU ihre Türen für Polen öffnete, wird Tyskie verstärkt auch in anderen Ländern angeboten, besonders in Großbritannien, wo sich Mitte der 2000er viele Polen ansiedelten. Ein süffiges, dennoch aromatisches Pale Lager, das als Durstlöscher hervorragend geeignet ist.

Verkostungsnotizen: Leichtes Zitrusaroma vom Hopfen, dazu eine süße brotige Malznote.
✷ **Land:** Polen ✷ **Gebraut von:** Tyskie Brewery
✷ **Stil:** Pale Lager ✷ **Farbe:** Gelb
✷ **Alkoholgehalt:** 5,5 % ✷ **Trinktemperatur:** 3–5 °C

Żywiec Porter

Żywiec (ausgesprochen Dsche-wi-ets) Porter ist ein starkes, dunkles Baltic Porter, das Herz und Gemüt bei stürmischem Wetter wärmt – ein durchaus normaler Zustand in Polen. Ein wunderbar ausgewogenes Bier mit einem delikaten Gleichgewicht zwischen Malzsüße und Hopfenbittere. Von rotschwarzer Farbe mit dicker beigefarbener Schaumkrone.

Verkostungsnotizen: Schokolade, Karamell und Kaffee, warmer Abgang mit viel Gewürz.
✷ **Land:** Polen ✷ **Gebraut von:** Bracki Browar Zamkowy
✷ **Stil:** Baltic Porter ✷ **Farbe:** Dunkelrot-Schwarz
✷ **Alkoholgehalt:** 9,5 % ✷ **Trinktemperatur:** 10–14 °C

WUSSTEN SIE SCHON?

Das leicht alkoholische Getreidegetränk „Boza" wird schon seit Tausenden von Jahren gebraut. Es ist besonders auf dem Balkan und in der Türkei beliebt, vielleicht aufgrund eines Gerüchts, dass es die weibliche Brust vergrößere.

🇦🇱 Birra Tirana

Ein Pale Lager, das nach der Hauptstadt Albaniens, Tirana, benannt ist. Hier ist auch der Sitz der Brauerei Birra Malto. In Albanien hatte Bier hinter den traditionellen Getränken wie Wein und Branntwein lange das Nachsehen. Heute produziert die Brauerei 150 000 Hektoliter im Jahr.

Verkostungsnotizen: Leichte Getreidemalznoten, sehr geringe Bittere; extrem süffig als Aperitif.
* **Land:** Albanien
* **Gebraut von:** Birra Malto
* **Stil:** Pale Lager
* **Farbe:** Hellgelb
* **Alkoholgehalt:** 4%
* **Trinktemperatur:** 1–2 °C

🇧🇬 Schumensko Premium

Schumensko Premium ist die ein paar lohnende Cent teurere Variante von Schumensko Light – man verwendet dafür mehr Malz in der Maische, um zusätzlichen Zucker freizusetzen und einen höheren Alkoholgehalt zu erzielen. Das Bier passt dank seiner malzigen, brotartigen Natur zu einer breiten Palette von Speisen, die von Steaks bis zu Salaten reicht.

Verkostungsnotizen: Malziges Getreide, geröstetes Vollkornbrot und ein sehr dezentes grasiges Hopfenaroma.
* **Land:** Bulgarien
* **Gebraut von:** Shumensko Pivo
* **Stil:** Pale Lager
* **Farbe:** Gelborange
* **Alkoholgehalt:** 4,6%
* **Trinktemperatur:** 1–2 °C

🇧🇬 Stolichno Bock

Dieses Bier wird in der bulgarischen Hauptstadt gebraut, und die wörtliche Übersetzung von „Stolichno" lautet „aus der Hauptstadt". Dieses Bockbier nach deutschem Stil wurde erstmals 2004 produziert. Es handelt sich um ein starkes, leicht süßliches Lager mit äußerst geringer Hopfenbittere.

Verkostungsnotizen: Malz- und Toastnoten mit einem Hauch von Alkohol, angenehmer Geschmack nach Karamell, geringe Hopfenpräsenz.
* **Land:** Bulgarien
* **Gebraut von:** Zagorka
* **Stil:** Bock
* **Farbe:** Dunkelbraun
* **Alkoholgehalt:** 6,5%
* **Trinktemperatur:** 4–7 °C

🇷🇴 Ursus Premium

Bei Rumäniens ureigenstem „König der Biere", dem Ursus Premium, handelt es sich um ein 5%iges Pale Lager. „Ursus" ist lateinisch für „Bär". Es gibt verschiedene Varianten dieses Bieres, darunter Schwarzbier und Pilsner, und alle zeigen einen Bären auf dem Etikett.

Verkostungsnotizen: Geruch und Geschmack nach Getreide und Mais; wenig Kohlensäure, trockener, bitterer Abgang.
* **Land:** Rumänien
* **Gebraut von:** Ursus
* **Stil:** Pale Lager
* **Farbe:** Hellgelb
* **Alkoholgehalt:** 5%
* **Trinktemperatur:** 1–2 °C

🇭🇺 Dreher Bak

Die Brauerei Dreher ist eine der bekanntesten in Ungarn. Sie wurde von dem österreichischen Brauer Anton Dreher gegründet; er entwickelte die Technik des Vergärens bei niedrigen Temperaturen, wodurch es ihm gelang, einen neuen Typ Lager, genannt Wiener Lager, zu kreieren. Dreher Bak ist allerdings ein dunkler Bock, ein starkes, dunkles Lager.

Verkostungsnotizen: Üppiges Aroma nach Malz, geröstetem Kaffee und Bitterschokolade; passt sehr gut zu geräucherter Wurst.
* **Land:** Ungarn
* **Gebraut von:** Dreher
* **Stil:** Dunkel Bock
* **Farbe:** Dunkelrot
* **Alkoholgehalt:** 7,3 %
* **Trinktemperatur:** 8–10 °C

🇭🇺 Szalon Világos Sör

Die 1848 von Leopold Hirschfeld gegründete Brauerei Pécsi Sörfözde in Südungarn wurde von seinem Sohn Samuel übernommen. Um eine permanente Wasserquelle von guter Qualität zu haben, ließ Samuel Hirschfeld einen Brunnen bohren, der heute noch in Betrieb ist. Die Biermarke Szalon wurde 1907 als Handelsmarke registriert, und der Name lebt in diesem Pale Lager weiter, das im ganzen Land beliebt ist.

Verkostungsnotizen: Noten von zitrusartigem Hopfen und Stroh; leichte Metallnote; trockener, bitterer, apfelbetonter Abgang.
* **Land:** Ungarn   **Gebraut von:** Pécsi Sörfözde   **Stil:** Pale Lager
* **Farbe:** Hellgelb   **Alkoholgehalt:** 4,6 %   **Trinktemperatur:** 1–2 °C

🇭🇷 Ožujsko

Kroatiens populärste Biermarke reicht zurück bis ins Jahr 1893; sie orientierte sich am tschechischen Pilsner, das Josef Groll ein halbes Jahrhundert vorher kreiert hatte. Ein feines Hopfenaroma mit einer erfrischenden Dosis hellem Malz und einem langen, bitteren Abgang.

Verkostungsnotizen: Aroma nach Heu und Stroh; ein Hauch von geröstetem Brot unterstützt das erdige Hopfenaroma.
- **Land:** Kroatien
- **Gebraut von:** Zagrebačka Pivovara
- **Stil:** Pilsner
- **Farbe:** Hellgelb
- **Alkoholgehalt:** 5 %
- **Trinktemperatur:** 3–5 °C

🇭🇷 Tomislav Tamno

Dieses wärmende Baltic Porter wird mit viel Zucker gebraut, der aus doppelt so viel Gerstenmalz stammt. Dieser Extrazucker wird zu dem wahrscheinlich stärksten Bier in Kroatien vergoren mit einem Alkoholgehalt von 7,3 %. Der Alkohol wird von einem Aroma nach Melasse, Schokolade und ausgiebigen Kaffee- und Dattelnoten verdeckt.

Verkostungsnotizen: Trockenfrüchte, Toastbrot und Karamell, mit Noten von Schokolade und Zuckersirup.
- **Land:** Kroatien
- **Gebraut von:** Zagrebačka Pivovara
- **Stil:** Baltic Porter
- **Farbe:** Dunkelbraun
- **Alkoholgehalt:** 7,3 %
- **Trinktemperatur:** 8–10 °C

🇲🇪 Nikšićko Tamno

Die einzige Brauerei in Montenegro, Trebjesa, ist in Nikši zu Hause und wurde 1908 gegründet. Die einzige Brauerei im Land zu sein, bedeutet auch, dass ihre Biere so ziemlich die einzigen sind, die in Montenegro getrunken werden. Dieses Schwarzbier wird mit dunklen Malzsorten gebraut, was einen ausgeprägten Geschmack nach leicht verbranntem Malz ergibt.

Verkostungsnotizen: Dunkle Trockenfrüchte, Schokolade; mittlere Süße mit viel dunkler Schokolade im Abgang.
- **Land:** Montenegro
- **Gebraut von:** Pivara Trebjesa
- **Stil:** Schwarzbier
- **Farbe:** Sehr dunkles Nussbraun
- **Alkoholgehalt:** 6,2 %
- **Trinktemperatur:** 4–7 °C

🇷🇸 Jelen

An den Toren der Brauerei Apatinska hängt eine alte Türglocke aus den frühen Tagen ihrer Geschichte. Sie läutet zweimal täglich und markiert Anfang und Ende des Arbeitstages; dass sie auch heute noch läutet, zeigt eine Arbeitsmoral und ein Traditionsbewusstsein, auf das die Brauerei Apatinska stolz ist. Jelen ist das meistverkaufte Bier in Serbien.

Verkostungsnotizen: Geschmack nach Zuckermais, leicht papieren mit einer metallischen Spitze im Abgang.
* **Land:** Serbien
* **Gebraut von:** Apatinska Pivara
* **Stil:** Pilsner
* **Farbe:** Hellgelb
* **Alkoholgehalt:** 5 %
* **Trinktemperatur:** 2–3 °C

🇷🇸 Lav

Die Marke Lav ist eine der bekanntesten in Serbien, weil sie die serbische Fußballnationalmannschaft sponsert. Das am zweitmeisten verkaufte Bier des Landes hat eine treue Anhängerschaft und wurde 2006 zur zweitbesten Marke in Serbien hinter Gorki Brandy gewählt. Ein klassisches Premium Lager.

Verkostungsnotizen: Leichtes Aroma nach Mais und grasigem Hopfen; süßer, fast sirupartiger Abgang.
* **Land:** Serbien
* **Gebraut von:** Carlsberg Srbija
* **Stil:** Pale Lager
* **Farbe:** Dunkelgelb
* **Alkoholgehalt:** 5 %
* **Trinktemperatur:** 2–3 °C

WUSSTEN SIE SCHON?

Die Zeitung „The Independent" nannte das Belgrader Bierfest im Ušće-Park, auf dem Hunderte Biersorten präsentiert wurden, eines der weltweiten Ereignisse, das man 2006 hätte erleben sollen.

🇷🇸 Zaječarsko Svetlo

Serbisches Bier ist nicht für seine große Vielfalt bekannt. Der vorherrschende Bierstil ist Pale Lager, dann gibt es noch einige dunkle Lager. Dieses ist ein Bier im Pilsnerstil, wobei seine Wurzeln eher in den vollmundigen deutschen Pilsnern als in den tschechischen liegen. Eiskalt als Aperitif servieren.

Verkostungsnotizen: Brotartiger, vollmundiger Geschmack; dennoch leichter Abgang; sehr süffig.
* **Land:** Serbien
* **Gebraut von:** Efes Zaječar Pivara
* **Stil:** Pilsner
* **Farbe:** Hellgolden
* **Alkoholgehalt:** 4,7 %
* **Trinktemperatur:** 2–3 °C

🇱🇹 Gubernijos Ekstra

Nicht nur die älteste Brauerei Litauens, sondern eines der weltweit ältesten Unternehmen, denn Gubernija wurde bereits 1665 gegründet. Ekstra ist das Flaggschiff der Brauerei, ein Pale Lager, das in den meisten Kneipen Litauens verkauft wird. Ein sehr süffiges Bier, angenehm ausgewogen zwischen der richtigen Menge an leichter hopfiger Bittere und leichtem Malz.

Verkostungsnotizen: Süffig, gut ausgewogen zwischen süßem Malz und erdigen, blumigen Hopfensorten; eiskalt genießen.
* **Land:** Litauen
* **Gebraut von:** Gubernija
* **Stil:** Pale Lager
* **Farbe:** Hellgelb
* **Alkoholgehalt:** 5,5 %
* **Trinktemperatur:** 1–2 °C

🇱🇹 Švyturys Baltas

Die Brauerei Švyturys kreierte ein klassisches Hefeweizen, das stark von den vollmundigen Hefeweißbieren aus Deutschland beeinflusst ist. Da dieses Bier nicht filtriert wird, bleibt die Hefe in der Flasche und liefert jede Menge Aromen wie Banane, Nelken, Orangenschale und andere exotische Früchte. Es wird in einem eigenen hohen deutschen Hefeweizenglas ausgeschenkt und sollte mit einem Schnitz Zitrone serviert werden.

Verkostungsnotizen: Probieren Sie dieses Bier zu scharfen Meeresfrüchten oder einem weichen, cremigen Käse.
* **Land:** Litauen
* **Gebraut von:** Švyturys
* **Stil:** Hefeweizen
* **Farbe:** Trübes Gelb
* **Alkoholgehalt:** 5 %
* **Trinktemperatur:** 4–7 °C

🇱🇹 Utenos Porteris

Die Brauerei Utenos, die ihr Wasser aus einer 207 Meter tiefen Quelle im Nationalpark Aukštaitija in Litauen bezieht, ist eine der größten im Baltikum. Mit über 100 Millionen Litern Bier, die jedes Jahr produziert werden, braut man auch im Auftrag anderer Brauereien in und um Skandinavien. Mit 6,8 % Alkoholgehalt nicht gerade ein Leichtgewicht besticht dieses Porter durch seine wundervoll tiefrote Farbe und eine perlende beigefarbene Schaumkrone. Es ist erfrischender, als man es bei solch einem dunklen, zähflüssigen Bier erwarten würde.

Verkostungsnotizen: Noten von süßem Kaffee, Lakritz und etwas Schokolade, mit einem sehr trockenen Abgang; eher wie ein Irisches Stout.
* **Land:** Litauen
* **Gebraut von:** Utenos
* **Stil:** Baltic Porter
* **Farbe:** Dunkelrot
* **Alkoholgehalt:** 6,8 %
* **Trinktemperatur:** 8–13 °C

🇱🇻 Aldaris Porteris

Heute gehört Aldaris zum skandinavischen Biergiganten Carlsberg, konnte aber trotzdem dieses beliebte Baltic Porter weiterproduzieren. Die größte Brauerei Lettlands und ihre zentrale Lage im Baltikum bedeuten für Carlsberg, dass man sein Bier noch leichter vertreiben kann; daher werden Sie Aldaris-Biere überall finden.

Verkostungsnotizen: Geschmack nach geröstetem Kaffee, Karamell und braunem Zucker; wunderbar wärmend an kalten Tagen.
- **Land:** Lettland
- **Gebraut von:** Aldaris
- **Stil:** Baltic Porter
- **Farbe:** Dunkelbraun
- **Alkoholgehalt:** 6,8 %
- **Trinktemperatur:** 8–10 °C

WUSSTEN SIE SCHON?

Der Brauer Andrius Perevičius ist der Star einer Realityserie im litauischen Fernsehen, die „Brauer sucht Frau" heißt. Darin müssen potenzielle Partnerinnen Bier zapfen, Getreide schippen und Bier verkosten, um ihn zu beeindrucken

🇪🇪 A. Le Coq Porter

Wenn es Ziel einer Brauerei ist, die „attraktivste und angesehenste" Brauerei in Estland zu sein, sollten Sie davon Notiz nehmen. Leichter als die meisten Baltic Porters, ist die Variante von A. Le Coq überraschend süffig und bietet Aromen von weichem Karamell sowie eine leichte Gewürznote im Abgang.

Verkostungsnotizen: Probieren Sie dieses Bier zu gegrilltem geräuchertem Schweinebauch mit süßer Sauce.
- **Land:** Estland
- **Gebraut von:** A. Le Coq
- **Stil:** Baltic Porter
- **Farbe:** Nussbraun
- **Alkoholgehalt:** 6,5 %
- **Trinktemperatur:** 8–13 °C

🇪🇪 Saku Porter

Wie die meisten in dieser Region gebrauten Biere ist das Saku Porter nicht als Erfrischung gedacht, sondern um an kalten Tagen zu wärmen. Das Bier sollte daher auch mit Gerichten für die kalte Jahreszeit kombiniert werden, etwa mit Stews, geschmortem Wildbret oder üppigen Schokodesserts. Es erfüllt alle wärmenden Kriterien, schmeckt aber gleichzeitig ganz und gar köstlich.

Verkostungsnotizen: Leicht rauchige Aromen nach Kaffee, Alkohol und Zucker, kombiniert zu einem großartigen Effekt; ölige Textur und ein langer, alkoholischer Abgang.
- **Land:** Estland
- **Gebraut von:** Aldaris
- **Stil:** Baltic Porter
- **Farbe:** Dunkelbraun
- **Alkoholgehalt:** 6,9 %
- **Trinktemperatur:** 8–13 °C

Lettland und Estland

🇸🇰 Kaltenecker Brokat 13° Dark Lager

Viele Biere aus großen Brauereiunternehmen sind pasteurisiert – um die Lebensdauer des Bieres zu verlängern und den Transport aufgrund der extrem Haltbarkeit zu erleichtern. Jedoch wird dadurch ein Großteil des ursprünglichen Aromas eines Bieres vernichtet. Die Brauerei Kaltenecker pasteurisiert dieses dunkle Lager nicht – daher bleibt sein Geschmacksprofil optimal erhalten.

✶ **Verkostungsnotizen:** Nussige Aromen mit Karamell, Hefe und etwas Zuckermelasse.
✶ **Land:** Slowakei
✶ **Gebraut von:** Pivovar Kaltenecker
✶ **Stil:** Dunkel
✶ **Farbe:** Dunkelbraun
✶ **Alkoholgehalt:** 5 %
✶ **Trinktemperatur:** 8–10 °C

🇸🇰 Zlatý Bažant 12%

In Nordamerika wird das Bier als „Golden Pheasant" vertrieben. Zlatý Bažant 12% (wörtlich übersetzt: Goldfasan) ist eines der wenigen Biere, das innerhalb der Slowakei gebraut wird. Lassen Sie sich von den 12% auf dem Etikett nicht täuschen: Diese Zahl bezieht sich auf den Zuckergehalt vor der Fermentation und endet meist bei 5 % Alkoholgehalt.

✶ **Verkostungsnotizen:** Hopfig, mit einem Hauch von Erde, Blumen und etwas geröstetem Getreide.
✶ **Land:** Slowakei
✶ **Gebraut von:** Heineken Slowakei
✶ **Stil:** Pilsner
✶ **Farbe:** Golden
✶ **Alkoholgehalt:** 5 %
✶ **Trinktemperatur:** 3–5 °C

WUSSTEN SIE SCHON?

Die slowakische Brauerei Topvar kürt jedes Jahr die schönsten Kellnerinnen und Kellner. Die Gewinner erhalten Bier und werden für Werbekampagnen von Topvar eingesetzt – und sie haben die Chance, im Topvar-Kalender zu erscheinen.

🇸🇮 Laško Zlatorog

Die Brauerei Laško wurde 1825 von einem Lebkuchenbäcker und Honigweinproduzenten gegründet und nach ihrem Heimatort Laško benannt. Heute ist sie die größte Brauerei Sloweniens. Das Zlatorog Pilsner bildet das Flaggschiff der Produktpalette – ein erfrischendes Pale Lager mit Malzsüße und wenig hopfiger Bittere. Ein wunderbarer Aperitif!

✶ **Verkostungsnotizen:** Grasige Hopfen mit wenig Bittere, angenehm ausgewogen durch Malznoten nach Knäckebrot.
✶ **Land:** Slowenien
✶ **Gebraut von:** Pivovarna Laško
✶ **Stil:** Pilsner
✶ **Farbe:** Gelb
✶ **Alkoholgehalt:** 4,9 %
✶ **Trinktemperatur:** 1–2 °C

Slowakei und Slowenien

SLOWAKISCHES BIER

Während Tschechien sehr für seine Biertradition gerühmt wird, bleibt der frühere Partner Slowakei häufig außen vor. Dabei sind slowakische Biere sehr empfehlenswert, und die Hauptstadt Bratislava entwickelt sich mittlerweile zu einem alternativen Ziel für Biertouristen.

Slowakische Biere teilen sich hauptsächlich in zwei Typen: svetle (leicht) und tmave (dunkel). Svetle Biere sind eher bitter und hopfig. Zlatý Bažant (Goldfasan) ist das häufigste Fassbier, ein goldfarbenes, sehr gut ausgewogenes und herrlich erfrischendes Bier. Ein weiteres ist Urpiner Premium 12°. 2012 gewann dieses Bier eine Silbermedaille beim Wettbewerb European Beer Star in der Kategorie Böhmisches Pilsner – das einzige slowakische Bier, das ausgezeichnet wurde.

Tmave Biere sind etwas süßer und haben weniger Nachgeschmack. Urpiner Dark hat der Brauerei ebenfalls eine Auszeichnung eingebracht, und zwar eine Goldmedaille beim Bierfest Ceské Budejovice 2012. Saris Tmave ist ein Bier, das man in vielen slowakischen Bars und Kneipen findet.

Wenn man sich für ein slowakisches Bier entscheiden muss, sollte man etwas über das Etikettensystem wissen. Ein Bier muss laut Gesetz seinen Stammwürzegehalt in Grad Plato angeben. Dieser erscheint als Grad- oder Prozentzahl auf dem Etikett. Ein Bier mit 10 Grad Plato enthält ungefähr 4 % und eines mit 12 Grad Plato 5 % Alkohol.

Union Temno

Dies ist ein weiches, dem deutschen Stil nachempfundenes Dunkel mit einer leichten Süße. Es eignet sich hervorragend, um einen Abend zu beschließen, und passt sehr gut zu einem mächtigen Karamell- oder Schokodessert. Jede Menge ausgeprägter Aromen und Geschmacksrichtungen treten hervor, sobald es etwas wärmer wird, deshalb nicht zu kalt genießen.

☆ **Verkostungsnotizen:** Lakritz, geräucherter Speck und Schokolade, mit einem süßen Pflaumen- und Dattelprofil.
☆ **Land:** Slowenien
☆ **Gebraut von:** Pivovarna Union
☆ **Stil:** Dunkel
☆ **Farbe:** Schwarz
☆ **Alkoholgehalt:** 5,2 %
☆ **Trinktemperatur:** 8–13 °C

🇺🇦 Lvivske Porter

Schnell meint man, ein Baltic Porter sei genau wie das andere. Aber im Gegensatz zu vielen anderen Bieren in diesem dunklen, starken Stil haben die Brauer von Lvivske Porter ein eher weinartiges Aroma und einen ebensolchen Geschmack kreiert – statt der sonst üblichen Kombination aus Kaffee und Schokolade.

Verkostungsnotizen: Süß, klebriges Karamell mit einem üppigen weinartigen Aroma; im Abgang nochmals jede Menge Weinnoten.
★ **Land:** Ukraine
★ **Gebraut von:** Lvivska Pivovarnya
★ **Stil:** Baltic Porter
★ **Farbe:** Rubinrot
★ **Alkoholgehalt:** 8 %
★ **Trinktemperatur:** 8–13 °C

🇧🇾 Alivaria Zolotoe

Weißrussland ist nicht gerade für ein heißes Klima bekannt, daher sind die meisten hier gebrauten Biere dunkel, wärmend und kräftig. Gelegentlich kommt doch die Sonne heraus, und man benötigt ein einfaches, erfrischendes, nach Brot schmeckendes Dortmunder Lager: Alivaria Zolotoe – leicht, krautig und durch und durch ein Genuss.

Verkostungsnotizen: Gut ausgewogen zwischen brotartigem Malz und frischen, bitteren Hopfensorten.
★ **Land:** Weißrussland
★ **Gebraut von:** Pivzavod Alivaria
★ **Stil:** Helles
★ **Farbe:** Hellgelb
★ **Alkoholgehalt:** 4,8 %
★ **Trinktemperatur:** 2–5 °C

WUSSTEN SIE SCHON?

In Russland galt Bier mit weniger als 10 % Alkohol vor 2011 als Nahrungsmittel und war damit 24 Stunden am Tag erhältlich, bis Präsident Medwedew Bier offiziell zum alkoholischen Getränk erklärte, um den Alkoholismus unter Kontrolle zu bekommen.

🇧🇾 Krinitsa Porter

Der Name Krinitsa Porter kann verwirren, denn das Bier ist eher ein Doppelbock – ein starkes, dunkles Lager. Man verwendet dafür fast die doppelte Menge Malz, um einen besonders intensiven Geschmack zu kreieren. Außerdem ist der zusätzliche Zucker auch dafür verantwortlich, dass der Alkoholgehalt steigt. Wie auch immer man es bezeichnen möchte, dies ist ein Bier mit Charakter!

Verkostungsnotizen: Teigige Süße, Karamell mit Noten von Vanillezucker und Fruchtnoten.
★ **Land:** Weißrussland
★ **Gebraut von:** OAO Krinitsa
★ **Stil:** Doppelbock
★ **Farbe:** Dunkelrot
★ **Alkoholgehalt:** 8 %
★ **Trinktemperatur:** 8–10 °C

🇷🇺 Baltika No.4

Die Brauerei Baltika in St. Petersburg ist die größte in Osteuropa. Ihr Baltika No.4 wurde erstmals 1994 gebraut; man verwendet für das Dunkel Maltosesirup und Roggen neben anderen Inhaltsstoffen und erzielt damit ein ziemlich leichtes Hopfenprofil.

Verkostungsnotizen: Gebrannter Karamell, nussige und metallische Aromen mit einem leicht künstlichen Zuckergeschmack.
- **Land:** Russland
- **Gebraut von:** Baltika Breweries
- **Stil:** Dunkel
- **Farbe:** Dunkles Bernstein
- **Alkoholgehalt:** 5,6 %
- **Trinktemperatur:** 8–13 °C

🇷🇺 Nevskoe Imperskoe

Wird ein Bier als „Imperial" angepriesen, dann ist damit „stark" gemeint. In diesem Fall soll „Imperial" lediglich auf die vornehme Kundschaft verweisen – vielleicht eine Anspielung auf Russlands zaristische Vergangenheit? Mit einem Alkoholgehalt von 4,6 % ist dieses Lager nicht ganz so imperial, wie es Biertrinker schätzen, aber es ist ein wunderbares Bier für zwischendurch.

Verkostungsnotizen: Sehr leicht, mit Noten von Knäckebrot und Honig; fast ohne bitteren Nachgeschmack.
- **Land:** Russland
- **Gebraut von:** Baltika Breweries
- **Stil:** Pale Lager
- **Farbe:** Hellgolden
- **Alkoholgehalt:** 4,6 %
- **Trinktemperatur:** 1–2 °C

🇷🇺 Sibirskaya Korona

Eingeführt als Premium Lager, entwickelte sich Sibirskaya Korona von der Brauerei Omsk zu einem der beliebtesten Pale Lager auf dem russischen Markt. Das erstmals 1996 gebraute Bier war so erfolgreich, dass nach nur drei Jahren sein Hersteller von SUN, einem Teil der AB InBev, der größten Brauereigruppe der Welt, übernommen wurde.

Verkostungsnotizen: Süßes Getreide, ein Hauch von Zuckermais und getoastetem Weißbrot; ein Bier für den russischen Sommer.
- **Land:** Russland
- **Gebraut von:** SUN InBev
- **Stil:** Pale Lager
- **Farbe:** Hellgelb
- **Alkoholgehalt:** 5 %
- **Trinktemperatur:** 1–2 °C

ASIEN

Da der Bierkonsum im Westen nachgelassen hat, halten Bierproduzenten im Osten nach neuen Märkten Ausschau. Asien bekommt zunehmend Durst auf Bier.

China ist heute mengenmäßig der größte Biermarkt der Welt und außerdem auch der größte Bierhersteller mit über 44 Milliarden Litern Bier pro Jahr. Dieses Wachstum brachte interessante Zeiten mit sich, als die global operierenden Brauereigiganten AB InBev, SABMiller und Heineken Kooperationen mit asiatischen Brauereien schlossen oder lokale Marken aufkauften.

Eine Art grobes „Bier" aus Reis oder Hirse wurde zuerst vor Tausenden Jahren in Indien gebraut. Bier, wie wir es heute kennen, ist in Asien seit Mitte des 19. Jahrhunderts verbreitet, als die Kolonialmächte begannen, für die Europäer in den jeweiligen Regionen Brauereien zu errichten. Der lange Transport hatte zur Entwicklung eines speziellen Bierstils geführt, des britischen India Pale Ales. Heute ist Pale Lager der vorherrschende Bierstil in Asien, wobei es auf den Philippinen auch einige Dunkelbiere wie das San Miguel Cerveza Negra gibt.

China ist heute mengenmäßig der größte Biermarkt der Welt und außerdem auch der größte Bierhersteller mit über 44 Milliarden Liter Bier pro Jahr.

Bis 1994 war die Auswahl in Japan ziemlich klein, weil das Gesetz für Brauereien eine Jahresproduktion von zwei Millionen Litern pro Jahr vorschrieb. Als das Limit auf 60 000 Liter gesenkt wurde, entstanden neue Mikrobrauereien, die als JiBiru bekannt wurden.

Unter den neuen Marken befindet sich Hitachino Nest, eine außergewöhnliche Bierpalette, produziert von der Brauerei Kiuchi. Auch Baird Brewing bietet japanischen Biertrinkern eine Alternative zu knochentrockenen Pilsnern.

Obwohl in Indien relativ wenig Bier getrunken wird, schießen in manchen Städten die Brauhäuser nur so aus dem Boden, um die neue Mittelschicht zu versorgen. Sogar in China gibt es Mikrobrauereien, die mitunter einheimische Inhaltsstoffe benutzen, wie etwa Szechuanpfeffer, chinesischen Tee und Dattelhonig. Bei einer Bevölkerung von über 1,35 Milliarden reicht es für den Erfolg, wenn man nur einen Bruchteil zu verschiedenen Bieren bekehrt.

Asien 187

● Asahi Super Dry

Eine Brauerei, die ihre Verantwortung für die Umwelt sehr ernst nimmt, denn Asahi recycelt alles, was irgendwie in Gebrauch ist – der Abfall an Hefepräparaten wird an Pharmaunternehmen weitergeleitet, und das verbrauchte Malz findet in der Tiernahrung Verwendung. Dieses Bier ist der Grund, dass die Japaner die Liebe zu Lager entdeckten. Die Zugabe von Reis zur Maische ist auch so eine Besonderheit, und die Brauer sind sich einig, dass der Kater am nächsten Morgen viel weniger schlimm ausfällt. Asahi beherrscht aus gutem Grund über 40 % des japanischen Biermarkts.

Verkostungsnotizen: Wie der Name sagt, unglaublich trocken am Ende; Maismalz und bittere Hopfen.
* **Land:** Japan
* **Gebraut von:** Asahi Breweries
* **Stil:** Pale Lager
* **Farbe:** Goldgelb
* **Alkoholgehalt:** 5 %
* **Trinktemperatur:** 3–5 °C

WUSSTEN SIE SCHON?

Ein Guinness-Weltrekord für die größte Skulptur aus Blechdosen wurde durch den Nachbau eines Modells von Schloss Yoshida aus 104 840 leeren Bierdosen aufgestellt – ein Projekt, um für Recycling zu werben.

● Baird Dark Sky Imperial Stout

Craft Beer wird auch in Japan gebraut. Seit ihrer Gründung 2000 braut Baird Brewing einige der besten Biere des Landes. Gebraut im Hinterzimmer der Schankstube in Numazu, ist Dark Sky etwa so schwer, wie ein Stout sein sollte. Üppige Hopfenaromen verraten die Inspiration aus den USA, während eine Mischung aus acht verschiedenen Malzsorten für die nötige Ausgewogenheit des Bieres sorgt.

Verkostungsnotizen: Blumige und fast tropische Hopfenaromen passen zum üppigen Aroma nach Schokolade und Kaffee.
* **Land:** Japan
* **Gebraut von:** Baird Brewing Co.
* **Stil:** Imperial Stout
* **Farbe:** Dunkelbraun
* **Alkoholgehalt:** 7,6 %
* **Trinktemperatur:** 8–13 °C

● Echigo Pilsner

Der tschechische Bierstil Pilsner Lager dominiert weltweit. Mit dem Einsatz von Saaz-Hopfen bekommt Echigo Pilsner seine blumige, leicht pfeffrige Qualität und eine erhöhte Malzpräsenz – ein Pilsner im klassischen Stil. Gebraut wird Echigo Pilsner in der Region von Niigata an der Nordwestküste von Honshu, Japans größter Insel.

Verkostungsnotizen: Brotartiges Malzaroma mit einem hervorstechenden Charakter durch die Saaz-Hopfensorten; passt gut zu Kuhmilchkäse.
* **Land:** Japan
* **Gebraut von:** Echigo Beer Co.
* **Stil:** Pilsner
* **Farbe:** Hellgelb
* **Alkoholgehalt:** 5 %
* **Trinktemperatur:** 3–5 °C

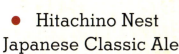

● Hitachino Nest Japanese Classic Ale

Die Marke Hitachino Nest wird von der Brauerei Kiuchi in Ibaraki produziert, und dies ist ihre interessante Annäherung an den IPA-Stil. Lebhafter Hopfencharakter im Antrunk. Was dieses Bier außergewöhnlich macht, ist sein Reifungsprozess in Zedernfässern, die sonst für japanischen Sake verwendet werden.

Verkostungsnotizen: Jede Menge Holznoten im Aroma, kombiniert mit zitusartigem Hopfen und einem pfeffrigen Malzprofil.
* **Land:** Japan
* **Gebraut von:** Kiuchi Brewery
* **Stil:** IPA
* **Farbe:** Bernstein
* **Alkoholgehalt:** 7,5 %
* **Trinktemperatur:** 4–7 °C

IST ES EIN ECHTES BIER ODER NICHT?

Wann ist ein Bier kein Bier? In Japan ist das nicht immer ganz klar. Viele Läden bieten Getränke an, die Bier zunächst ähneln, eigentlich jedoch billigere Alternativen sind.

Diese Getränke, die man als „Happoshu" bezeichnet, werden oft von denselben Gesellschaften gebraut, die auch Bier herstellen, haben jedoch einen niedrigeren Malzgehalt. Deswegen fallen weniger Steuern an, und für den Kunden wird es billiger.

Die Verpackungen von Happoshu lassen ihren Inhalt fast wie Bier aussehen, und er kann sogar Alkohol enthalten, obwohl es auch alkoholfreie Varianten gibt. Der Unterschied hängt vom eingesetzten Malz im Brauprozess und dessen Hopfen ab. Um ihr Getränk als Bier bezeichnen zu dürfen, mussten japanische Brauereien es seit 1994 mit mindestens 67 % Malzanteil brauen. Happoshu wird mit etwas über 25 % Malzanteil gebraut, wobei der Großteil des zu vergärenden Materials aus Sojabohnen, Mais oder Erbsen besteht. Einige Happoshu werden als kalorienarme Alternative zu Bier angeboten. Sehr bekannte Marken sind Asahi Cool Draft, Kirin Tanreinama und Sapporo Dosan Sozai.

Es gibt noch eine dritte Kategorie von bierähnlichen Getränken: Happosei. Diese gilt für niedrig besteuerte, nicht aus Malz, sondern aus Sojabohnen und anderen Inhaltsstoffen gebraute Getränke, die nicht unter die Klassifikation für Bier oder Happoshu fallen.

Japan

Hitachino Nest Beer Amber Ale

Dieses Bier wird aus einem Mix von zwei hellen und zwei dunklen Malzsorten gebraut; das bewirkt die unverwechselbare Farbe und einen toffeeartigen Geschmack. Das fruchtige Aroma, das für diesen Bierstil charakteristisch ist, beruht auf zwei Sorten amerikanischem Hopfen. Hitachino Nest Amber Ale ist das perfekte Beispiel für amerikanisches Amber Ale.

Verkostungsnotizen: Jede Menge Aromen nach Toffee, Karamell und würzigen bitteren Hopfensorten, mit entsprechendem Geschmack am Gaumen.

* **Land:** Japan * **Gebraut von:** Kiuchi Brewery
* **Stil:** Amber Ale * **Farbe:** Bernstein
* **Alkoholgehalt:** 5,5 % * **Trinktemperatur:** 4–7 °C

Kirin Ichiban

Die Brauerei Kirin ist nur ein Zweig eines wesentlich größeren Unternehmens, das an Restaurants beteiligt ist und sich in der Logistik-, Lebensmittel- und Immobilienbranche betätigt. Das Braugeschäft brachte eines der beliebtesten Biere Japans hervor: Kirin Ichiban, ein extrem leichtes Pale Lager, fast ohne Nachgeschmack und Bitterkeit.

Verkostungsnotizen: Servieren Sie das Bier als Aperitif oder als kleine Erfrischung zwischen den Gängen eines Menüs.

* **Land:** Japan * **Gebraut von:** Kirin Brewery Co. * **Stil:** Pale Lager
* **Farbe:** Hellgelb * **Alkoholgehalt:** 4,9 % * **Trinktemperatur:** 1–2 °C

Sapporo Premium Beer

Die Brauerei Sapporo ist durch ihr Space Barley bekannt, ein Bier aus Gerste, die als Teil eines Experiments fünf Monate an Bord der internationalen Raumstation verbrachte. Das daraus resultierende Bier schmeckt trotz des stolzen Preises von 10 000 Yen für ein Sixpack nicht anders als das Flaggschiff der Brauerei, ein leichtes Premium Lager. Zum Glück gibt es Sapporo Premium schon für viel weniger Geld.

Verkostungsnotizen: Leichtes Malz- und Hopfenaroma, erfrischender trockener Nachgeschmack; passt zu Grillgerichten.

* **Land:** Japan * **Gebraut von:** Sapporo Breweries * **Stil:** Pale Lager
* **Farbe:** Hellgelb * **Alkoholgehalt:** 4,7 % * **Trinktemperatur:** 1–2 °C

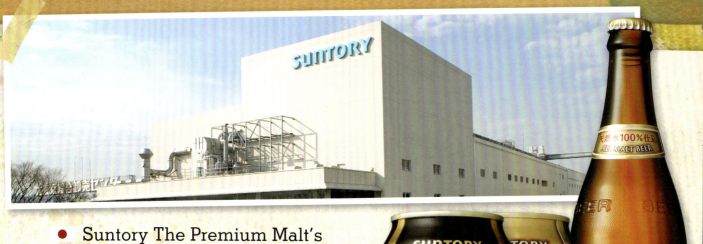

● Suntory The Premium Malt's

Die 1899 gegründete Marke Suntory wird eher mit Whisky in Verbindung gebracht, vor allem nach dem Film „Lost in Translation" von 2003. Das Premium Malt's wird üblicherweise in Dosen angeboten. Es zeichnet sich durch einen kräftigen Malzgeschmack aus, der gleichzeitig Karamell-, Butter- und süße Noten aufweist. Dazu passt eine breite Palette an Speisen.

Verkostungsnotizen: Kräftige Aromen nach Malz, Toffee und Karamell mit einer sehr weichen, butterigen Textur und einem kurzen, trockenen Abgang.
✱ **Land:** Japan ✱ **Gebraut von:** Suntory ✱ **Stil:** Lager
✱ **Farbe:** Golden ✱ **Alkoholgehalt:** 5,5 % ✱ **Trinktemperatur:** 3–5 °C

● Yo-Ho Tokyo Black

Bis 1994 war es in Japan verboten, Bier zu brauen, wenn man nicht mindestens zwei Millionen Liter pro Jahr produzieren konnte. Seitdem wurden Dutzende Mikrobrauereien gegründet, darunter die Yo-Ho Brewing Company. Das wunderbar seidige schwarze Porter ist eine ihrer beliebtesten Sorten.

Verkostungsnotizen: Geröstetes Malz, Trockenfrüchte und die kräftige Schoko-Kaffee-Mischung für ein typisches Porter.
✱ **Land:** Japan
✱ **Gebraut von:** Yo-Ho Brewing Co.
✱ **Stil:** Porter
✱ **Farbe:** Dunkelbraun
✱ **Alkoholgehalt:** 5 %
✱ **Trinktemperatur:** 8–13 °C

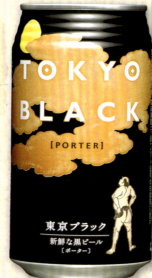

● Yo-Ho Yona Yona Ale

Übersetzt heißt Yona Yona „jede Nacht". Mit einem Alkoholgehalt von 5,5 % ist dieses amerikanische Pale Ale kein Bier, das einen gleich zu Boden streckt. Es entwickelt jedoch trotzdem jede Menge Geschmack. Die Yo-Ho Brewing Company hat es geschafft, aus einem Bier das Maximum an Geschmack herauszuholen, ohne den Alkoholgehalt in die Höhe zu treiben.

Verkostungsnotizen: Kräftiges Aroma nach Melonen, Ananas und anderen tropischen Früchten; passt ausgezeichnet zu einem leicht gewürzten Thaicurry.
✱ **Land:** Japan
✱ **Gebraut von:** Yo-Ho Brewing Co.
✱ **Stil:** Pale Ale
✱ **Farbe:** Helles Bernstein
✱ **Alkoholgehalt:** 5,5 %
✱ **Trinktemperatur:** 4–7 °C

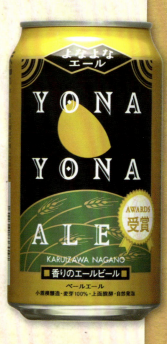

🇨🇳 Harbin

China ist nicht gerade für eine lange Biertradition bekannt. Selbst die älteste Brauerei des Landes, Harbin Brewery, wurde nicht vor 1900 gegründet. Dieses Lager wird aus einheimischem Qindao-Dahua-Hopfen und einer kleinen Menge Reis gebraut, die für eine Extraportion Zucker vor der Gärung sorgt.

Verkostungsnotizen: Leicht fruchtiges Aroma, dazu geröstetes Malz und grasiger Hopfen; süffig und bitter im Abgang.
★ **Land:** China ★ **Gebraut von:** Harbin Brewery Co. ★ **Stil:** Pale Lager
★ **Farbe:** Gelb ★ **Alkoholgehalt:** 4,8 % ★ **Trinktemperatur:** 3–5 °C

🇨🇳 Snow Beer

Ob Sie es glauben oder nicht, China braut die am besten verkaufte Marke der Welt. 2008 hatte Snow einen Jahresausstoß von 61 Millionen Hektolitern Bier, das hauptsächlich in China umgesetzt wurde. Im Vergleich: Bud Light und Bud Ice Beer brachten es zusammen nur auf 55 Millionen Hektoliter. Snow ist im gemeinsamen Besitz von SABMiller und China Resources Enterprises.

Verkostungsnotizen: Standard-Pale Lager mit einem leichten Malz- und Hopfenaroma und einem Hauch von Bittere im Abgang.
★ **Land:** China
★ **Gebraut von:** Snow Breweries
★ **Stil:** Pale Lager
★ **Farbe:** Gelb
★ **Alkoholgehalt:** 3,9 %
★ **Trinktemperatur:** 1–2 °C

🇨🇳 Tsingtao

Tsingtao erhält seine Bittere aus einheimischen Hopfensorten und Wasser aus dem Laoshan-Gebirge – einer für ihr reines Wasser berühmten Region. Als die Brauerei 1903 gegründet wurde, braute man das Bier nach dem Reinheitsgebot von 1516; erst später wurde Reis hinzugefügt, um die Kosten zu senken.

Verkostungsnotizen: Leichtes Malzaroma mit sehr leichtem Malzgeschmack, dünne Textur; erfrischend.
★ **Land:** China
★ **Gebraut von:** Tsingtao Brewery Co.
★ **Stil:** Pale Lager
★ **Farbe:** Golden
★ **Alkoholgehalt:** 4,8 %
★ **Trinktemperatur:** 1–2 °C

🇨🇳 Wind Flower Snow and Moon

Das Wasser für dieses leichte und erfrischende Bier stammt von den über 4000 Meter hohen, schneebedeckten Berggipfeln in Dali in der Provinz Yunnan. Die Reinheit des Wassers schimmert bei diesem Bier durch, das nur Spuren von Malzaroma und Hopfenbittere aufweist und dadurch sehr süffig ist, besonders an heißen Tagen.

Verkostungsnotizen: Leichtes Malzaroma mit einem winzigen Hauch von Zitronenschale und Hopfen.
* **Land:** China
* **Gebraut von:** Dali Brewery
* **Stil:** Pale Lager
* **Farbe:** Hellgolden
* **Alkoholgehalt:** 4 %
* **Trinktemperatur:** 1–2 °C

🇨🇳 Yanjing Beer

Die Staatsbrauerei Beijing Yanjing zeichnet sich durch eine enorme Größe aus: Mit einer Fläche von beinahe 2,5 Quadratkilometern ist sie die größte Brauerei Chinas. Hier wird eine breite Palette an Pale Lager produziert, mit der Hauptmarke Yanjing Beer, einem Session Bier mit einem Alkoholgehalt von 3,6 %.

Verkostungsnotizen: Leicht sauer; das Bier hat ein sehr vielseitiges Geschmacksprofil mit einem Hauch von Kartoffel und Mais.
* **Land:** China
* **Gebraut von:** Beijing Yanjing Brauerei
* **Stil:** Pale Lager
* **Farbe:** Helles Strohgelb
* **Alkoholgehalt:** 3,6 %
* **Trinktemperatur:** 1–2 °C

WUSSTEN SIE SCHON?

Der Guinness-Weltrekord im Fahren über Bierflaschen wurde von dem Armeefahrer Li Guiwen aus Peking aufgestellt: Er benötigte 8 Minuten und 28 Sekunden, um 60,19 Meter über 1789 Flaschen zurückzulegen.

🇨🇳 Zhujiang Beer

Gesprochen „Dschodschang", bedeutet der Name Zhujiang „Perlfluss". In China ist es als „das Bier aus dem Süden" bekannt. Es wird in Guangzhou im Delta des Perlflusses gebraut – ein Gebiet, das eher für seine kantonesische Küche berühmt ist als für das Brauen von Bier. Trotzdem zählt es zu den beliebtesten Bieren in China.

Verkostungsnotizen: Spuren von Reis und Mais, sehr leichte und erfrischende Textur.
* **Land:** China
* **Gebraut von:** Guangzhou Zhujiang Brewery Co.
* **Stil:** Pale Lager
* **Farbe:** Hellgelb
* **Alkoholgehalt:** 5,3 %
* **Trinktemperatur:** 1–2 °C

🇮🇳 Cobra

Cobra wurde ursprünglich in Indien für den Export nach Großbritannien gebraut. Heute wird es vertragsgemäß in Großbritannien produziert. 1989 dachte sich Karan Bilimoria, dass Großbritannien ein Lager mit weniger Kohlensäure benötigte, und gründete die Brauerei Cobra. Die Marke gehört heute zu Molson Coors und wird in Burton upon Trent gebraut.

Verkostungsnotizen: Zurückhaltend in Farbe, Geruch und Geschmack; eignet sich gut bei scharf gewürzten indischen Currys.
- **Land:** Indien
- **Gebraut von:** Molson Coors
- **Stil:** Pale Lager
- **Farbe:** Hellgolden
- **Alkoholgehalt:** 4,8 %
- **Trinktemperatur:** 1–2 °C

🇮🇳 Haywards 5000

Die indische Bevölkerung bevorzugte im Lauf der Geschichte meist stärker alkoholhaltige Getränke, beispielsweise Whisky oder Brandy! Wenn die Inder dann tatsächlich einmal zu Bier greifen, bevorzugen sie stärkere Sorten wie Haywards 5000 – ein sehr malziges, stark aromatisches Bier mit einem Alkoholgehalt von 7 %.

Verkostungsnotizen: Aroma nach Mais und Getreide mit einem Hauch von stechendem Hopfen im Hintergrund.
- **Land:** Indien **Gebraut von:** Shaw Wallace
- **Stil:** Starkbier **Farbe:** Hellgolden
- **Alkoholgehalt:** 7 % **Trinktemperatur:** 3–5 °C

🇮🇳 Indus Pride Citrusy Cardamom

Ein interessantes Konzept des Brauereigiganten SABMiller sah die Ausgabe von vier unterschiedlich aromatisierten Bieren vor, die unter dem Namen Indus Pride bekannt sind: Cardamom, Coriander, Fiery Cinnamon und Spicy Fennel repräsentieren den echten Geschmack indischer Gewürze. Hier wird Kardamom mit Hopfen vermengt und während des Kochens für ein üppiges Aroma zugegeben.

Verkostungsnotizen: Kardamom, grüne Kräuter und eine leichte Spur von Zitrone kommen bei diesem ansonsten einem Standardlager entsprechenden Bier zum Tragen.
- **Land:** Indien **Gebraut von:** Mysore Breweries / SABMiller **Stil:** Gewürzbier
- **Farbe:** Hellgolden **Alkoholgehalt:** 5 % **Trinktemperatur:** 4–7 °C

🇮🇳 Kingfisher Premium

Die Marke Kingfisher Premium Lager hält einen beeindruckenden Anteil von 36 % des indischen Biermarkts. Es wird auch in vielen anderen Ländern angeboten und ist möglicherweise das berühmteste Exportbier Indiens. Sehr hopfig für seinen Stil, wobei der Hopfen nicht nur für ein großartiges Aroma sorgt, sondern auch für einen wunderbar bitteren Abgang.

Verkostungsnotizen: Grasiges Hopfenaroma, gefolgt von einem leichten Malzgeschmack; im Abgang dominiert Hopfen.
* **Land:** Indien
* **Gebraut von:** United Breweries
* **Stil:** Pale Lager
* **Farbe:** Hellgolden
* **Alkoholgehalt:** 5 %
* **Trinktemperatur:** 2–3 °C

🇮🇳 Royal Challenge Premium Lager

Seit seiner Markteinführung 1997 eroberte Royal Challenge schnell den zweiten Platz der meistverkauften Biere Indiens, was zu einem Gutteil an seinen treuen Kunden liegt. Etwa 2,5 Millionen Kästen werden jedes Jahr produziert und großenteils auf dem heimischen Markt abgesetzt. Ein einfaches, süffiges Pale Lager, das einen guten Aperitif abgibt.

Verkostungsnotizen: Ein leichtes Bier mit einem geringen Malz- und Hopfenprofil.
* **Land:** Indien
* **Gebraut von:** Shaw Wallace
* **Stil:** Pale Lager
* **Farbe:** Hellgolden
* **Alkoholgehalt:** 5 %
* **Trinktemperatur:** 2–3 °C

🟥 Bintang

Bintang Beer bedeutet „Sternenbier" und ist Indonesiens Antwort auf die weltweit beliebten Pale Lager. Es wird oft mit Heineken verglichen; nicht nur wegen seines Geschmacks, sondern auch wegen der grünen Flasche und dem roten Stern als Logo. Die perfekte Erfrischung für das heiße Klima Indonesiens.

Verkostungsnotizen: Malzig, Noten von Toastbrot mit einem Hauch Pfeffer; zitrusartiger Hopfen im Abgang.
* **Land:** Indonesien
* **Gebraut von:** Multi Bintang
* **Stil:** Pale Lager
* **Farbe:** Hellgelb
* **Alkoholgehalt:** 4,7 %
* **Trinktemperatur:** 2–3 °C

WUSSTEN SIE SCHON?

Indische Elefanten zogen randalierend durch Dörfer des im Nordosten gelegenen Staates Assam auf der Suche nach Bier. Sie waren auf den Geschmack gekommen, nachdem sie Laopani probiert hatten, ein Reisbier, das hier gebraut und in unterirdischen Bottichen gelagert wird.

Indien und Indonesien

🇰🇷 Hite Ice Point

Das bestverkaufte Bier in Südkorea, das wie amerikanische Pale Lager à la Budweiser und Miller designed ist. Zum Gerstenmalz in der Maische wird Reis hinzugegeben, um die benötigte Malzmenge und dadurch die Braukosten zu reduzieren. Reis wird häufig von asiatischen Brauereien zu diesem Zweck eingesetzt, ebenso wie für das Budweiser von Anheuser & Busch.

Verkostungsnotizen: Reis, süßes Malz und Zuckermais; leichte metallische Note im Abgang.
✴ **Land:** Südkorea
✴ **Gebraut von:** Hite Brewery
✴ **Stil:** Pale Lager ✴ **Farbe:** Hellgelb
✴ **Alkoholgehalt:** 4,5 %
✴ **Trinktemperatur:** 1–2 °C

🇰🇷 Hite Max

Es gibt nur zwei Biere in Südkorea, die mit 100 % Gerstenmalz gebraut werden – eines davon ist das Prime Max von Hite. Dadurch kostet Max etwas mehr als die Konkurrenz, aber das hinderte es nicht daran, den dritten Platz auf der Beliebtheitsskala von Bier zu erobern.

Verkostungsnotizen: Noten von Braugetreide und ein leicht säuerliches Maisaroma in Geruch und Geschmack.
✴ **Land:** Südkorea
✴ **Gebraut von:** Hite Brewery
✴ **Stil:** Pale Lager
✴ **Farbe:** Hellgelb
✴ **Alkoholgehalt:** 4,5 %
✴ **Trinktemperatur:** 3–5 °C

🇸🇬 Tiger

Tiger war 1932 das erste Bier, das in Singapur gebraut wurde. Es gewann bald weltweit Preise, darunter für Qualität in London, Paris und Genf. Seit den Anfängen wurde das Rezept kaum verändert, und das Bier ist immer noch das Flaggschiff der Asia Pacific Breweries. Tiger ist weltweit in über 60 Ländern erhältlich und sehr beliebt in Großbritannien.

Verkostungsnotizen: Leichtes Malz- und Hopfenaroma; ein exzellenter Durstlöscher.
✴ **Land:** Singapur ✴ **Gebraut von:** Asia Pacific Breweries
✴ **Stil:** Pale Lager ✴ **Farbe:** Hellgolden
✴ **Alkoholgehalt:** 5 % ✴ **Trinktemperatur:** 3–5 °C

WUSSTEN SIE SCHON?

Eine moderne Legende über das philippinische Bier „Red Horse" besagt, dass eine Flasche pro Kasten ein Logo mit einem glücklich dreinschauenden roten Pferd aufweise, während die übliche Version ein Pferd mit Pokerface zeige. Das Bier in dieser Flasche soll stärker und süßer sein.

Lion Stout

Hier haben wir ein für asiatische Brauverhältnisse außergewöhnliches Bier. Ein hochprozentiges, aromatisches dunkles Export Stout. Während asiatische Biere meist wegen ihrer erfrischenden Wirkung und Süffigkeit gebraut werden, weist Lion Stout eine Kombination aus britischem, tschechischem und dänischem Malz auf, die mit einem Stamm britischer Ale-Hefen vergoren wird.

Verkostungsnotizen: Süße Schokolade, gebrannter Kaffee und kräftiger Lakritz; probieren Sie das Bier zu (oder in) einem Lammeintopf.
* **Land:** Sri Lanka
* **Gebraut von:** Lion Brewery
* **Stil:** Export Stout
* **Farbe:** Schwarz
* **Alkoholgehalt:** 8,8 %
* **Trinktemperatur:** 10–13 °C

San Miguel Cerveza Negra

Cerveza Negra ist ein vollmundiges dunkles Lager. Farbe, Aroma und Geschmack beruhen weitgehend auf dem verwendeten Röstmalz. Die Brauerei San Miguel wurde in den 1890ern auf den Philippinen gegründet. Als größter Bierproduzent des Landes hält sie einen Marktanteil von über 90 %.

Verkostungsnotizen: Brauner Karamellzucker, Schwarzbrot und ein kräftiger, durchdringender Malzgeschmack; sehr geringe Hopfigkeit.
* **Land:** Philippinen
* **Gebraut von:** San Miguel Brewery
* **Stil:** Dark Lager
* **Farbe:** Dunkelbraun
* **Alkoholgehalt:** 5 %
* **Trinktemperatur:** 4–7 °C

San Miguel Pale Pilsen

Das beliebteste Bier auf den Philippinen wird aus einem Mix deutscher und amerikanischer Hopfensorten gebraut. San Miguel Pale Pilsen ist die Perle der Brauerei; häufig auch als San Miguel Draft oder einfacher San Miguel Bier bezeichnet, wird es in die USA und 40 weitere Länder exportiert. Ein großartiges Bier, das für eiskalte Erfrischung sorgt.

Verkostungsnotizen: Süße Malznoten mit einem Hauch Hopfenbittere gegen Ende; passt gut zu gegrilltem Fleisch.
* **Land:** Philippinen
* **Gebraut von:** San Miguel Brewery
* **Stil:** Pale Lager
* **Farbe:** Gelb
* **Alkoholgehalt:** 5 %
* **Trinktemperatur:** 2–3 °C

🇹🇭 Chang

Chang ist thailändisch für „Elefant". Das Etikett dieses Bieres zieren zwei Elefanten als Referenz für die kulturgeschichtliche Bedeutung, die diese Tiere in Thailand haben. Zwei Varianten von Chang werden produziert: eine mit 6,5 % Alkohol, die mit Reis gebraut wird, um die Kosten niedrig zu halten, und eine mit 5 % Alkohol, die aus Gerstenmalz gebraut wird und für den Export bestimmt ist.

Verkostungsnotizen: Süße Melasse, Malz und ein weicher, kohlensäurehaltiger Abgang; passt ausgezeichnet zu gut gewürzten Thaigerichten.
- **Land:** Thailand
- **Gebraut von:** ThaiBev
- **Stil:** Pale Lager
- **Farbe:** Gelb
- **Alkoholgehalt:** 5 %
- **Trinktemperatur:** 3–5 °C

🇹🇭 Singha

Dieses klassisch aussehende Pale Lager ziert ein Löwe auf dem Etikett: Singha. Singha ist ein mythischer Löwe, eine mächtige Gestalt in vielen Hindu- und Thailegenden. Heute wird Singha nicht nur im Ausland gern getrunken, sondern ist auch das beliebteste Bier in Thailand – dicht gefolgt von Chang.

Verkostungsnotizen: Aroma nach Honig, Trockengras und süßen kandierten Zitronen.
- **Land:** Thailand
- **Gebraut von:** Boon Rawd
- **Stil:** Pale Lager
- **Farbe:** Golden
- **Alkoholgehalt:** 5 %
- **Trinktemperatur:** 3–5 °C

WUSSTEN SIE SCHON?

In Thailand war man dem Trend „Cider auf Eis" voraus, denn die Thais trinken ihr Bier schon lange auf Eis. Bei Temperaturen von 40 °C und einem Alkoholgehalt von 6 % nicht die schlechteste Idee!

🇱🇦 Beerlao

Beerlao ist die beliebteste Biermarke in Laos mit 99 % Marktanteil. Es wird mit einheimischem Jasminreis sowie aus Deutschland, Frankreich und Belgien importierten Hopfensorten und Hefen gebraut. Während ein kleiner Teil weltweit exportiert wird, verbleibt das meiste Bier in Asien, wobei der wachsende Tourismus einen großen Anteil am Erfolg hat.

Verkostungsnotizen: Duftend mit Noten von Klebereis, zartem Anis und einem hauchzarten Aroma nach gerösteter Gerste.
- **Land:** Laos
- **Gebraut von:** Lao Brewery Company
- **Stil:** Pale Lager
- **Farbe:** Hellgelb
- **Alkoholgehalt:** 5 %
- **Trinktemperatur:** 1–2 °C

🇻🇳 Halida

Die Marke Halida wurde 1993 kreiert, als die South East Asia Brewery gegründet wurde, ein Joint Venture mit dem dänischen Brauereigiganten Carlsberg. Der Name setzt sich zusammen aus den Anfangsbuchstaben der Wörter Hanoi (Vietnams Hauptstadt), „lien" (Joint Venture auf Vietnamesisch) und „Danmach" (Dänemark auf Vietnamesisch).

Verkostungsnotizen: Leichtes Aroma nach Malz, Mais und Gemüse.
* **Land:** Vietnam * **Gebraut von:** South East Asia Brewery * **Stil:** Pale Lager
* **Farbe:** Hellgelb * **Alkoholgehalt:** 4,5% * **Trinktemperatur:** 3–5°C

🇻🇳 Huda

Ein Bier aus Hué, der alten Hauptstadt Vietnams. Sie ist berühmt für ihre Küche und ihre unglaublich toll gewürzten Speisen. Um all diese feurigen Chilis zu neutralisieren, gibt es Schlimmeres als ein Huda. Wunderbar erfrischend, ist es ein probates Mittel, um der Schärfe in Mund und Magen zu begegnen.

Verkostungsnotizen: Extrem dünne Textur mit zarten Aromen von Malz, Mais und Hopfen.
* **Land:** Vietnam * **Gebraut von:** Carlsberg * **Stil:** Pale Lager
* **Farbe:** Hellgelb * **Alkoholgehalt:** 4,7% * **Trinktemperatur:** 1–2°C

🇰🇭 Angkor

Angkor-Biere sind benannt nach der Hauptstadt des alten Khmerreiches, die nahe der modernen Großstadt Siem Reap liegt. Sie werden in ganz Kambodscha getrunken. Das Bier ähnelt anderen asiatischen Pale-Lager-Bieren, mit einem sehr leckeren bitteren Abgang nach dem anfänglichen Erfrischungsfaktor.

Verkostungsnotizen: Sehr süffig, fast keine Hopfenbittere, kaum Nachgeschmack.
* **Land:** Kambodscha * **Gebraut von:** Cambrew
* **Stil:** Pale Lager * **Farbe:** Hellgelb
* **Alkoholgehalt:** 5% * **Trinktemperatur:** 1–2°C

Vietnam und Kambodscha

OZEANIEN

Bier ist sowohl in Australien als auch in Neuseeland das beliebteste Getränk, obwohl das Ausland eher auf die Weinproduktion der beiden Länder schaut.

Seit das Land im 18. Jahrhundert von den Briten kolonisiert wurde, spielt Bier eine wichtige Rolle im australischen Leben. Kapitän Cook braute Bier an Bord seines Schiffs Endeavour, da es sicherer war als Wasser auf der langen Reise, und seine Mannschaft trank Bier, als er 1770 an der Ostküste Australiens an Land ging. Cook braute außerdem Bier aus Fichtennadeln, als er zum ersten Mal Neuseeland besuchte.

Die ersten australischen Biere waren obergärige, rasch gereifte Ales. Das erste Lager wurde 1885 in Melbourne gebraut. Die Größe des Landes, die Transportkosten und unterschiedliche lokale Bestimmungen führten dazu, dass sich starke regionale Marken herausbildeten, darunter Coopers in Südaustralien, Tooheys in Neusüdwales und Swan in Westaustralien.

Eine neue Brauergeneration schuf eine aufstrebende Industrie, die neue aufregende Biere produziert. Über 100 Craft-Beer-Brauereien brauen so unterschiedliche Sorten wie Little Creatures Pale Ale, Southwark Old Stout und Feral Brewing's Razorback Barley Wine.

> Die ersten australischen Biere waren obergärige, rasch gereifte Ales.

Neuseeland erlebte in den letzten 20 Jahren eine ähnliche Revolution im Brauwesen. Lager bleibt der vorherrschende Bierstil, wie es sich für die Heimat des Wissenschaftlers Morton Coutts schickt, der den kontinuierlichen Fermentationsprozess entwickelte und damit die Produktion im großen Stil ermöglichte. Daneben tauchen mittlerweile immer mehr aromatische Biere aus kleinen Brauereien und Brauereigaststätten auf.

Neuseelands gemäßigtes Klima ist ideal, um Gerste und Hopfen anzubauen. Neue Hopfensorten wurden besonders in der Gegend von Nelson entwickelt. Varietäten wie Nelson Sauvin, Motueka und Southern Cross wurden weltweit bei Mikrobrauereien beliebt. Biertrinker können diese Hopfensorten in den Bieren von Aucklands Epic and Liberty Brewers, Wellingtons Tuatara und anderen genießen. Die Hauptstadt Wellington hat sich selbst zur Craft-Beer-Hauptstadt Neuseelands erklärt, und Besucher können einem Bier-Trail folgen, der durch Bars, Läden mit Lizenzen für Alkoholverkauf und Brauereien führt.

🇦🇺 Bridge Road B2 Bomber Mach 2.0

Black IPAs sind das Ergebnis von dunkel gerösteten Schokomalzsorten – meist für Stout und Porter verwendet –, die man hinter einer Extraportion Hopfen versteckt. Bei B2 Bomber Mach 2.0 halten sich große Mengen an Malz und Hopfen die Waage, dazu kommt eine äußerst aromatische belgische Hefe.

Verkostungsnotizen: Reichlich Schokolade, Kaffee, tropische Früchte, lang anhaltender pfeffriger Hintergrund.
* **Land:** Australien
* **Gebraut von:** Bridge Road Brewers
* **Stil:** Black IPA * **Farbe:** Schwarz
* **Alkoholgehalt:** 8 %
* **Trinktemperatur:** 8–12 °C

🇦🇺 Castlemaine XXXX Gold

In ihrem Heimatstaat Queensland war die Marke „fourex" sehr beliebt, ebenso in Großbritannien, wo es sie unter dem Namen Castlemaine Export XXXX gab, bis das Lizenzabkommen mit InBev auslief. Das XXXX bezieht sich auf ein altes Maßsystem für die Stärke eines Bieres. Die 4,8 % der Exportversion sind nach heutigem Standard allerdings nicht sehr stark.

Verkostungsnotizen: Aroma nach Stroh und Maisnoten; ein milder, süßer Nachgeschmack.
* **Land:** Australien
* **Gebraut von:** Castlemaine Perkins
* **Stil:** Pale Lager * **Farbe:** Hellgelb
* **Alkoholgehalt:** 3,5 %
* **Trinktemperatur:** 1–2 °C

🇦🇺 Coopers Original Pale Ale

Thomas Cooper braute seine erste Charge Bier 1862 als Heilmittel für seine kranke Frau. Mit Dr. Tim Cooper und Elektronikunternehmer Glenn Cooper steht heute die fünfte Generation an der Brauereispitze. Dieses in der Flasche gereifte Pale Ale wird im Stil der alten englischen Pale Ales aus Burton upon Trent gebraut. Die in der Flasche verbliebene Hefe kann je nach Vorliebe zu dem eingeschenkten Bier hinzugefügt werden.

Verkostungsnotizen: Zitrusfrüchte, Zuckermais, weiche Kohlensäure; passt hervorragend zu Burgern und ist sehr erfrischend.
* **Land:** Australien * **Gebraut von:** Coopers Brewery * **Stil:** Pale Ale
* **Farbe:** Trübes Gelb * **Alkoholgehalt:** 4,5 % * **Trinktemperatur:** 6–10 °C

🇦🇺 Crown Lager

In Queensland liebevoll „Crownie" genannt, zählt dieses Bier zu den beliebtesten in Australien. Es wurde erstmals 1919 gebraut, auch wenn gemeinhin angenommen wird, es wäre für den Besuch Königin Elisabeths 1954 kreiert worden. Ein weiteres Pale Lager für den Massenmarkt.

Verkostungsnotizen: Zartes Aroma nach süßem Malz, süffig im Geschmack..

★ **Land:** Australien
★ **Gebraut von:** Carlton & United Breweries
★ **Stil:** Pale Lager ★ **Farbe:** Hellgelb
★ **Alkoholgehalt:** 4,9 % ★ **Trinktemperatur:** 1–2 °C

WUSSTEN SIE SCHON?

Der ehemalige australische Premierminister Bob Hawke wird in der Liste der Guinness-Weltrekorde geführt, weil er es schaffte, in 11 Sekunden 2,5 Pints Bier zu trinken. Dies sicherte ihm die Stimmen der Bierfans!

SIX O'CLOCK SWILL

In Australien ein Bier zu trinken, war nicht immer so einfach wie heute. Anfang des 20. Jahrhunderts entwickelte sich die Abstinenzbewegung in Australien und Neuseeland besonders stark. Wie auch in anderen Ländern wetterte man gegen das Übel Alkohol.

Während des Zweiten Weltkriegs stimmten die Ziele der Bewegung mit denen der Nation überein, und verschiedene australische Staaten führten verkürzte Öffnungszeiten für Lokale mit Schanklizenz ein, wobei die Pubs um 18 Uhr schließen mussten. Dahinter stand die Idee, die Kriegsanstrengungen zu erhöhen und gleichzeitig den Arbeitern zu ermöglichen, in der Bar in Ruhe ein Bierchen zu genießen, bevor sie sicher nach Hause fuhren.

Die Realität sah anders aus: Die Maßnahme führte zum berüchtigten „Six o'clock swill", da die Arbeiter in dieser Stunde nach Feierabend die Bars stürmten und versuchten, möglichst viel in sich hineinzukippen, ehe die Bar schloss. Mitunter schenkte der Barkeeper das Bier über einen Schlauch mit Zapfpistole gleich am Tisch aus, in dem verzweifelten Versuch, mit der Nachfrage mitzuhalten, und die Sitten in den Wirtshäusern waren rau und frauenfeindlich. Neusüdwales verlängerte die Schankzeiten 1955, Neuseeland und einige australische Staaten behielten diese Regelung jedoch bis 1967 bei.

Heute geht es in australischen Bars anders zu. Umgebung und Ambiente sind angenehm, Frauen willkommen, zum Bier werden Speisen angeboten, und das Benehmen der Gäste ist einwandfrei. Das wichtigste Unterscheidungsmerkmal: Man kann sich Zeit lassen.

Australien

🇦🇺 Feral Hop Hog

Ein amerikanisches India Pale Ale mit einer guten Portion Hopfen aus dem Yakima Valley, das während der Fermentation hopfengestopft wird. Daraus resultieren ein Kiefernharzaroma und eine den Mund zusammenziehende Bittere. Ein Bier für Hopfenfans, allerdings mit nur 5,8 % Alkoholgehalt.

Verkostungsnotizen: Sehr starke Säure- und Kiefernnoten am Gaumen; mit einem langen, trocken bitteren Abgang.
★ **Land:** Australien
★ **Gebraut von:** Feral Brewing Co.
★ **Stil:** American IPA
★ **Farbe:** Trüborange
★ **Alkoholgehalt:** 5,8 %
★ **Trinktemperatur:** 4–7 °C

🇦🇺 Fat Yak Pale Ale

Fat Yak ist ein amerikanisches Pale Ale mit so viel Hopfen, wie man es sich wünscht, und einem am Gaumen angenehm süffigen Alkoholgehalt; dadurch lässt es sich bequem zwischendurch trinken.

Verkostungsnotizen: Weich und süffig, ausgewogenes Aroma nach zitrusartigem Hopfen und Karamell, große Schaumkrone.
★ **Land:** Australien ★ **Gebraut von:** Matilda Bay Brewing Co.
★ **Stil:** American Pale Ale ★ **Farbe:** Bernstein
★ **Alkoholgehalt:** 4,7 % ★ **Trinktemperatur:** 4–7 °C

🇦🇺 Foster's Lager

Angeblich Australiens Lieblingsbier, aber Sie werden sich schwertun, es hier zu finden, der „Bernsteinnektar" wurde seit den frühen 2000ern nicht mehr beworben. Es wird nun in Großbritannien gebraut und wurde wegen seines günstigen Preises und seiner süffigen Natur zum zweitbeliebtesten Lager.

Verkostungsnotizen: Sehr zartes Geschmacksprofil mit einem winzigen Hauch von Malz und äußerst geringer Bittere; eiskalt genießen.
★ **Land:** Australien
★ **Gebraut von:** Heineken
★ **Stil:** Pale Lager
★ **Farbe:** Hellgelb
★ **Alkoholgehalt:** 5 %
★ **Trinktemperatur:** 1–2 °C

WUSSTEN SIE SCHON?

In Australien wird Kneipen mehr Land zugebilligt als Minen, obwohl der Bergbau 15 % des Bruttoinlandprodukts ausmacht. Kneipen waren häufig die ersten Bauwerke auf den Goldfeldern, und um sie herum entstanden neue Städte.

🇦🇺 Grand Ridge Moonshine

Moonshine wurde zur Zeit der Prohibition in den USA der nachts schwarzgebrannte Schnaps bezeichnet; nach ihm ist Grand Ridge Moonshine benannt. Die Brauerei bezeichnet es als Dessertbier aufgrund des hohen Alkoholgehalts und der süßen, dunklen, fruchtigen Aromen. Es handelt sich um ein Scotch Ale, ein Bierstil, der im 19. Jahrhundert in Edinburgh kreiert worden war. Ein perfektes Bier, um den Abend zu beenden; ein Bier, das man für die gewünschte Wirkung langsam und schluckweise genießen sollte.

Verkostungsnotizen: Erfrischend, mit weichem, sehr blumigem Hopfen im Nachgeschmack; passt gut zu kräftigem Käse oder einem fruchtigen, alkoholhaltigen Dessert..
- **Land:** Australien ★ **Gebraut von:** Grand Ridge Brewery
- **Stil:** Scotch Ale ★ **Farbe:** Dunkelbraun
- **Alkoholgehalt:** 8,5 % ★ **Trinktemperatur:** 10–14 °C

🇦🇺 James Boag's Premium Lager

James Boag wird in Tasmanien gebraut; es ist ein Premium Lager mit einer langen Reifezeit. Leicht zitronig und sehr erfrischend. Das Bier hat geschmacklich sehr viel mehr zu bieten als viele andere Pale Lager.

Verkostungsnotizen: Getoastetes Brot, Zitronenschale und ein sehr weicher Abgang; ein ausgezeichnetes Bier für einen heißen Tag.
- **Land:** Australien
- **Gebraut von:** J. Boag & Son
- **Stil:** Pale Lager
- **Farbe:** Hellgelb
- **Alkoholgehalt:** 5 %
- **Trinktemperatur:** 3–6 °C

🇦🇺 James Squire The Chancer Golden Ale

James Squire wurde 1754 in England geboren und später nach Australien deportiert, wo er angeblich der Erste war, der Hopfen anbaute. Die Malt Shovel Brewery benannte eine ihrer Biersorten nach ihm, und dieses Golden Ale im britischen Stil war eines ihrer ersten Biere. Für den weichen, fruchtigen Geschmack wird es aus einer Mischung von Weizen- und Gerstenmalz sowie Amarillo-Hopfen gebraut.

Verkostungsnotizen: Erfrischend, Nachgeschmack von weichem, blumigem Hopfen
- **Land:** Australien
- **Gebraut von:** Malt Shovel Brewery
- **Stil:** Golden Ale
- **Farbe:** Hellgelb
- **Alkoholgehalt:** 4,5 %
- **Trinktemperatur:** 4–7 °C

🇦🇺 Little Creatures Pale Ale

Viele beschreiben es als amerikanisches Pale Ale, doch seine kluge Ausgewogenheit zwischen Malzsüße und Hopfenbittere ähnelt mehr den Bierstilen, die urspünglich in Burton upon Trent in Großbritannien gebraut wurden. Damals mussten die ersten hopfigen Pale Ales die lange Reise nach Indien überstehen, und ihre Hopfigkeit ließ mit zunehmender Reife nach. Das Ergebnis ist ein wunderbar abgerundetes Bier, sehr süffig an den Geschmacksknospen. Der neue Aussie-Klassiker wird mit ganzen Dolden (nicht mit den leichter zu kontrollierenden Hopfenpellets) einheimischer Galaxy- und amerikanischer Cascade-Hopfen versetzt und in der Flasche vergoren.

Verkostungsnotizen: Erfrischend, mit einem weichen, aber blumigen Hopfen im Nachgeschmack.
★ **Land:** Australien ★ **Gebraut von:** Little Creatures Brewing ★ **Stil:** Pale Ale
★ **Farbe:** Hellorange ★ **Alkoholgehalt:** 5,2 % ★ **Trinktemperatur:** 4–7 °C

🇦🇺 Murray's Wild Thing Imperial Stout

Ein aufregendes Stout: Man gießt eine pechschwarze, von einer dicken braunen Schaumkrone bedeckte Flüssigkeit ins Glas. Bei einem Alkoholgehalt von 10 % entwickelt das Bier üppige Aromen nach Rum und dunkler Schokolade. Nur 110 Flaschen davon wurden abgefüllt; sollten Sie eine ergattern, heben Sie sie auf: Dieses Bier altert wie guter Wein.

Verkostungsnotizen: Schokolade, Rum, Kaffee; probieren Sie das Bier zu Vanilleeis oder einem warmen Schokoladenbrownie – oder zu beidem.
★ **Land:** Australien ★ **Gebraut von:** Murray's Craft Brewing Co.
★ **Stil:** Imperial Stout ★ **Farbe:** Schwarz
★ **Alkoholgehalt:** 10% ★ **Trinktemperatur:** 12–15 °C

🇦🇺 Southwark Old Stout

Russische Imperial Stouts wurden erstmals in London gebraut für den Export in das kalte russische Klima. Sie sind dickflüssig, stark und von kräftiger Farbe. Southwark Old Stout siegte 2001 in der Kategorie Stout auf dem Australian International Beer Awards, nachdem es bereits 1988 und 1991 zum besten Bier gewählt worden war.

Verkostungsnotizen: Dunkler Röstkaffee, etwas Lakritz; weicher, seidiger, schokoladiger Abgang.
★ **Land:** Australien
★ **Gebraut von:** South Australian Brewing
★ **Stil:** Imperial Stout
★ **Farbe:** Dunkelbraun
★ **Alkoholgehalt:** 7,4%
★ **Trinktemperatur:** 12–15 °C

🇦🇺 Redoak Organic Pale Ale

Dieses Bier ist eine Hommage an britische Pale Ales, die erstmals in Burton upon Trent im 19. Jahrhundert gebraut wurden. Dafür werden nur biologisch angebaute Getreide- und Hopfensorten verwendet, dazu ein ausgewählter Stamm Londoner Ale-Hefe, der für den fruchtigen Geschmack sorgt.

Verkostungsnotizen: Weiche Steinfrüchte, süßes Karamellmalz und eine angenehme Bittere im Abgang; passt hervorragend zu gebratenem Hähnchen.
* **Land:** Australien
* **Gebraut von:** Redoak Boutique Beer Cafe
* **Stil:** Pale Ale * **Farbe:** Hellgolden
* **Alkoholgehalt:** 4,5 %
* **Trinktemperatur:** 7–10 °C

🇦🇺 Tooheys New

Der irische Einwanderer John Thomas Toohey führte Ende der 1860er mit seinem Bruder mehrere Kneipen. Ihr erstes Bier war Tooheys Black Old Ale. 1902 gingen sie mit ihrer Gesellschaft an die Börse und brauten das Bier, das 1930 als Tooheys Lager bekannt wurde. Heute heißt es Tooheys New.

Verkostungsnotizen: Leicht hopfig mit einem Hauch von hellem Malz.
* **Land:** Australien * **Gebraut von:** Tooheys
* **Stil:** Pale Lager * **Farbe:** Hellgelb
* **Alkoholgehalt:** 4,6 % * **Trinktemperatur:** 2–4 °C

🇦🇺 VB

Dieses Bier ist in unterschiedlich großen Dosen und Flaschen erhältlich, etwa „Tinnies", „Stubbies", „Tallies" oder „Twisties". Eine 1-Liter-Dose, genannt „Killer", war ebenfalls kurzzeitig im Angebot. Das bestverkaufte Bier in Australien, bis XXXX Gold 2012 die Führung übernahm.

Verkostungsnotizen: Zartes Aroma nach geröstetem Malz mit einem süßen und leicht bitteren Abgang.
* **Land:** Australien * **Gebraut von:** Carlton & United Breweries
* **Stil:** Pale Lager * **Farbe:** Mittelorange
* **Alkoholgehalt:** 4,6 % * **Trinktemperatur:** 2–4 °C

NEUSEELÄNDISCHER HOPFEN

Hopfen ist wesentlich für die Ausbildung von Geschmack und Aroma beim Brauprozess. Die verschiedenen Sorten haben ihre charakteristischen Eigenschaften.

Nicht nur das neuseeländische Klima ist ideal für den Hopfenanbau, mit langen Tagen und reichlich Regen. Auch die Lage des Landes und seine Politik, die auf Bioqualität großen Wert legt, lassen Parasiten und Krankheiten nicht so zum Problem werden wie in anderen hopfenanbauenden Ländern. Viele Hopfensorten werden biologisch angebaut und später für biologisch gebraute Biere verwendet.

In Neuseeland wurden neue Hopfentypen gezüchtet, um den Brauern neue Geschmacksrichtungen und Aromen liefern zu können. Produzenten wie New Zealand Hops sind von den mit reichlich Alphasäuren ausgestatteten Hopfensorten abgerückt, die für mehr Bitterkeit sorgen, und entwickelten spezielle Sorten wie Nelson Sauvin. Ihr Aroma nach zerstoßenen Stachelbeeren ist eine Reminiszenz an einen berühmten neuseeländischen Sauvignon Blanc, und der Hopfen findet in ganz Australien und Neuseeland Verwendung. Er kann auch eingesetzt werden, um Bitterkeit und Aroma zu erhöhen.

Neuseeland verkauft seit vielen Jahren Hopfen auf dem internationalen Markt. Marston's in Großbritannien ist eine der Brauereien, die diesen Hopfen verwendet. Ihr 2013 kreiertes Single Hop Ale im Fass wurde mit Varietäten von Pacific Gem und Wakatu gebraut. Hawkshead, BrewDog und Thornbridge folgten kurz darauf.

🇳🇿 8 Wired
Saison Sauvin

Saisonbiere wurden zuerst auf Bauernhöfen in Frankreich und Belgien als erfrischendes und gesundes Getränk (Wasser war häufig verseucht) mit reichlich Hopfen gebraut. Heute können Saisonbiere mit Säcken voller Nelson-Sauvin-Hopfen hergestellt werden. Dieses erfrischende Bier hat ein kräftiges, erdiges Aroma.

Verkostungsnotizen: Gekochtes Gemüse, Erde, schwarzer Pfeffer und Zitrusfrüchte; dank seiner Vielseitigkeit passt das Bier zu so gut wie allem.
- ★ **Land:** Neuseeland
- ★ **Gebraut von:** 8 Wired Brewing Co.
- ★ **Stil:** Saisonbier
- ★ **Farbe:** Trübes Gelb
- ★ **Alkoholgehalt:** 7 %
- ★ **Trinktemperatur:** 4–7 °C

🇳🇿 Emerson's Pilsner

Pilsner ist eine Art hopfiges Pale Lager, das erstmals in Böhmen mit hellem Pilsnermalz und frischem Saaz-Hopfen gebraut wurde. Die Zugabe von einheimischem fruchtigem Riwaka-Hopfen – bekannt für seine Ähnlichkeit mit fruchtigen Sauvignon-Blanc-Trauben – macht aus diesem vollmundigen Bier ein echt neuseeländisches Pilsner.

Verkostungsnotizen: Aromen nach geröstetem Malz, Brot und tropischem Hopfen; passt gut zu gegrilltem Fleisch oder cremigem Käse wie Brie.
* **Land:** Neuseeland
* **Gebraut von:** Emerson's Brewing Co.
* **Stil:** Pilsner
* **Farbe:** Golden
* **Alkoholgehalt:** 4,9 %
* **Trinktemperatur:** 5–7 °C

🇳🇿 Epic Mayhem IPA

Laut Aussage der Brauerei soll Epic Mayhem „den extremen Hopfengeschmack der Schaumkrone überdecken und lähmen". Jede Menge frischer Hopfendolden wurden dem Gärtank zugesetzt, in dem das Bier heranreifte – ein Prozess namens Hopfenstopfen –, woraus ein aromatisches Bier im modernen Stil eines IPA resultierte, wie ihn amerikanische Brauer erstmals brauten.

Verkostungsnotizen: Reife Zitrone, Orange und Grapefruit; mit einem kräftigen, malzigen Körper im Hintergrund; passt zu gut gewürzten Speisen.
* **Land:** Neuseeland
* **Gebraut von:** Epic Brewing Co.
* **Stil:** IPA
* **Farbe:** Trübes Bernstein
* **Alkoholgehalt:** 6,2 %
* **Trinktemperatur:** 7–10 °C

WUSSTEN SIE SCHON?

Das alljährliche Great Kiwi Beer Festival feiert Neuseelands Brauwirtschaft. Es findet im Hagley Park in Christchurch statt – 2013 auf 35 000 Quadratmetern, was der Fläche von fünf Fußballfeldern entspricht.

🇳🇿 Hopsmacker Pale Ale

Ein Pale Ale im Stil der Neuen Welt mit den typischen aromatischen Hopfensorten: Dieses Bier verbindet in Neuseeland gewachsenen Riwaka-Hopfen mit den würzigeren, nach Grapefruit duftenden amerikanischen Cascade-Sorten. Eine Kombination, die für ein Zitrusaroma sorgt.

Verkostungsnotizen: Würziges Kiefernharz in der Nase und eine angenehme Menge von Grapefruit, Lychee und Holunderblüte am Gaumen; passt zu stark gewürzten Speisen.
* **Land:** Neuseeland
* **Gebraut von:** Bach Brewing Co.
* **Stil:** Pale Ale
* **Farbe:** Helles Bernstein
* **Alkoholgehalt:** 5,8 %
* **Trinktemperatur:** 4–7 °C

🇳🇿 Liberty C!tra

Liberty C!tra zeigt, wie Citra-Hopfen schmecken sollten. Bei diesem Double IPA wird ungefähr die doppelte Menge von Malz als üblich verwendet, wodurch Zucker freigesetzt und ein höherer Alkoholgehalt von 9 % erzielt wird. Als Ausgleich gibt man jede Menge Citra-Hopfen dazu; darauf folgt als Abschluss ein weiteres Hopfenstopfen.

Verkostungsnotizen: Staubiges Zitrusaroma, süße Basis aus Karamellmalz, gefolgt von einer sich rasch ausbreitenden Hopfennote nach tropischen Früchten.
* **Land:** Neuseeland
* **Gebraut von:** Liberty Brewing Co.
* **Stil:** Double IPA
* **Farbe:** Hellgolden
* **Alkoholgehalt:** 9 %
* **Trinktemperatur:** 8–13 °C

🇳🇿 Lion Red

Dieses vom Braugiganten Lion produzierte 4%ige Session Lager ist ein Lieblingsbier von Studenten. Mitte der 1980er änderte die Brauerei offiziell den Namen in Lion Red. Die Bernsteinfarbe, die aus dem Malz resultiert, verbindet es mit Wiener Lager, das in den 1840ern kreiert wurde.

Verkostungsnotizen: Malzbetontes Lager, üppige Karamellsüße, deutliche Bittere im Abgang.
* **Land:** Neuseeland
* **Gebraut von:** Lion Breweries
* **Stil:** Wiener Lager
* **Farbe:** Bernstein
* **Alkoholgehalt:** 4 %
* **Trinktemperatur:** 4–7 °C

🇳🇿 McCashin's Stoke Bomber Smoky Ale

Der Duft dieses Bieres beruht auf dem Rauch, der zum Trocknen des Malzes eingesetzt wird. McCashins Version ist weniger rauchig als die deutschen Vorbilder, doch das macht es zu einem hervorragenden Einstiegsbier für alle Rauchbierneulinge.

Verkostungsnotizen: Torfig, Buchenholzrauch, blumige Hopfennote; passt gut zu Räucherfleisch oder -fisch.
* **Land:** Neuseeland
* **Gebraut von:** McCashin's Family Brewery
* **Stil:** Rauchbier
* **Farbe:** Golden
* **Alkoholgehalt:** 5,7 %
* **Trinktemperatur:** 7–11 °C

🇳🇿 Mike's IPA

Dieses 9%ige Double IPA hat viel mit den überfrachteten, stark hopfigen IPA-Varianten gemein, die erstmals von amerikanischen Craft-Beer-Brauereien produziert wurden. Es liefert all die üblichen tropischen Fruchtaromen, die man von einem äußerst hopfigen Pale Ale erwartet, dazu einen feurigen Hopfenstoß im Abgang.

Verkostungsnotizen: Passionsfrucht, Litschi und Ananas, gut ausgewogen mit einer Basis aus Karamellmalz; lange, trockene Bittere im Abgang, die einem die Tränen in die Augen treibt.
* **Land:** Neuseeland * **Gebraut von:** Mike's Brewery * **Stil:** Double IPA
* **Farbe:** Golden/Bernstein * **Alkoholgehalt:** 9 %
* **Trinktemperatur:** 8–13 °C

🇳🇿 Moa Blanc

Moa Blanc ist Neuseelands Hommage an den belgischen Witbierstil, der einst von Pierre Celis in den späten 1960ern in dem kleinen Dorf Hoegaarden wiederbelebt worden war. Es hat aber auch sehr viel gemeinsam mit deutschen Weizenbieren. Gebraut aus einer Mischung von jeweils 50 % Weizen- und Gerstenmalz, bleibt eine anständige Menge Sediment am Flaschenboden und sorgt für eine charakteristische trübe Erscheinung. Mit Bananen, Kaugummi und Zitrone in der Nase ist dieses sommerliche Bier eine wunderbare Erfrischung.

Verkostungsnotizen: Banane, Koriander und Zitrone, gefolgt von einer weichen Weizennote im Abgang.
- **Land:** Neuseeland **Gebraut von:** Moa Brewing Co.
- **Stil:** Witbier **Farbe:** Trübgolden
- **Alkoholgehalt:** 5,5 % **Trinktemperatur:** 3–5 °C

🇳🇿 Monteith's Golden Lager

Obwohl man Münchner Malz verwendet, das eigentlich für ein besonders kräftiges Aroma und eine dunkle, bernsteinartige Farbe sorgt, fällt Monteith's Golden Lager eher in die Kategorie Pale Lager, mit seinem kräftigen Nussaroma und der goldenen Farbe.

Verkostungsnotizen: Cashewkerne, Toffee, mit einem Hauch hopfiger Bittere; zu Grillgerichten.
- **Land:** Neuseeland
- **Gebraut von:** Monteith's Brewing Co.
- **Stil:** Pale Lager
- **Farbe:** Hellgolden
- **Alkoholgehalt:** 5 %
- **Trinktemperatur:** 3–5 °C

WUSSTEN SIE SCHON?

„Eisgebraute Biere" sind sehr beliebt in Neuseeland: Das Bier wird gekühlt, bis das Wasser, aber nicht der Alkohol gefriert, da dieser einen niedrigeren Gefrierpunkt hat. Wird das Eis entfernt, hat man ein Bier mit höherem Alkoholgehalt.

Neuseeland

🇳🇿 Pink Elephant
Imperious Rushin Stowt

Ein wirklich eindrucksvolles Bier. Roger Pink eröffnete seine Brauerei 1990, zu einer Zeit, als das Brauen im kleinen Stil in Neuseeland noch in den Startschuhen steckte. In diesen über 20 Jahren wurde er zu einem der meistausgezeichneten Brauer in Neuseeland. Für das Pink Elephant verwendete er Malz und Getreide aus der ganzen Welt, eine Reihe sorgsam kultivierter Hefen und ausgezeichnete neuseeländische Hopfensorten – und herausgekommen ist ein Bier, das zeigt, dass er sein Handwerk versteht. Probieren Sie diese 11%ige Geschmacksbombe im russischen Stil. Dick, schwarz, triefend vor Schokolade, Lakritz, Vanille und mit einem Hauch von Anis, ist dieses Imperial Stout eines der bemerkenswertesten Biere der Welt.

Verkostungsnotizen: Üppige Schokolade, Lakritz und Vanille, mit Obertönen von reichlich Kaffee; passt zu Vanilleeis.
★ **Land:** Neuseeland ★ **Gebraut von:** Pink Elephant Brewery
★ **Stil:** Imperial Stout ★ **Farbe:** Schwarz
★ **Alkoholgehalt:** 11% ★ **Trinktemperatur:** 10–14°C

🇳🇿 Renaissance
Elemental Porter

Die Region Marlborough ist eher für ihre Sauvignon-Blanc-Trauben als für ihre Craft-Beer-Brauereien berühmt. Deswegen ist man stolz auf sein Bier für den gehobenen Gaumen. Dieses Porter ist eines der höchstgeschätzten Biere Neuseelands. Genießen Sie die Ausgewogenheit von Schokoladenmalz und frischem Hopfen.

Verkostungsnotizen: Üppig und vollmundig, mit Aroma nach geröstetem Malz und erfrischendem Hopfen im Abgang; passt zu Grillfleisch, Kaffeedesserts und Blauschimmelkäse.
★ **Land:** Neuseeland
★ **Gebraut von:** Renaissance Brewing Co.
★ **Stil:** Porter ★ **Farbe:** Dunkelbraun
★ **Alkoholgehalt:** 6%
★ **Trinktemperatur:** 8–12°C

WUSSTEN SIE SCHON?

1770 braute Kapitän James Cook das erste Bier in Neuseeland als Vorsorge gegen Skorbut auf seinem Schiff. Er verwendete Nadeln einer einheimischen Fichte zusammen mit eingedampfter Bierwürze und Melasse.

🇳🇿 Speight's 5 Malt Old Dark

Wie der Name vermuten lässt, wird Speight's 5 Malt Old Dark aus einem Mix von fünf verschiedenen Malzsorten hergestellt: Pilsner, Cara-, Kristall-, Schokoladen- und Röstmalz. Dieses klassische Porter entwickelt eine cremige Textur und einen Geschmack nach Schokoeis.

✦ **Verkostungsnotizen:** Kaffee, Rosinen, Schokolade und Karamell; trinken Sie das Bier zu einem kräftigen Fleischeintopf.
✦ **Land:** Neuseeland
✦ **Gebraut von:** Speight's Brewery
✦ **Stil:** Porter
✦ **Farbe:** Dunkelrot
✦ **Alkoholgehalt:** 4 %
✦ **Trinktemperatur:** 8–13 °C

🇳🇿 Steinlager Classic

Das erstmals 1957 gebraute Steinlager Classic ist Neuseelands größter Exportschlager. Der Großteil geht in die USA, wo man den Pale-Lager-Bierstil, vertreten etwa durch Budweiser und Miller Light, sehr schätzt. Steinlager Classic schmeckt erfrischend, klar und hopfig.

✦ **Verkostungsnotizen:** Zartes Aroma nach Mais, frischem Hopfen und milder Zitrone; sehr süffig im Geschmack, ein Bier für alle Tage.
✦ **Land:** Neuseeland
✦ **Gebraut von:** Lion Breweries
✦ **Stil:** Pale Lager
✦ **Farbe:** Hellgelb
✦ **Alkoholgehalt:** 5 %
✦ **Trinktemperatur:** 2–5 °C

🇳🇿 Tuatara APA

Dieses amerikanische Pale Ale erlebte zwei grundlegende Veränderungen. Seit 2012 verwendet man einheimische Hopfensorten wegen eines Versorgungsengpasses mit amerikanischen. Ein clever gemachtes Bier von einer geschickt vermarkteten Brauerei, das schnell zu einer der beliebtesten und trendigsten Marken des Landes wurde.

✦ **Verkostungsnotizen:** Biskuitmalz und Grapefruit; schmeckt auffällig nach Kiefernharz; die klassische Ergänzung zu Burgern.
✦ **Land:** Neuseeland
✦ **Gebraut von:** Tuatara Brewing Co.
✦ **Stil:** American Pale Ale
✦ **Farbe:** Trübes Gelb
✦ **Alkoholgehalt:** 5,8 %
✦ **Trinktemperatur:** 4–7 °C

🇳🇿 Yeastie Boys Digital IPA

Yeastie Boys (yeast = Hefe) kreierte dieses Digital IPA, das durch seinen kräftigen Hopfengeschmack aus einer Mischung bester neuseeländischer Sorten besticht. 2012 gewann es die Goldmedaille der Brauereiinnung Neuseelands. Der Inbegriff eines modernen, aufregend hopfigen Pale Ale.

✦ **Verkostungsnotizen:** Passionsfrucht, Litschi und Karamell; passt gut zu würzigen Grillgerichten und Currys.
✦ **Land:** Neuseeland
✦ **Gebraut von:** Yeastie Boys
✦ **Stil:** IPA ✦ **Farbe:** Orange
✦ **Alkoholgehalt:** 7 %
✦ **Trinktemperatur:** 4–7 °C

AFRIKA

Afrika ist einer der kleineren Weltmärkte für Bier und machte 2012 etwa 6,6 % der Produktion aus.

Allerdings verbirgt dieser niedrige Wert ein Riesenwachstum von 11,3 % im Jahr 2011, und das bereits das zwölfte Jahr in Folge. Brauereien sehen in Afrika deshalb einen neuen Biermarkt. Allerdings können sich Afrikaner nicht für den westlichen Stil begeistern, der klare Biere bevorzugt.

Afrikas Durst auf Bier wird meist durch selbst gebrautes Bier gelöscht. Dieses ziemlich grobe Gebräu macht nach Schätzungen ungefähr viermal so viel aus wie der Umsatz des Biermarktes. Unter den Brauereien hofft man, dass die Afrikaner, wenn sie einen gewissen Wohlstand erlangen, auch für professionellere Handelsoptionen offen sind.

Bierbrauen reicht in Südafrika bis 1658 zurück, als der erste niederländische Gouverneur Jan van Riebeeck eine Brauerei im Fort of Good Hope einrichtete.

Multinationale Brauereigesellschaften wie SABMiller übernehmen einen Portfolioansatz, in dem sie Bier produzieren, das auch für ärmere Afrikaner erschwinglich ist. Ein gutes Beispiel ist Hirsebier, eine kommerzielle Variante des selbst gebrauten Bieres. SABMiller

versucht auch, den Bierpreis zu halbieren, indem man günstigere Inhaltsstoffe als Malz verwendet wie Maniok und Hirse.

Bierbrauen reicht in Südafrika bis 1658 zurück, als der erste niederländische Gouverneur Jan van Riebeeck eine Brauerei im Fort of Good Hope einrichtete. Vom Kap breitete es sich aus, und 1895 wurden die South African Breweries (SAB) als Castle Breweries gegründet, die Bergleute und Erzschürfer mit Bier versorgten. Obwohl Lager auf diesem heißen Kontinent der beliebteste Bierstil ist, hat er Konkurrenz. Stouts wie das Guinness Export haben einen treuen Kundenstamm. Die Brauerei Diageo verkauft in Nigeria mehr Guinness als irgendwo sonst auf der Welt, einschließlich Irland.

Natürlich besitzt auch Afrika seine eigene Craft-Beer-Szene, die bis jetzt noch auf Südafrika fokussiert ist. Brauereien wie Jack Black's, Darling Brew und Boston Breweries bringen die dringend benötigte Vielfalt in den Biermarkt Südafrikas.

🇿🇦 Boston Breweries Black River Coffee Stout

Die Brauerei befindet sich im Herzen von Kapstadt und zählt zu den Stützen der Craft-Beer-Szene in der Stadt. Der Verkostungsraum im Cape Quarter ist legendär, sowohl als ein Ort für ein Bier der Boston Breweries als auch als einer der wenigen Plätze, wo man dieses Black River Coffee Stout vom Fass ausschenkt. Es wird mit äthiopischem Yirgacheffe-Kaffeeextrakt hergestellt.

Verkostungsnotizen: Ausgeprägte Kaffee- und Toffeenoten, dazu ein Hauch von Schokolade und braunem Zucker; ein großartiger Wachmacher!
✴ **Land:** Südafrika ✴ **Gebraut von:** Boston Breweries ✴ **Stil:** Coffee Stout
✴ **Farbe:** Pechschwarz ✴ **Alkoholgehalt:** 6 % ✴ **Trinktemperatur:** 8–13 °C

HIRSEBIER

In Afrika begann man vor Tausenden von Jahren mit dem Bierbrauen, und in vielen afrikanischen Ländern kann man heute noch einen Eindruck gewinnen, wie diese ersten Biere ausgesehen haben könnten.

Bier aus Hirse, bekannt als „Chibuku" oder „shake shake" spielt immer noch eine große Rolle im Leben der Einheimischen bei vielen gesellschaftlichen Zusammenkünften. Das Bier wurde von den Frauen für das Dorf gebraut und hat entsprechend viele regionale Namen: dolo in Burkina Faso, pito in Nigeria, bili bili in Kamerun und merissa im Sudan.

Heute wird es häufiger im industriellen Stil gebraut, wobei sich große Gesellschaften wie SABMiller oder South Africa's United National Breweries eingeklinkt haben.

Das Bier erinnert eher an Suppe oder Porridge. Und es lebt noch (wie Joghurt) in dem Pappbecher, in dem es serviert wird. Wenn das Bier die Brauerei verlässt, beträgt der Alkoholgehalt etwa 2 %, doch nach einigen weiteren Tagen der Gärung liegt er bei 5 %. Der Geschmack wandelt sich ebenfalls von etwas, das manche als „zitrusartig" beschreiben, in eine heftige Bitterkeit. Nach fünf Tagen ist es ungenießbar.

Dies änderte sich jedoch, nachdem SABMiller eine pasteurisierte Variante auf den Markt brachte: Chibuku Super. Seine Haltbarkeit liegt bei 21 Tagen, womit sich ein Markt für diese Version von afrikanischem selbst gebrautem Bier erschließt.

🇿🇦 Castle Lager

Castle Lager wird fast überall in Südafrika getrunken. Es wurde erstmals 1895 gebraut, und man verwendet sowohl Gersten- als auch Maismalz im Brauprozess, wodurch es einen süßen Maisgeschmack erhält. Servieren Sie das Bier eiskalt, um den erfrischenden, trockenen und leicht säuerlichen Abgang zu genießen.

Verkostungsnotizen: Noten von Getreide, Zuckermais aus der Dose und blumigem Hopfen; ein Bier, das man für den Durst im Kühlschrank haben sollte.
* **Land:** Südafrika * **Gebraut von:** South African Breweries
* **Stil:** Pale Lager * **Farbe:** Hellgelb
* **Alkoholgehalt:** 5 % * **Trinktemperatur:** 1–2 °C

🇿🇦 Devil's Peak The King's Blockhouse IPA

Diese Brauerei kombiniert das Beste aus der modernen amerikanischen Brauszene mit der traditionellen Herangehensweise in Belgien und kreiert daraus Biere mit Tiefe, Charakter und Geschmack. Devil's Peak zeigt Südafrika, wie ein großartiges Bier aussehen könnte, und man beginnt mit diesem hopfigen amerikanischen IPA. The King's Blockhouse passt zu Gewürzcurry aus Thailand, Indien oder eben Südafrika, und zwar aufgrund seiner hopfigen Bittere und seinen ausgeprägten Zitrusaromen, die jedem Gericht die Schärfe nehmen.

Verkostungsnotizen: Litschi, Passionsfrucht und Zitrusfrüchte, sehr gut ausgewogen mit Bittere und Biskuitmalz.
* **Land:** Südafrika
* **Gebraut von:** Devil's Peak Brewing Co.
* **Stil:** IPA * **Farbe:** Bronze
* **Alkoholgehalt:** 6 % * **Trinktemperatur:** 4–7 °C

🇿🇦 Hansa Pilsener

Dieses Bier wurde mit Stolz vermarktet als „der Kuss des Saaz-Hopfens"; das heißt, Hansa verwendete die traditionellen tschechischen Hopfensorten, um dem Bier Bittere und Geschmack zu verleihen. Als das Bier 1975 auf den Markt gebracht wurde, favorisierten Bierliebhaber die gewohnten süßeren Pale-Lagerbiere. Doch die Trinkgewohnheiten änderten sich, und Hansa wurde zu einem der beliebtesten Biere in Südafrika.

Verkostungsnotizen: Wenig Bittere, Noten von hellem maisartigem Malz; trocken und erfrischend im Abgang.
* **Land:** Südafrika
* **Gebraut von:** South African Breweries
* **Stil:** Pilsner
* **Farbe:** Gelb
* **Alkoholgehalt:** 4,5 %
* **Trinktemperatur:** 1–2 °C

Südafrika

🇧🇮 Primus Bière

Nicht zu verwechseln mit dem belgischen Lager im Pilsnerstil namens Primus für den Herzog von Brabant, Jan Primus. Dieses Primus Bière wird in Bujumbura, der Hauptstadt Burundis in Zentralafrika, gebraut.

Verkostungsnotizen: Weißbrot, mehlig mit einem Hauch Pfefferminze; ein sehr erfrischendes Lager.
- ★ **Land:** Burundi
- ★ **Gebraut von:** Brarudi
- ★ **Stil:** Pale Lager
- ★ **Farbe:** Hellgolden
- ★ **Alkoholgehalt:** 5%
- ★ **Trinktemperatur:** 2–5 °C

WUSSTEN SIE SCHON?

Durchschnittlich trinken Afrikaner nur acht Liter kommerziell gebrautes Bier im Jahr – sie bevorzugen ihr eigenes, aus Hirse oder so ziemlich allem, was sich vergären lässt, gebrautes Bier. Die Tradition, sein Bier selbst zu brauen, ist Tausende Jahre alt.

🇨🇩 Mützig

Mützig, das nach der historischen Stadt im Elsass benannt ist, wird in drei afrikanischen Staaten gebraut: in Ruanda, Kamerun und der Demokratischen Republik Kongo. Mützig wird außerdem noch in Nordfrankreich produziert, aber es hat in Afrika einen weitaus größeren Ausstoß, und das gilt für die beiden Varianten mit 5,5 % und 6,9 % Alkoholgehalt.

Verkostungsnotizen: Getreidemalz mit Noten von Zuckermais, Hopfen und einem leicht bitteren Abgang.
- ★ **Land:** Demokratische Republik Kongo
- ★ **Gebraut von:** Bralima Brewery
- ★ **Stil:** Pale Lager
- ★ **Farbe:** Hellgolden
- ★ **Alkoholgehalt:** 5,5 %
- ★ **Trinktemperatur:** 2–5 °C

🇲🇿 Laurentina Preta

Dieses Bier, benannt nach dem portugiesischen „Laurentina Black" mit seiner unverwechselbaren Farbe, ist eines der am häufigsten bestellten Biere in Afrika. Sehr gut ausgewogen mit Noten von dunklem, geröstetem Malz, brotigen Untertönen und einem anhaltenden, von süßem Kaffee dominierten Abgang, ist es ein perfektes Beispiel für ein Dunkel.

Verkostungsnotizen: Passt wunderbar zu scharfen Enchiladas.
- ★ **Land:** Mosambik ★ **Gebraut von:** Cervejas De Moçambique
- ★ **Stil:** Dunkel ★ **Farbe:** Dunkelbraun
- ★ **Alkoholgehalt:** 5 % ★ **Trinktemperatur:** 8–10 °C

🇺🇬 Nile Special

Die Brauerei könnte an keinem malerischeren Ort gelegen sein als an den Ufern des Nils, dort, wo er aus dem Victoriasee fließt. Man benutzt Wasser, das direkt aus Nordostafrikas Hauptwasserquelle entnommen wird, und produziert mehr Bier als irgendjemand sonst in Uganda. Nile Special, die Königsmarke, ist das beliebteste Bier im Sortiment.

Verkostungsnotizen: Ausgewogenes, aber sehr leichtes Aroma nach Karamell, Bittere vom Hopfen und ein zarter Hauch von Früchten.
* **Land:** Uganda
* **Gebraut von:** Nile Breweries
* **Stil:** Pale Lager
* **Farbe:** Hellgelb
* **Alkoholgehalt:** 5,6 %
* **Trinktemperatur:** 3–5 °C

🇿🇲 Mosi Lager

Der Mosi-oa-Tunya-Nationalpark in Sambia ist fantastisch gelegen, ihm verdankt dieses Pale Lager seinen Namen. Die wörtliche Übersetzung lautet „donnernder Rauch" und bezieht sich auf die wild tosenden Victoriafälle – den größten Wasserfall der Welt. Mosi Lager ist genauso bemerkenswert und das bestverkaufte Lager in Sambia.

Verkostungsnotizen: Cremig weiße, lang anhaltende Schaumkrone; darunter verbergen sich grasige Aromen und ein trockener Maisgeschmack.
* **Land:** Sambia
* **Gebraut von:** Zambian Breweries
* **Stil:** Pale Lager
* **Farbe:** Hellgelb
* **Alkoholgehalt:** 4 %
* **Trinktemperatur:** 3–5 °C

🇳🇬 Trophy Black Lager

Die bekannteste Biermarke Nigerias, Trophy, ist ein von International Breweries produziertes klassisches Pale Lager. Ihr Black Lager unterscheidet sich davon: Man verwendet dunkleres Malz aus Mais und anderen lokalen Getreidesorten, um ein Bier zu brauen, das den deutschen Stark- und Bockbieren ähnelt. Eine erfrischende Abwechslung zu den in Afrika üblichen Lagerbieren.

Verkostungsnotizen: Zartes Aroma nach Karamell und geröstetem Kaffee; Brotnoten im Abgang; passt ausgezeichnet zu gegrilltem Fleisch und Wildbret.
* **Land:** Nigeria * **Gebraut von:** International Breweries
* **Stil:** Dark Lager * **Farbe:** Schwarz
* **Alkoholgehalt:** 5 % * **Trinktemperatur:** 3–5 °C

GLOSSAR

Ale – wird mithilfe von obergärigen Hefen bei höheren Temperaturen hergestellt, und zwar bei ungefähr 15–20 °C. Zu den typischen Sorten gehören Amber, Pale, Belgisch Blonde, Golden, Brown und Mild.

Ale aus Fassgärung – Ale, das auf natürliche Weise im Fass vergoren und ohne zusätzliche Behandlung direkt ausgeschenkt wird. Häufig wird es auch als „Real Ale" bezeichnet.

Alphasäuren – chemische Bestandteile des Hopfens, die für die Bittere des Bieres verantwortlich sind.

Altbier – deutsches Alt, traditionelles dunkles, obergäriges Bier, das „im alten Stil" gebraut wird und im Rheinland, vor allem in Düsseldorf, anzutreffen ist.

Barley Wine – ein starkes Ale aus dem 18. Jahrhundert, das für englische Patrioten als Ersatz für französischen Rotwein kreiert wurde zu einer Zeit, als die beiden Länder häufig miteinander im Krieg standen. Ein starkes Bier, das viele Monate lang gelagert werden kann.

Bière de Garde – bedeutet wörtlich „Bier zur Aufbewahrung" und stammt aus der bäuerlichen Brautradition Frankreichs und Belgiens Ende des 19. Jahrhunderts, deren Zentrum in Flandern lag. Das Bier wurde in den Wintermonaten gebraut, um im Sommer damit die Landarbeiter zu bezahlen.

Bitter – ursprünglich reines Ale, das frisch bei Kellertemperatur und ohne Druck serviert wird. Heutzutage bezieht es sich auf eine spezielle Sorte von Pale Ale.

Bockbier – ein deutsches Starkbier mit einem relativ hohen Alkoholgehalt (über 6,25 %), malzig, weniger gehopft, wobei Bitterhopfen eingesetzt wird, und meist von dunkler Farbe. Typische Sorten sind heller Bock, dunkler Bock, Doppelbock und Eisbock.

Champagnerbier – ein erlesenes, hochprozentiges und stark kohlensäurehaltiges Bier, das vorwiegend in Belgien gebraut wird und einen langwierigen Reifungsprozess erfordert. Manche dieser Biersorten reifen in den Sektkellereien der Champagne und werden anschließend Remuage und Degorgieren unterzogen, wobei der Hefepfropf aus dem Flaschenhals entfernt wird.

Craft-Beer-Brauerei – kleine unabhängige Brauerei, die mit traditionellen Inhaltsstoffen arbeitet (siehe auch Mikrobrauerei).

Darren – das letzte Stadium beim Maischen, in dem das Malz mit heißer Luft erhitzt wird, um die Keimung zu stoppen und das Malz zu stabilisieren. Eine Änderung von Dauer und Temperatur führt zu hellerem oder dunklerem Malz.

Eingangsbier – ein Bier, das zur Einstimmung vor anderen Typen von Craft-Beer getrunken wird.

Eisgebraute Biere – ein Prozess, bei dem das Bier gekühlt wird, bis das Wasser, aber noch nicht der Alkohol gefriert, da dieser einen niedrigeren Gefrierpunkt hat. Entfernt man das Eis, hat man ein Bier mit höherem Alkoholgehalt.

Enkel, Dubbel, Tripel und Quadrupel – von Trappistenmönchen eingeführtes System, mit dem das Bier nach seiner Stärke eingeteilt wird.

Export – Biere, die im Ruf höherer Qualität stehen, da die Kosten für die Ausfuhr höhere Preise erfordern. Stärkere Biere überstanden Schiffstransporte besser, sodass der Ausdruck auch als Bezeichnung für Biere mit höherem Alkoholgehalt stand.

Fass – Fassbiere werden kalt serviert; sie durchlaufen nur eine Gärung, die in der Brauerei erfolgt. Anschließend werden sie mit Kälte stabilisiert, pasteurisiert oder steril filtriert; daher enthalten sie keine Hefe mehr, und es wird Gas zugesetzt.

Flaschengärung – ein zweiter Gärungsprozess, bei dem Hefe das Bier in der Flasche auf natürliche Weise vergärt.

Gärung – bei diesem Prozess bauen die Hefen den Zucker aus der Würze ab, wobei als Abfallprodukte Alkohol und Kohlendioxid (CO_2) entstehen. Das CO_2 geht dabei verloren.

Growler – ein wiederverwendbarer Behälter zum Transport von Bier (in den USA), vergleichbar einem großen Glaskrug; ursprünglich wurden sogar Eimer dafür verwendet.

Hefeweizen – siehe Weizenbier.

Hopfenstopfen (Dry Hopping) – eine Methode, bei der Hopfen dem Gärungstank zugegeben wird; dabei gelangen weniger Bitterstoffe, sondern vorwiegend ätherische Öle in die Bierwürze, die bei dem vorherigen Kochen während des Brauprozesses verloren gingen.

IBU – International Bitterness Unit. Die international festgelegte Maßeinheit zur Messung der Bitterkeit eines Bieres. Ein stark hopfiges Bier, beispielsweise ein IPA, hat häufig einen höheren IBU-Wert als ein Stout oder ein Leichtbier.

Imperial – ein Bierstil, der zu Pilsner oder Stout gehören kann. Ursprünglich wurde damit ein bestimmter Bierstil bezeichnet, der im 19. Jahrhundert in England gebraut wurde und für den Export in das zaristische Russland bestimmt war. Heute bezeichnet man damit ein vollmundiges, starkes Bier, gebraut mit doppelter oder sogar dreifacher Menge an Hopfen und Malz und dementsprechend hohem Alkoholgehalt.

IPA – India Pale Ale. Ein Bierstil, der ursprünglich aus Großbritannien stammt und für den Export bestimmt war. Der höhere Gehalt an Hopfen sorgte dafür, dass das Bier auf der langen Reise nach Indien nicht verdarb.

Klosterbier – allgemeine Bezeichnung für Bier, das von Mönchen des Trappistenordens oder von anderen Klöstern gebraut wird oder das nach Art dieser Biere hergestellt wird.

Kölsch – eine lokale Bierspezialität aus Köln, definiert nach einer Übereinkunft des Kölner Brauerei-Verbandes, die als „Kölsch Konvention" bekannt ist. Kölsch ist obergärig, wird bei 14–16 °C vergoren und dann gelagert – damit rückt dieser Bierstil in die Nähe von Altbier vom Niederrhein.

Kontinuierliche Hopfenzugabe – die Praxis, Hopfen in regelmäßigen Intervallen während des Kochvorgangs zuzugeben.

Kriek – ein Fruchtlambic aus Belgien; zu diesem Bier werden Sauerkirschen (krieken – von denen das Bier seinen Namen hat) hinzugegeben und für eine zweite Gärung längere Zeit im Fass belassen. Traditionell wird dafür die alte Sauerkirschenart „Schaarbeek" aus der Nähe von Brüssel verwendet.

Lager – Lagerbiere werden mithilfe von untergärigen Hefen bei kühleren Temperaturen, das heißt bei ca. 4–9 °C, fermentiert. Zu diesem Bierstil gehören beispielsweise Pale Lager, Helles, Dunkel/Dark Lager, Wiener Lager, Dortmunder Pils.

Lagerung – frisch gebrautes Bier wird zur weiteren Reifung über mehrere Monate bei kühleren Temperaturen zumeist in Kellerräumen gelagert.

Lambic – ein saures Bier, das durch Spontangärung entsteht. Dem Bier wird keine Hefe beigegeben, sondern man setzt es den in der natürlichen Umgebung vorkommenden Hefen aus.

Maischbottich – das Gefäß, in dem sich die Maische befindet.

Malt liquor – Malzlikör, Starkbier, amerikanische Bezeichnung für hochprozentige Biere (nicht unter 5 % Alkoholgehalt), die mit Gerstenmalz gebraut werden. In der Praxis bezieht sich der Ausdruck allerdings auf Bier, das mit billigen Zutaten produziert wird, beispielsweise Mais, Reis, Dextrose, sehr wenig Hopfen und einem bestimmten Enzym, das den Alkoholgehalt erhöhen soll.

Märzen/Oktoberfestbier – vor den Zeiten einer maschinellen Kühlung wurde im Frühling Märzenbier gebraut und in Lagerräumen aufbewahrt, bis es im Herbst trinkfertig war. Im Oktober mussten die Brauereien ihre Fässer mit Märzen leeren, ehe sie in der kalten Jahreszeit wieder mit dem Bierbrauen beginnen konnten; darauf geht die Tradition des Oktoberfestes zurück.

Mikrobrauerei – eine Craft-Beer-Brauerei, die im Jahr weniger als 17 600 Hektoliter Bier produziert, wobei 75 % oder mehr extern verkauft werden.

Mundgefühl – ein Begriff aus dem Bereich der geschmacklichen Testung, der Bier mit Ausdrücken beschreibt, die weder von Geschmack noch von Geruch abgedeckt werden, wie zum Beispiel Körper, Textur oder Kohlensäure.

Obergärig – obergärige Hefen bilden Zellverbände, die an der Oberfläche des Gärbottichs schwimmen; sie arbeiten bei höheren Temperaturen als untergärige Hefen.

Pilsner – auch Pilsener oder Pils, ein Biertyp aus der Gruppe der Pale Lager. Das Bier hat seinen Namen nach der tschechischen Stadt Pilsen (tschechisch Plzeň), in der es 1842 erstmals mit bayrischer Technik gebraut wurde. Dazu gehören deutsches und tschechisches Pilsner.

Plato-Skala – ein System, um die Stammwürze von Bier anzugeben, die in Grad Plato (°P) gemessen wird.

Porter – ein Londoner Bierstil aus dem 18. Jahrhundert; sein Name rührt daher, dass das Bier vor allem unter den Londoner Trägern (englisch: porter), Markt- und Straßenarbeitern sehr beliebt war. Ein starkes, dunkelbraunes Bier, das aus einer Mischung von Brown, Pale und abgestandenem Ale hergestellt wurde. Die dunkle Farbe beruht auf der Verwendung von dunklem Malz (im Gegensatz zu Stouts, für die geröstetes Gerstenmalz genommen wird). Baltic Porter, eine stärkere Variante, wurde für den Export über die Nordsee ins Baltikum gebraut.

Saisonbier – ein äußerst fruchtiges belgisches Pale Ale, das traditionell auf dem Land im Winter gebraut und nach kurzer Lagerung im Sommer getrunken wurde. Bis vor Kurzem noch als „im Aussterben begriffener Bierstil" beschrieben, setzte mittlerweile vor allem in den USA ein Wiederaufleben ein.

Saures Ale – dahinter verbergen sich weniger bekannte Sauerbiere, die typischerweise mit Ale-Hefen gebraut und dann mit säurebildenden Bakterien und Hefen geimpft werden, um einen ungewöhnlich säuerlichen Geschmack zu erzeugen.

Schwarzbier – in der Regel ein sehr dunkles Lager.

Session Bier – mildes, süffiges Bier mit einem Alkoholgehalt, der normalerweise unter 4 % liegt, sodass man einige Gläser am Abend konsumieren kann.

Stammwürze – die relative Dichte der Würze in verschiedenen Stadien des Brauprozesses. Normalerweise wird der Gehalt in Grad Plato angegeben.

Stout – ursprünglich der Überbegriff für die stärksten Porter-Biere (siehe Porter). Dazu gehören Dry, Milk, Oatmeal, Oyster, Coffee, Imperial und Russian Stout.

Untergärig – beim Brauen von Lager und Pilsner werden untergärige Hefesorten verwendet, die bei tiefen Temperaturen arbeiten. Sie bilden keine Zellverbände, sinken auf den Boden des Gärbottichs und haben so gut wie keinen Kontakt mit der umgebenden Luft.

Volumenprozent Alkohol – Maß für den Alkoholgehalt einer Flüssigkeit, wird während des Brauprozesses mittels eines Hydrometers abgelesen.

Weizenbier – Bier mit einem hohen Anteil an Weizen- und Gerstenmalz, normalerweise obergärig, wird als leichtes Sommerbier geschätzt. Typische Weizenbiere sind Weißbier (dazu zählen Hefeweizen, Dunkelweizen und Weizenbock), Witbier und saure Sorten wie Lambic, Berliner Weiße und Gose.

Witbier – belgisches Weizenbier.

Würze – unfermentiertes Bier, das heißt die Flüssigkeit, die beim Maischen der Getreidekörner entstanden ist und den Zucker enthält, der später während der Gärung in Alkohol umgesetzt wird.

BIERREGISTER

Beer	Page
10 Saints	58
1936 Bière	150
3 Monts	146
8 Wired Saison Sauvin	208

A
Beer	Page
A. Le Coq Porter	181
Aass Bock	166
Abbaye Des Rocs Brune	110
Adnams Broadside	64
Aecht Schlenkerla Rauchbier Märzen	105
Affligem Tripel	110
Alaskan Amber	22
Aldaris Porteris	181
Alexander Keith's India Pale Ale	42
Alhambra Premium Lager	158
Alivaria Zolotoe	184
Alley Kat Olde Deuteronomy	42
Altenburger Schwarze	88
Amstel Lager	154
Amsterdam Boneshaker IPA	43
Anchor Old Foghorn Barley Wine	22
Anchor Steam Beer	39
Anderson Valley Boont Amber Ale	23
Angkor	199
Antares Imperial Stout	56
Arran Blonde	78
Asahi Super Dry	188
Astra Urtyp	88
Augustiner Helles	89
Ayinger Jahrhundert	89

B
Beer	Page
Bahamian Strong Back Stout	58
Baird Dark Sky Imperial Stout	188
Baja Oatmeal Stout	52
Baladin Xyauyù Barrel	140
Baltika No.4	185
Bavaria 8.6	154
Beamish Stout	82
Beau's Lug-Tread Lagered Ale	43
Beavertown Smog Rocket	64
Beck's	91
Beer Valley Leafer Madness	23
Beerlao	198
Belhaven Best	78
Bell's Amber Ale	23
Belle-Vue Kriek	111
Belzebuth Pur Malt	146
Berentsens Rogalands Pils	166
Berliner Pilsner	91
Bernard Celebration Lager	132
Bevog Kramah IPA	128
BFM √225 Saison	150
Bière Lorraine	59
Big Sky Brewing Moose Drool Brown Ale	24
Bintang	195
Birra Moretti	140
Birra Tirana	176
Birrificio Barley BB10 imperial stout	141
Birrificio Del Ducato Sally Brown	141
Birrificio Del Ducato Verdi Imperial Stout	141
Birrificio Italiano Tipopils	141
Birrificio Pausa Café Tosta	143
Bitburger Premium Pils	91
Blanche de Bruxelles	111
Bohemia Regent Prezident	132
Bohemia Weiss	55
Boston Breweries Black River Coffee Stout	216

C
Beer	Page
Brahma	170
Brains Bitter	85
Brasserie Duyck Jenlain Ambrée	149
Brasserie Trois Dames Grande Dame Oud Bruin	150
BrewDog Dogma Scotch ale	71
BrewDog Punk IPA	79
Brewfist 24k	143
Bridge Road B2 Bomber Mach 2.0	202
Bristol Beer Factory Milk Stout	71
Bristol Beer Factory Seven	71
Brooklyn Lager	24
Bruery Mischief, The	40
Brugse Zot	112
Bud Light	171
Budweiser	11, 18, 22, 24, 172
Budweiser Budvar	132

Beer	Page
Camden Hells lager	71
Camden Pale Ale	71
Cantillon Kriek	112
CAP Endless Vacation Pale Ale	164
Carib Lager	59
Carlsberg	11
Carnegie Stark Porter	164
Castelain Ch'ti Ambrée	146
Castle Lager	217
Castlemaine XXXX Gold	202
Cave Creek Chili Beer	52
Celis White	112
Celt Experience Dark-Age	85
Celt Experience Ogham Willow Magestic IPA	85
Central City Red Racer IPA	44
Chang	198
Chimay Bleue	10, 114
Cobra	194
Coopers Original Pale Ale	202
Coors Light	18, 25, 170
Coral	161
Corona Extra	52, 53, 171
Corsendonk Pater	114
Courage Best	64
Cristal	59
Crown Lager	203
Cruzcampo	158
Cusqueña	57
Cusqueña Malta	20, 57

D
Beer	Page
DaDo Bier Original	55
Dark Star American Pale Ale	71
Dark Star Original	71
Dark Star Revelation	64
De Dolle Stille Nacht	114
De Koninck	115
De Molen Hel & Verdoemenis	155
De Ryck Arend Tripel	116
Delirium Tremens	116
Devil's Peak The King's Blockhouse IPA	217
Diebels Pils	92
Diekirch Premium	153
Dieu du Ciel Péché Mortel	44
Dogfish Head 90 Minute Imperial IPA	18, 25
Dos Equis XX Lager Especial	53
DouGall's 942 IPA	159
Dragon Stout	20
Dreher Bak	177
Driftwood Fat Tug IPA	44
Duck-Rabbit Baltic Porter	26
Duvel	116

E
Beer	Page
Echigo Pilsner	189
Edelweiss Gamsbock	128
Egger Märzenbier	129
Eichhof Hubertus	151
Einstök Icelandic Toasted Porter	168
Eisenbahn Dunkel	20
El Toro Negro Oatmeal Stout	26
Elbow Lane Angel Stout	82
Emerson's Pilsner	209
Epic Mayhem IPA	209
Erdinger Dunkel	92
Estrella Damm	159
Evan Evans CWRW	86
Evil Twin Even More Jesus	162

F
Beer	Page
Fantôme	117
Fat Yak Pale Ale	204
Felinfoel Double Dragon	86
Feral Brewing Razorback Barley Wine	201
Feral Hop Hog	204
Firestone Walker Double Barrel Pale Ale	27
Fischer Tradition	147
Flensburger Pilsener	92
Flying Dog Old Scratch Amber Lager	39
Flying Dog Raging Bitch	27
Flying Monkeys Hoptical Illusion Almost Pale Ale	46
Foster's Lager	204
Founders All Day IPA	28
Franziskaner Hefe-Weissbier	93
Fraoch Heather Ale	71
Freiburger Pilsener	93
Früh Kölsch	94
Fuglsang Hvid Bock	162
Fuller's London Pride	65
Fyne Ales Jarl	79

G
Beer	Page
Galway Bay Buried at Sea	83
Gambrinus Premium	133, 134
Gavroche French Red Ale	149
Goose Island IPA	28
Gose	62, 105
Grand Ridge Moonshine	205
Grand Teton Bitch Creek ESB	28
Granville Island Kitsilano Maple Cream Ale	46
Great Lakes Crazy Canuck Pale Ale	46
Greene King Abbot Ale	65
Greene King Old Speckled Hen	66
Grimbergen Blonde	117
Grolsch Premium Lager	154, 155
Grošák 10%	133
Gubernijos Ekstra	180
Guinness	61, 83
Guinness Export	215
Gulden Draak	117

H
Beer	Page
Hacker-Pschorr Hefe Weisse	95
Halida	199
Hansa Borg Bayer	166
Hansa Pilsener	217
Happōshu	189
Happousei	189
Harbin	192
Harp Lager	82
Hartwall Lapin Kulta	169
Harviestoun Schiehallion	79
Hasseröder Premium Pils	95
Haywards 5000	194
Heineken	11, 61, 157, 170
Hirter Privat Pils	129
Hitachino Nest Beer Amber Ale	190

Hitachino Nest Japanese Classic Ale	189
Hite Ice Point	196
Hite Max	196
Hoegaarden	15, 115
Hofbräu Münchner Weisse	95
Holsten Pilsener	100
Hopsmacker Pale Ale	209
Hornbeer The Fundamental Blackhorn	162
Huda	199

I

Ilkley Mary Jane IPA	66
Indus Pride Citrusy Cardamom	194
Infinium	108
Ironshore Bock	59
Ittinger Amber	151

J

Jablonowo Piwo na Miodzie Gryczanym	174
James Boag's Premium Lager	205
James Squire The Chancer Golden Ale	205
Jämtlands Hell	164
Jelen	179
Jever Pilsener	100
Jihlavský Grand	133
Jupiler	120

K

Kaltenecker Brokát 13° Dark Lager	182
Kernel Table Beer, The	74
Kingfisher Premium	195
Kinn Julefred	167
Kirin Ichiban	190
Kocour 70 Quarterback	134
Kölsch	62
König Pilsener	100
Kostritzer Schwarzbier	101
Kozel Světlý	134
Kriek Boon	111
Krinitsa Porter	184
Krombacher Pils	101
Kronenbourg 1664	61, 147
Krušovice Černé	135

L

La Bavaisienne	149
La Chouffe	120
La Trappe Quadrupel	157
Labatt Blue	47
Labatt Ice	51
Labatt Maximum Ice	51
Lagunitas IPA	30
Laitilan Kievari Imperiaali	169
Laško Zlatorog	182
Laurentina Preta	218
Lav	179
Le Brewery Odo	148
Le Trou du Diable	171
Lech Premium Lager	174
Leffe Brune	121
Left Hand Brewing Milk Stout	30
Lev Lion Lager	135
Liberty C!tra	210
Liefmans Goudenband	121
Lindemans Old Kriek Cuvée René	171
Lindemans Pécheresse	123
Linden Street Common Lager	39
Lion Red	210
Lion Stout	197
Little Creatures Pale Ale	201, 206
Lobkowicz Premium 12	135
Locher Appenzeller Hanfblüte	151
LoverBeer BeerBera	141
Löwenbräu Original	101
Lübzer Pils	102
Lvivske Porter	184

M

Magic Hat #9	30
Magic Rock Cannonball	66
Mahou Clásica	159
Maisel's Weisse Original	102
Maison de Brasseur Thou	171
Malheur 12	171
Malheur Bière Brut	123
Marble Dobber	67
Marble Ginger 6	71
Marble Manchester Bitter	71
Marston's Pedigree	69
Matuška Hellcat Imperial India Pale Ale	136
Maui CoCoNut PorTeR	31
McAuslan St-Ambroise Oatmeal Stout	47
McCashin's Stoke Bomber Smoky Ale	210
Meantime Chocolate Porter	71
Meantime London Lager	71
Meantime Yakima Red	69
Menabrea 1846	144
Mendocino Black Hawk Stout	31
Merlin Černý	136
Metalman Pale Ale	83
Meteor Pils	148
Michelob Original Lager	18, 32
Mike's IPA	210
Mikkeller Beer Geek Breakfast	163
Mill Street Tankhouse Ale	47
Miller Lite	33
Minerva Imperial Tequila Ale	53
Minoh Beer Imperial Stout	171
Moa Blanc	211
Modelo Especial	54
Molson Canadian Ice	51
Molson Canadian Lager	49
Molson Coors Blue Moon	33
Molson Dry Ice	51
Molson XXX	51
Monteith's Golden Lager	211
Mort Subite Gueuze	124
Mosi Lager	219
Mousel Premium Pils	153
Murphy's Irish Stout	84
Murray's Wild Thing Imperial Stout	206
Mützig	218

N

Nastro Azzurro Peroni	144
Nevskoe Imperskoe	185
Nikšićko Tamno	178
Nile Special	219
Nils Oscar God Lager	165
Nøgne Ø India Pale Ale	167
Nómada Royal Porter A La Taza	160
Norrlands Guld Export	165

O

O'Hanlon's Thomas Hardy's Ale	69
Oakham JHB	72
Odell Cutthroat Porter	33
Oettinger Hefeweissbier	103
Okocim Mocne	174
Okult No.1 Blanche	153
Ølvisholt Lava	168
Ørbæk Fynsk Forår	163
Orkney Dark Island Reserve	80
Orkney Raven Ale	80
Orval	11, 124
Otley Motley Brew	86
Otro Mundo Strong Red Ale	56
Ožujsko	178

P

Pabst Blue Ribbon	34
Paulaner Hefe-Weissbier	103
Paulaner Salvator	103
Pauwel Kwak	120
Pelforth Blonde	149
Pelican Imperial Pelican Ale	35
Perla Chmielowa	175
Pilsen Polar	57
Pilsner Urquell	134, 136
Pink Elephant Imperious Rushin Stout	212
Plank Dunkler Weizenbock	104
Porterhouse Oyster Stout	84
Powell Street Old Jalopy Pale Ale	49
Primátor Double 24	138
Primator Weizenbier	171
Primus Bière	218
Propeller London Style Porter	50
Puntigamer Das Bierige Bier	130

Q

Quilmes	56

R

Radeberger Pilsner	104
Red Pig Mexican Ale	54
Red Stripe	58
Redemption Trinity	72
Redoak Organic Pale Ale	207
Reina Oro	158
Renaissance Elemental Porter	212
Revelation Cat Black Knight	145
Ringnes Extra Gold	167
Rochefort 8	125
Rochefort 10	119
Rodenbach Grand Cru	125
Rogue Dead Guy Ale	36
Royal Challenge Premium Lager	195
Royal Extra Stout	20
Rychtář Speciál	138

S

Sagres Cerveja	161
Saku Porter	181
Sambrook's Wandle	73
Samuel Adams Boston Lager	18, 37
Samuel Smith's Oatmeal Stout	72
San Miguel Cerveza Negra	186, 197
San Miguel Especial	160
San Miguel Pale Pilsen	197
Sapporo Premium Beer	190
Saris Tmave	183
Schladminger Märzen	130
Schlitz	18
Schloss Eggenberg Samichlaus	130
Schneider Aventinus	105
Sharp's Doom Bar	73
Sharp's Cornish Pilsner	171
Shumensko Premium	176
Sibirskaya Korona	185
Sierra Nevada Pale Ale	36
Sinebrychoff Koff Porter	169
Singha	198
Ska Modus Hoperandi	36
Skol	171
Skovlyst BøgeBryg Brown Ale	163
Sleeman Honey Brown Lager	50
Sly Fox Rt. 113	40
Snake Venom	62
Snow Beer	172, 192
Southwark Old Stout	201, 206
Spaten Oktoberfest	107
Speight's 5 Malt Old Dark	213
Spendrups Julöl	165
Spezial Rauchbier Märzen	107
St Austell Korev	73
St. Bernardus Abt 12	125
St. Feuillien Blonde	125
St Peter's Brewery Cream Stout	71
St Peter's Brewery Golden Ale	71
Staropramen Premium Lager	139
Steinlager Classic	213
Stella Artois	62

Stiegl Bier	131	
Stolichno Bock	176	
Stone Sublimely Self-Righteous Ale	40	
Suntory The Premium Malt's	191	
Super Bock Stout	161	
Svaty Norbert IPA	139	
Švyturys Baltas	180	
Szalon Világos Sör	177	

T
Tazawako Beer Rauch	171
Theakston Old Peculier	74
Thiriez Vieille Brune	149
Thornbridge Jaipur	74
Thornbridge Jaipur IPA	71
Thornbridge Kill Your Darlings	71
Ticino Bad Attitude Dude	152
Ticino Bad Attitude Two Penny Porter	152
Tiger	196
Timothy Taylor's Landlord	75
Tiny Rebel Hadouken	87
Toccalmatto Russian Imperial Stout	
Wild Brefta	145
Tomislav Tamno	178
Tomos Watkin OSB	87
Tooheys New	207
Traquair House Ale	81
Tripel Karmeliet	126
Tripel Van De Garre	126
Trophy Black Lager	219
Trouble Brewing Dark Arts Porter	84
Tsingtao	172, 192
Tuatara APA	213
Tyskie Gronie	175

U
Unibroue La Fin du Monde	51
Union Temno	183
Urpiner Dark	183
Urpiner Premium 12%	183
Ursus Premium	177
Utenos Porteris	180

V
VB	207
Vedett Extra Blond	126
Veltins Pilsener	107
Victory Golden Monkey	41

W
Waen Blackberry Stout	87
Wals Petroleum	55
Warsteiner Premium Verum	108
Weihenstephaner Hefeweissbier	109
Weihenstephaner Pilsner	109
Wernesgrüner	109
West St Mungo Lager	80
Westmalle Trappist Dubbel	11, 127
Westvleteren 12	127
Wieselburger Stammbräu	131
Wild Beer Company Fresh	71
Wild Beer Company Madness IPA	71
Wild Rose Cherry Porter	51
Williams 80 Shillings	71
Williams Brothers Fraoch Heather Ale	81
Wind Flower Snow and Moon	193
Windsor & Eton Knight of the Garter	76
Worthington's White Shield	76
Wychwood Hobgoblin	76

Y
Yanjing Beer	172, 193
Yards General Washington Tavern Porter	41
Yeastie Boys Digital IPA	213
Yo-Ho Tokyo Black	191
Yo-Ho Yona Yona Ale	191
Yuengling Dark Brewed Porter	41

Z
Zaječarsko Svetlo	179
Zhujiang Beer	193
Zipfer Urtyp	131
Zlatý Bažant 12%	182, 183
Żywiec Porter	175

Wir bedanken uns bei allen vorgestellten Brauereien für die freundliche Bereitstellung des verwendeten Bildmaterials. Ein besonderer Dank geht an Joanna Dring von Carlsberg, Alycia Macaskill von SABMiller, David Jones von Heineken, Oliver Bartelt von AB InBev, Ulf Trolle, Henrietta Drane und Maggie Ramsay.

10 Saints Brewery Co 18, 19, 58 • 1936 Bière 150 • 525/ AC Cooper 30, 56,74,113,118,127,131,160 • 8 Wired Brewing Co. 208 • A Le Coq 181 • Aass Bryggeri 166 • AB InBev 24,32,55,121,171, 172,192 • Abbaye Des Rocs 110 • Adnams 64 • Alaskan Brewing Co. 22,23 • Aldaris 181 • Alken-Maes 117,124 • Alley Kat Brewing Co. 42 • Altenburger 88 • Amstel Brouwerij 154 • Amsterdam Brewery 43 • Anchor Brewery 38,39 • Anchor Brewing Co. 22,23 • Anderson Valley Brewing Co. 14,15, 23 • Antares 56 • Apatinska Pivara 179 • Asahi Breweries 188, 189 • Augustiner-Bräu München 89 • Ayinger 89 • Bach Brewing Co. 209 • Backus y Johnston 57 • Bahamian Brewery & Beverage Co. 58 • Baird Brewing Co. 188 • Baja Brewing Co. 52 • Balladin 140 • Baltika Brewery 185 • Bavaria Brouwerij 154 • Bayerische Staatsbrauerei Weihenstephan 108, 109 • Beau's All Natural Brewing Co. 43 • Beavertown Brewery 64 • Becks 90, 91 • Beer Mania 115 • Beer Valley Brewing Co. 23 • Beijing Yanjing Brewery 172, 193 • Belgian Brewers – Lander Loeckx 98 • Belle-Vue 111 • Bellhaven 78 • Bells Brewery 23 • Berentsens Brygghus 166 • Berliner Kindl Schultheiss 91 • Bernard 132 • Bevog Brewery 128 • BFM 150 • Big Sky Brewing Co. 24 • Birra Malto 176 • Birra Peroni 144 • Birrificio 141, 142, 143 • Bitburger Braugruppe 91 • Bohemia Regent 132 • Boon Rawe 198 • Boston Breweries 216 • Bracki Browar Zamkowy 175 • Brahma 170 • Braire 85 • Bralima Brewery 218 • Brarudi 218 • Brasserie Castelain 61,146 • Brasserie d'Achouffe 60,61,120 • Brasserie d'Orval 118,124 • Brasserie de Luxembourg Mousel-Diekirch 153 • Brasserie de Rochefort 125 • Brasserie de St. Sylvestre 146 • Brasserie Du Booq 114 • Brasserie Fantôme 117 • Brasserie Grain d'Orge 146 • Brasserie Lefèbvre 111 • Brasserie Lorraine 59 • Brasserie Meteor 148 • Brasserie Piedboeuf 120 • Brasserie Simon 153 • Brasserie St Feuillien 125 • Brasserie Thiriez 149 • Brasserie Trois Dames 150 • Brauerei C. & A. Veltins 107 • Brauerei Diebels 92 • Brauerei Eichhof 151 • Brauerei Gebrüder Maisel 102 • Brauerei Heller 105 • Brauerei Hirt 129 • Brauerei Locher 151 • Brauerei Plank-Laaber 104 • Brauerei Puntigam 130 • Brauerei Spezial 5, 89, 106 • Brouwerij Rodenbach 125 • Brew Dog 79 • Brewers Association 98 • Brewery Van Steenberge 6, 112 • Brewfist 143 • Bridge Road Brewers 202 • Brooklyn Brewery 24 • Brouwerij Afflígem 110 • Brouwerij Boon 111 • Brouwerij Bosteels 4, 120, 126 • Brouwerij de Molen 155 • Brouwerij De Ryck 116 • Brouwerij der Trappisten van Westmalle 127 • Brouwerij Huyghe 116 • Brouwerij Van Steenberge 117, 126 • Browar Jablonowo 174 • Browary Lubelskie 175 • Bryggeri Skoylyst 163 • Brygger S.C. Fuglsang 162 • Budejovicky Budvar 132 • Caledonian Brewery 78 • Cambrew 199 • Camden Town Brewery 75 • Cantillon 112 • CAP 164 • Carib Brewery 59 • Carlsberg 88,100, 102, 161, 164, 167, 174, 176, 179, 180, 181, 184, 185, 193, 197, 198, 199 • Carlton & United Breweries 201, 203, 207 • Castlemaine Perkins 202 • Celt Experience 85 • Central City Brewing Co. 12,13, 16,17, 20, 21, 44,45 • Central de Cervejas 161 • Cervecería Bucanero 59 • Cervecería del sur del Peru 57 • Cervecería Mexicana 52, 54 • Cervecería Minerva 53 • Cerveja Coral 10,11 • Cervejaria Wals 55 • Cervezas Alhambra 158 • Cervezas Anaga 158 • Chimay 114 • Colner Hofbräu 94 • Coopers Brewery 6, 10, 11, 200, 202 • Coors 170 • Coors UK 76 • Cruzcampo 158 • D. G. Yeungling & Son 41 • Dado Bier 55 • Dark Star Brewing 64 • De Dolle Brouwers 114 • De Koninck 115 • De Koningshoeven 157 • De Molen Hel & Verdoemenis 8,9, 12, 13 • Devils Peak Brewing Co. 217 • Dieu de Ciel 44 • Dogfish Head Brewery 25 • Dougall's 159 • Dreher Brewery 170, 171, 172, 177 • Driftwood Brewing Co. 44 • Driftwood Brewing Company 18,19 • Duck Rabbit Brewery 26 • Duvel Moortgat 116, 126 • Echigo beer Co. 189 • Eles Zaječar Pivara 179 • Einstök Ölger 166 • El Toro Brewing Co. 26 • Elbow Lane 82 • Emersons Brewing Co. 209 • Epic Brewing Co. 209 • Erdinger Weissbräu 92 • Estrella Damm 159 • Evans Evans 86 • Felinfoel Brewery Co. 86 • FEMSA 53 • Feral Brewing Co. 201, 204 • Firestone Waker Brewing Co. 27 • Flensburger Brauerei 92 • Flying Dog Brew Co. 27 • Flying Monkeys Craft Brewery 46 • Founders Brewing Co. 18,19, 28,29 • Fuller's 65 • Fynes Ales 79 • G. Schneider & Sohn 105 • Galway Bay Brewery 83 • Ganter Brauerei 93 • Gasthaus & Gosebrauerei 105 • Getty 67, 93, 96, 97, 98, 186 • Goose Island Beer Co. 28 • Grand Ridge Brewery 205 • Grand Teton Brewing 28 • Granville Island Brewing 46 • Graphic Stock 14, 15 • Great Lakes Brewery 46 • Greene King 65,66 • Grolsch Bierbrouwerij 154, 155 • Grosak 12,13, 14,15 • Grupo Modelo 52, 53, 54, 171 • Guangzhou Zhujiang Brewery Co. 193 • Guberniija 180 • Guinness brewery 83 • Hacker-Pschorr 95 • Hansa Borg Bryggerier 166 • Hartwall 169 • Harviestoun Brewery 16, 17, 79 • Hasseröder Brauerei 95 • Heineken 8, 9, 82, 84, 140, 147, 151, 156, 157, 161, 170, 182, 186, 195, 196, 204 • Henry Sparrow 58 • Hofbrau Kaltenhausen 128 • Hofbräu München 95 • Huisbrouwerij De Halve Maan 112 • Ilkley Brewery 66 • Isle of Arran Brewery 78 • istock 8, 9, 51, 94, 96, 97, 98, 102, 208 • J. Boag & Son 205 • Jämtlands Bryggeri 164 • Jason E. Kaplan 26 • Jever 100 • Jihlava Pivovar 133 • Kinn Bryggeri 167 • Kirin Brewery 190 • Kiuchi Brewery 189, 190 • Kláštěrní Pivovar Strahov 139 • König Brauerei 101 • Královský Pivovar Krušovice 135 • Krombacher Brauerei 101 • La Bavaisienne 149 • Labbatts Brewing Co. 47 • Lagunitas Brewing Co. 30 • Laitian Wirvoitusjuomatehdas 169 • Le Brewery 148 • Lech Browary Wielkopolski 174 • Left Hand Brewing Co. 30 • Liberty Brewing Co. 210 • Liefmans 121 • Lindemans 12, 13, 122, 123 • Lion Breweries 210, 213 • Little Creatures Brewing 206 • Löwenbräu Munich 101 • Lvivske Pivovarnya 184 • Magic Hat Brewing Co. 30 • Magic Rock Brewing 66 • Mahou-San Miguel 62, 159, 160 • Malheur 123 • Malt Shovel Brewery 205 • Marble 67 • Marston's 69 • Matilda Bay Brewing Co. 204 • Maui Brewing Co. 31 • McAuslan Brewing 47 • McCashin's Family Brewery 210 • Meantime Brewing Co. 68, 69 • Mendocino Brewing Co. 31 • Menebrea 144 • Městanský Pivovar Havlíčkův 135 • Metalman Brewing Co. 83 • Mike's Brewery 210 • Mikkeller 163 • Mill Street Brewery 47 • Miller Coors 33 • Moa Brewing Co. 211 • Molson Coors 25, 33, 49, 194 • Monteith's Brewing Co. 211 • Multi Bintang 195 • Murrays Craft Brewing Co. 206 • Nils Oscar 165 • Nøgne Ø 167 • Nómada Brewing 160 • North American Breweries 6 • O'Hanlon's 69 • Oakham Ales 72 • OAO Krinitsa 184 • Odell Brewing Co. 33 • Oettinger Brauerei 103 • Oland Brewery 42 • Olvisholt Brugghús 168 • Ørbæk Bryggeri 163 • Otley 86 • Otro Mundo Brewery 20, 21, 56 • Pabst Brewing Co. 34 • Paulaner Brauerei 103 • Pécsi Sörfőzde 177 • Pelforth 149 • Pelican Pub and Brewery 34,35 • Philip Rowlands 2013 118 • Pilsner Urquell 62, 63, 99, 134, 136, 137 • Pink Elephant Brewery 212 • Pivara Trebjesa 178 • Pivovar Kaltenecker 182 • Pivovar Kocour 134 • Pivovar Matuška 136 • Pivovar Nachod 138 • Pivovar Protivin 135, 136 • Pivovar Rychtář 138 • Pivovarna Laško 183 • Pivovarna Union 180 • Plzeňský Prazdroj 133 • Porterhouse Brewing Co. 84 • Powell Street Craft Brewery 48,49 • Privatbrauerei Fritz Egger 129 • Propeller Brewery 50 • Qingdao 99 • Radeberger Gruppe 60, 61, 104 • Redemption Brewing Co. 72 • Redoak Boutique Beer Cafe 207 • Rekolan Panimo 63 • Renaissance Brewing Co. 212 • Revelation Cat Craft Brewing 145 • Rogue Ales 36 • SABMiller 6, 8, 9, 16,17, 173, 187, 192, 194, 197, 214, 215, 216, 218, 219, 220, 223, 224 • Sambrooks Brewery 73 • Samuel Adams Brewing 20, 21, 37 • Samuel Smith Old Brewery 72 • Sapporo Breweries 190 • Schladminger Bräu 130 • Schloss Eggenberg 130 • Sharp's Brewery 73 • Shaw Wallace 194, 195 • Sierra Nevada Brewing Co. 36 • Sinebrychoff 169 • Ska Brewing 36 • Skol 171 • Sleemans Breweries 50 • Sly Fox Brewing Co. 40 • South African Breweries 215, 217 • South Australian Brewing Co. 72 • Spaten-Bräu Franziskaner 93 • Spaten-Franziskaner Bräu 107 • Speights Brewery 213 • Spendrups Bryggeri 165 • St Austel Brewery 73 • St Bernardus 125 • Staropramen Brewery 134 • Stein Pivovar 133 • Stone Brewing Co. 40 • SUN InBev 185 • Suntory 191 • T. & R. Theakston 77 • ThaiBev 198 • The Bruery 40 • The Cayman Islands Brewery 59 • The Hite Co. 196 • The Orkney Brewery 80 • Thornbridge Brewery 70, 71, 74 • Ticino Brewing Co. 152 • Timothy Taylor 8, 9, 10, 11, 75 • Tiny Rebel Brewing Co. 87 • Toccalmotto 145 • Tomos Watkin 87 • Tooheys 207 • Traquair 81 • Trouble Brewing 84 • Tsingtao Brewery Co. 172, 192 • Tuatara Brewing Co. 213 • Tyskie Brewery 175 • Unibroue 51 • Ursus Breweries 177 • Velkopopovicky Kozel 134 • Victory Brewing Co. 41 • Waen Brewing Co. 87 • Warsteiner Brauerei 108 • Wells and Young's 61, 64 • Wernesgruner Brauerei 109 • West 71, 80 • Westbrook Brewing 162 • Wieselburger Brauerei 131 • Wildrose 51 • Williams Brothers 81 • Windsor & Eton 76 • Wychwood Brewery 76,77 • Yards Brewing Co. 41 • Yeastie Boys 213 • Yoho Brewing Co. 191 • Zagorka 176 • Zagrebačka Pivovara 178 • Zipfer 131